高校初等教育专业人才培养与开放教育规划教材

中小学心理健康教育

主　编○朱　海　　申健强
副主编○袁章奎　　杨青松
　　　　张　容　　郑小军

西南交通大学出版社
·成都·

图书在版编目（CIP）数据

中小学心理健康教育 / 朱海，申健强主编. —成都：西南交通大学出版社，2015.4（2019.7 重印）
高校初等教育专业人才培养与开放教育规划教材
ISBN 978-7-5643-3861-9

Ⅰ. ①中… Ⅱ. ①朱… ②申… Ⅲ. ①中小学生 – 心理健康 – 健康教育 – 高等学校 – 教材 Ⅳ. ①G479

中国版本图书馆 CIP 数据核字（2015）第 085329 号

高校初等教育专业人才培养与开放教育规划教材
中小学心理健康教育

主编　朱海　申健强

责任编辑	邹　蕊
特邀编辑	李海华
封面设计	何东琳设计工作室
出版发行	西南交通大学出版社 （四川省成都市金牛区二环路北一段 111 号 　西南交通大学创新大厦 21 楼）
发行部电话	028-87600564　028-87600533
邮政编码	610031
网　　址	http://www.xnjdcbs.com
印　　刷	成都勤德印务有限公司
成品尺寸	185 mm×260 mm
印　　张	13.5
字　　数	337 千
版　　次	2015 年 4 月第 1 版
印　　次	2019 年 7 月第 2 次
书　　号	ISBN 978-7-5643-3861-9
定　　价	32.00 元

课件咨询电话：028-87600533
图书如有印装质量问题　本社负责退换
版权所有　盗版必究　举报电话：028-87600562

前　言

随着中小学生各种心理问题的出现，中小学心理健康教育越来越受到大家的重视。教育部曾于1999年印发了《教育部关于加强中小学心理健康教育的若干意见》，并与2002年出台了指导、规划全国中小学心理健康教育工作的重要文件《中小学心理健康教育指导纲要》。随着中小学心理健康教育工作的不断推进，为了进一步科学指导和规范中小学心理健康教育工作，促进心理健康教育工作深入发展和全面普及，在认真总结各地心理健康教育工作经验的基础上，教育部组织专家对2002年印发的《中小学心理健康教育指导纲要》进行了修订完善，并于2012年出台了修订版《中小学心理健康教育指导纲要》。

本书对中小学心理健康教育进行了理论阐述，突出了在中小学中如何进行心理健康教育的方法与技术、管理与建设等。本书共分为四大部分，第一部分为中小学心理健康教育概论，包括中小学心理健康教育的目标、原则、内容及途径等内容；第二部分为中小学心理发展特点，包括小学生、初中生和高中生的心理发展一般特点；第三部分为中小学心理健康教育的方法与技术，包括中小学心理健康教育的课程设计、氛围营造、团体心理辅导及个别心理辅导等；第四部分为中小学心理健康教育的管理与建设，包括中小学心理咨询室建设、档案管理与建设以及心理评估等。

本书的编写者都是来自高校及中小学的具有一定的理论基础及实践经验的老师。本书作者如下：第一章，杨青松、朱海（遵义师范学院）；第二章，张付山（海南省旅游学校）；第三章，陈永丽（遵义市建文小学）；第四章，许秀芬、张容（遵义师范学院）；第五章，薛玲玲（重庆市南开中学）；第六章，张旭（贵阳市第三中学）；第七章，陆怡汝（杭州市下城区教师教育学院）；第八章，谢光金、申健强（遵义师范学院）；第九章，谢光金；第十章，向妮（遵义市第四中学）；第十一章，袁章奎（贵阳市第一中学）、朱海；第十二章，余娇娜（华中师范大学第一附属中学）、祝寿（武汉金口中学）。全书由朱海博士负责统稿，申健强、袁章奎、杨青松、张容、郑小军参与了校稿工作。

在本书编写过程中，参考和使用了同行出版发行的教材、专著及相关文献资料，在此对这些作者表示真诚的感谢。在本书编辑过程中，西南交通大学出版社的工作人员付出了大量的心血，在此对他们的工作一并表示感谢。

由于时间仓促及编者水平有限，书中难免有不足之处，恳请读者朋友们批评指正。

编　者

2015年1月

目 录

第一章　中小学心理健康教育的目标、原则和内容 ················· 1
    第一节　中小学生心理健康教育的目标 ······················· 1
    第二节　中小学心理健康教育的原则 ························· 3
    第三节　中小学心理健康教育的内容 ························· 8

第二章　中小学心理健康教育的途径 ··························· 13
    第一节　中小学心理健康教育的渗透途径 ··················· 13
    第二节　中小学心理健康教育的辅助途径 ··················· 21

第三章　小学生心理发展的一般特点 ··························· 28
    第一节　小学生认知发展的特点 ····························· 28
    第二节　小学生情绪发展的特点 ····························· 35
    第三节　小学生意志力发展的特点 ··························· 36
    第四节　小学生个性发展的特点 ····························· 39

第四章　初中生心理发展的一般特点 ··························· 44
    第一节　初中生的身心发展 ································· 44
    第二节　初中生的思维发展 ································· 48
    第三节　初中生个性和社会性的发展 ························· 51

第五章　高中生心理发展的一般特点 ··························· 59
    第一节　认知能力全面发展 ································· 59
    第二节　高中生的情绪情感发展 ····························· 61
    第三节　高中生的自我意识发展 ····························· 63
    第四节　高中生的人际交往 ································· 65

第六章　中小学心理健康教育课程 ····························· 70
    第一节　中小学心理健康课的教学设计 ····················· 70
    第二节　中小学心理健康课的实施 ··························· 79
    第三节　中小学心理健康课的效果评价 ····················· 81

第七章　中小学心理健康教育氛围营造 ······88
第一节　中小学心理活动的策划与实施 ······88
第二节　中小学心理健康教育宣传与推广 ······93
第三节　中小学心理社团建设与管理 ······96

第八章　中小学团体心理辅导 ······103
第一节　中小学团体心理辅导的基础 ······104
第二节　中小学团体心理辅导的过程 ······108
第三节　中小学团体心理辅导的方案设计 ······115

第九章　中小学个别心理辅导 ······126
第一节　中小学个别心理辅导概述 ······126
第二节　中小学个别心理辅导的过程 ······129
第三节　中小学个别心理辅导的技术 ······135

第十章　心理咨询室建设 ······146
第一节　中小学心理咨询室的规划 ······146
第二节　中小学心理咨询室的运行 ······155

第十一章　心理健康评估 ······163
第一节　心理评估概述 ······163
第二节　中小学心理评估流程 ······169
第三节　中小学常用心理评估工具 ······172

第十二章　心理档案建设 ······197
第一节　中小学生心理档案的建立 ······197
第二节　中小学生心理档案的使用 ······207

第一章 中小学心理健康教育的目标、原则和内容

 导入案例

最近,报纸或网络上热议"今天让孩子睡好觉,明天孩子不跳楼"。可见,学生心理健康已经成为全社会关注的问题。有专家断言:"从现在起到21世纪中叶,没有任何一种灾难像心理危机那样带给新一代人无与伦比的痛苦。"也有人预言:"心理卫生将是21世纪人类健康的主题。""少年强,则中国强;少年志,则中国志",能否培养出具有优秀心理品质、健康人格的新一代,关系到整个教育的成败、民族的兴旺。学生的心理问题,已成为作为教师的我们当务之急要关注的问题。

中小学生正处在身心发展的重要时期。随着生理、心理的发育和成熟,社会经历的拓展,以及面临学习、升学、人际等诸多的压力,他们的身心健康所受的负面影响日益增大,以致在学习、情绪、人际交往、自我意识等方面,都可能会遇到各种各样的心理困惑。现实多项调查结果说明了青少年的心理健康水平正逐步下降,他们的心理素质状况越来越令人担忧。因此,在中小学开展心理健康教育工作,关系到学生能否健康成长,同时也是全面推进素质教育的必然趋势。学校心理健康教育工作者要根据学生身心发展特点,制定心理健康教育目标,依据一定原则,有针对性地组织教育内容,运用心理学的教育方法,有意识、有目的地对学生给予积极的影响,以提高学生心理素质。

第一节 中小学生心理健康教育的目标

中小学心理健康教育的目标是学校开展心理健康教育的导向和基本依据,它决定了心理健康教育的内容,直接影响了心理健康教育的实施途径和方法,也是教育工作者检验和评估心理健康成效的重要参照标准。总之,它是整个教育体系心理健康教育工作的"航标"和"指南",因此,系统和科学建构中小学心理健康教育目标体系,对中小学心理健康教育工作有着极为重要的理论和实践意义。中小学的儿童和青少年的心理发展阶段可以分为童年期(6、7岁~11、12岁)、少年期(11、12岁~14、15岁)、青年初期(14、15岁~17、18岁)。在我国,小学基本上是处于童年期,初中基本上是处于少年期、高中基本上是处于青年初期。因此,我们侧重针对不同年龄的学生特点,制订相应阶段的心理健康教育目标。

一、小学阶段心理健康教育的目标

小学阶段是对儿童来说一个特殊阶段，是个性形成的关键时期。这一时期儿童的个性特征主要表现为：在社会化上，他们刚刚开始步入学校，需要接受正规教育和系统的学习，并接受学校纪律的约束和学校管理；在认知能力上，他们开始掌握规范的、书面的语言，从形象思维逐步过渡到抽象的、逻辑的思维；在人际交往上，他们开始有同学、集体的观念，并参与集体生活，开展一些有意识的人际交往活动。

针对这个阶段学生的身心特点，心理健康教育目标应包括以下几个方面：① 提高小学生对校园生活的适应力；② 培养他们的集体观念、良好的人际意识和行为习惯；③ 提高小学生学习的兴趣、动机和自觉性，逐步提高他们的分析、思维的能力；④ 培养他们开朗、自信、诚实、合群、乐学、自立的良好个性。

二、初中阶段心理健康教育的目标

初中阶段是青少年个性形成的重要时期。随着年龄的增长，生理、心理逐步发展和成熟，这一时期儿童的个性特征主要表现为：初中生开始出现青春期的躁动，开始有对异性产生朦胧感，有向往异性的行为倾向；在个性上逐渐发展成熟，但不稳定，且容易出现两极分化（如情感丰富且脆弱，个性不稳定；遇到挫折容易出现自闭心理，爱好易于转移，个体易于烦躁）；在人际交往上，不爱交友，不愿与父母沟通；在自我认识上，自我意识逐步增强，但自我评价不全面，存在"自我中心"的意识强与社会适应能力弱之间的心理矛盾。这个阶段是青少年心理和行为容易出现问题的危险时期。

针对这个阶段学生身心特点，心理健康教育目标应包括以下几个方面：① 帮助学生正确认识青春期，并帮助他们顺利地度过青春期；② 帮助学生提高情绪的自我调节能力，能以积极的心态面对学习、生活的压力和自我身心所出现的变化；③ 帮助学生提高人际交往能力，建立良好的人际关系；④ 帮助学生正确认识"自我意识"，及对自我与对外界的评价能力，逐步提高社会责任感；⑤ 培养初中生自重、自爱、自尊、自信的独立人格。

三、高中阶段心理健康教育的目标

进入高中阶段，青少年在个性特征上表现出情绪渐趋稳定，意志逐步形成，自觉性、果断性和自制力逐步增强，自信心和思维能力增强，接近成人水平，并有一定的社会责任感。在人际交往上，交往面较广泛，存在与朋友、异性和父母交往的意识。在学业上，压力大，面临升学与择业的双重压力。在自我意识上，自我意识较强，自我控制能力增强，面临自我发展的问题。

针对这个阶段学生的身心特点，心理健康教育目标应包括以下几个方面：①帮助学生正确面对学习和升学的压力，减少学习、升学和考试的心理负担；②帮助学生正确面对升学或就业问题，培养学生具备选择专业或职业的能力，具备克服升学就业压力的能力；③培养学生建立良好的人际关系，帮助学生提高人际交往的能力；④培养学生更为成熟的自我意识和社会责任感，勇于去面对学习、人际交往、情感世界及自我发展等问题；⑤培养学生良好的个性情感，完善的意志品质，增强自觉性、果断性和自制力。

第二节　中小学心理健康教育的原则

开展中小学心理健康教育，要保证心理健康教育的实践性与实效性，必须遵循心理健康教育的原则。中小学心理健康教育的原则是教育工作者对心理健康教育工作规律的概括或经验总结，是根据心理健康教育任务而确立的，是开展中小学心理健康教育工作必须遵循的基本要求，对实际心理健康教育工作的开展起到指导作用。为此，在开展中小学心理健康教育工作时，必须坚持以下基本原则：

一、保密性原则

保密性原则是指在学校心理健康教育过程中，教育者有责任对学生访谈内容予以保密，学生隐私权应受到道义上的维护和法律上的保证。这是鼓励学生畅所欲言和师生相互信任的前提条件和心理基础，是对学生人格及隐私权的最大尊重，也是维护心理健康教育工作声誉的重要问题。心理咨询的保密范围包括对学生的访谈内容及相关资料保密，不公开来访学生的姓名、班级、联系方式等，拒绝他人就来访者情况的询问和查阅等内容。同时还要向来访者保证相关人员不会因此而歧视他（她）。这样才能消除来访者心理的疑虑，使他（她）敞开心扉，叙述事情真相，也可以让他（她）尽快振作起来，增强克服困难的信心。但是注意一点：只有确信来访者有自杀或伤害他人或危及社会安全的意图时，才能立即与有关人员或部门联系，采取必要的措施尽可能加以挽救，防止意外事件的发生。出现以上保密例外情况时，应将泄密程度控制在最小范围内，更不能扩大范围公开。

贯彻这一原则应注意的问题：

（1）提高心理健康教育工作者的职业道德修养。遵守保密性原则是心理辅导、心理咨询者的职业道德要求。做好这项工作是心理健康教育教师应尽的职责，因此，要求从事心理健康教育的教师必须具有一定的专业素质外，还应有高度的责任感和事业心。

（2）尊重来访学生的隐私。这不仅要求心理咨询教师对来访学生的谈话内容及有关资料予以保密，不能随意查阅，也要求咨询教师绝不能随便闲谈来访学生的事情，同时应避免将来访学生的案例作为课堂分析或者科研交流的实例，做到不泄露学生的"秘密"。如在专业工作需要的情况下确实有需要用到来访学生的案例，采用案例时也必须以不泄露来访者个人信息为前提，如学生的姓名、班级等。

二、教育性原则

教育性原则是指教育者在心理健康教育过程中根据具体情况，提出积极的指导意见，始终注意培养学生积极进取的精神，帮助学生树立正确的人生观、价值观和世界观。心理健康教育的目标应面向未来，要以促进学生人格健全、和谐发展为目标，让青少年能适应未来发展的需要，这与社会主义精神文明建设对青少年的要求是一致的。因此，学校开展心理健康教育要充分体现社会主义精神文明的特征以及它的时代性和进步性，让学生在接受心理健康教育的过程中，潜移默化地受到辩证唯物主义思想的启迪和先进道德思想的教育。

贯彻这一原则要注意的几个问题：

（1）要以马列主义为指导，提高学生的思想政治意识。中小学生心理健康教育工作，一方面要立足中小学生心理现实特征，另一方面要面向未来发展。学校心理健康教育工作的开展要以马列主义为指导，突出先进性、时代性、方向性，以提高学生心理健康水平，培养良好的心理素质，以促进学生身心全面和谐发展为目标。

（2）心理健康教育与学校德育工作相结合。事实上，心理健康教育工作与德育工作之间是相互联系、相互促进的关系。心理健康教育可丰富德育的内容，是提升和扩展德育工作有效的途径，具有强化德育地位的作用，德育工作的开展也能促进心理健康教育工作的顺利实施。同时也应注意不能把两者混为一谈，相互替代或把学生的心理问题简单归为思想品德问题。

（3）重视对青少年的正面启发和引导。处于青少年时期的学生在心理上正处于急剧动荡、迅速发展的时期。此时教师能以丰富多彩的形式展开工作如利用多媒体等形式加强对学生正面的启发和积极的引导，帮助学生顺利度过发展过程中的危机显得尤为重要。

三、预防、发展重于矫治原则

心理健康教育的功能分三个层次：

（1）预防、发展和矫治。预防是面向全体学生的，其功能是让学生通过接受心理健康教育，培养心理健康意识，掌握有关心理健康的基本知识和技能，学会应对情绪、人际、学习等所带来种种心理困扰，减轻痛苦，做到防患于未然，并为他们个性的发展打下长久而健康的基础。

（2）发展是要帮助学生培养自我认识，了解自己与他人的差距，主动调节自己，提升自己社会适应和情绪调节的能力，能以良好的心态去面对学习与生活。

（3）矫治是指针对一些有心理问题的学生，教师应尽可能帮助他们改善和调节异常行为，消除或缓解不良的情绪，如紧张、焦虑、恐怖和自卑等。这三种功能，就整体而言，预防、发展重于矫治。心理健康教育应走在学生产生心理障碍之前。这是因为心理健康教育的对象是全体学生，学校心理健康教育的重点是发展学生良好的心理素质，维护学生的心理健康，而不是放在有心理问题学生的矫正与治疗上。

贯彻这一原则要注意的问题：

（1）心理健康教育应尽早开展。在努力开展素质教育的过程中，心理健康教育具有其独特的重要性和不可代替性。而且，教育部明确规定中小学必须把心理健康教育列入学校教育活动中，并尽快实施。教师要抓住中小学生心理正处于发展而尚未定型的关键时机，尽早开展心理健康教育，引导他们的心理朝着积极健康的方向发展，塑造健全的人格，提高适应能力，有效促进儿童心理健康的发展。

（2）心理健康教育应采用积极主动的态度。学校心理健康教育工作要求师生双方都要有积极、主动的态度。教师要善于发现学生的问题，针对不同问题采取灵活的工作形式，争取把预防和发展工作做在学生心理问题出现之前。同时教师应该帮助学生培养主动求助意识，出现问题应主动求助而不是被动等待。

（3）教师要以发展的观点看待学生。人的心理是不断发展变化的，人人都有巨大的心理潜能可供挖掘，且中小学生的心理具有极大的可塑性，因此教师要树立可持续发展和终身发展的观念，用辩证的观点看问题，切忌用"老眼光"看待学生。

四、全体性原则

全体性原则是指心理健康教育工作的对象不仅仅是那些有心理问题的学生，更应关注的是绝大多正常学生，所以心理健康教育服务的对象应是全体学生。它既不像"应试教育"那样只关注少部分的优秀生，也不像心理治疗那样以少数有心理问题的学生为服务对象。教育实践证明，当我们对全体学生的心理健康教育工作做出成效，学生出现问题的概率就低，即使出现问题也容易解决。

贯彻这一原则时应注意的几个问题：

（1）心理健康教育的内容要面向全体学生共同的需要或者是普遍存在的问题。为了使心理健康教育活动真正落到实处，在实际工作中要依据不同年龄段学生的特征和心理诉求，有针对性地选择多数学生普遍感兴趣的内容作为活动主题，并努力把心理学知识渗入其中，通过全员化的教育形式，让学生在参与的主题活动中去感受，去领悟，去成长。

（2）开展活动要充分发挥团队和小组的作用。在开展心理健康教育活动时，教师不可忽视学生团队和小组的影响，这个力量是巨大的，如能很好地利用，对提高心理健康教育工作的有效性和针对性有很大帮助。因此，在实际工作中，教师要调动那些心理学爱好者参与活动的积极性和主动性，并鼓励他们带领同学组成小组或者团队，积极参与心理健康教育活动，让更多的学生在参与的过程中去表现、去交流、去感受。

五、差异性原则

差异性原则是指心理健康教育要重视学生的个体差异，强调从学生的实际情况出发，依据学生的差异，因材施教，使学生获得最佳的发展。前面提到的全体性原则是针对心理健康教育服务对象范围而言，而差异性原则是就心理辅导的具体方法而言的，在心理健康教育过程中既要使全体同学有共同的提高和发展，又要使每个学生的差异性和独特性充分地显示出来。因此，心理健康教育工作既要有面对全体学生的辅导和讲座，又要有针对个别学生的特性开展的咨询和辅导。要做到这些，我们必须具体问题具体分析，个别化地对待每个学生，才能更好地为全体学生提供有效的服务。

贯彻这一原则要注意的几个问题：

（1）了解学生的差异性。学生的个体差异性是实施因材施教的依据。对学生进行心理健康教育不但要了解学生的共性，还要注重了解学生的个别性和差异性。针对少数存在心理困惑或心理障碍的学生，要认真分析问题形成的原因，确保所掌握材料的真实性和全面性。

（2）正确对待学生的差异性。学生之间存在差异，而且影响差异性的因素是错综复杂的。因此，组织同样的活动对每个学生产生的影响可能是不同的，即同种辅导的方式并不适合所有的学生。所以，教师应对学生的个性特征进行全面系统的分析，并区别对待。灵活运用心理健康教育的原理，找出适合每个学生的处理方法，才能起到事半功倍的效果。

（3）重视个案研究。个案研究是一种重视学生个别差异的方法。研究的对象通常是那些具有典型性、特殊性的学生，是针对个别学生进行长期、系统的研究。开展个案研究要重视积累资料，深入分析问题和不断总结经验。这样才有利于找出问题形成的根源，以提高个案辅导的有效性。

六、主体性原则

主体性原则是指心理健康教育要以学生的需要为出发点和目标，使学生的主体地位得以实实在在的体现，同时要把教师的科学系统的教育与学生的积极主动的参与融为一体。这一原则集中体现了学校心理健康教育的本质特征。学生是心理健康教育的主体，这就规定了学生处在心理辅导活动的中心地位，是活动的主体。可以说，没有学生的主体地位，就没有心理健康教育的有效性。因此，从心理健康教育的设计，准备到组织，都可让学生自主参与，并在活动中鼓励学生"唱主角"，教师起主导作用。

贯彻这一原则应注意的几个问题：

（1）心理健康教育要以学生的需要为出发点。教师所选择的事例，安排的活动，必须是学生所关心和熟悉的，是与他们的生活经验相联系的，心理健康教育工作要做到"以学生为出发，以学生而告终"。心理健康教育工作要体现以人为本，只有充分考虑学生的需要，并始终围绕学生关注的问题，才能引起他们的注意和重视。

（2）尊重和理解学生。教师对学生的尊重意味着信任和鼓励，有助于他们形成积极的自我观念和健康的人格。而且教师只有尊重学生，才能与学生建立良好的信任关系，进行情感交流。理解学生就应站在学生的角度，聆听他们的心声。在辅导过程中教师要鼓励学生倾诉心声、宣泄情感、发表意见。

（3）积极开展形式多样的活动，拓宽心理健康教育的途径。活动设计要以目标为出发，并尽量满足不同层次的需求，让学生通过对活动的感知和体验，以解决心理的疑惑和障碍，并且影响其行为的改进。

（4）教师要尽可能地全面了解学生。教师不仅要了解学生身心发展的一般规律，还要关注学生的兴趣爱好、行为方式等。教师只有洞悉并且进入学生的内心世界，才能引起他们的共鸣。这样，学生才能对教师产生亲切感、认同感，从而愿意接受教师的批评和意见。

七、整体性原则

整体性原则是指在心理健康教育过程中，教师要有整体的意识，对学生心理做到全面考查和系统分析，防止和克服教育工作中的片面性。人的心理包括知、情、意，它们是一个紧密联系有机整体，心理素质与生理素质之间是相互作用，而且个体的身心和外部的环境也存在着错综复杂的联系。因此，学校心理教育工作应综合考虑个体心理的整体性和统一性，个体身心素质与外部环境的制约性和协调性，对学生心理健康教育工作的分析要从整体、多层次的角度进行，采用综合模式，不应局限于某一种方法和技术。

贯彻这一原则要注意的问题：

（1）树立全面发展的观念。学生的心理是一个有机整体，在青少年阶段学生各种心理特征发展非常迅速，可塑性强，且各个要素之间是相互影响，相互作用的。因此，心理教育无论从哪个领域入手，都要关注学生人格整体的完善，使各方面都能得到和谐的发展。

（2）教育方法要灵活。学生心理素质是各个要素的综合体现，并受多种因素的影响。因此，在实施心理素质教育的过程中要依据中小学生心理的特点，选择一些合适的方法和技术，采用灵活的教育方式。此外，还要注意深入分析各种因素的影响，协调好心理教育与社会环境和家庭教育之间的关系，充分发挥各种因素在中小学生育人活动中的积极作用。

八、参与性原则

参与性原则是指师生双方共同参与心理健康教育的活动，其核心是师生之间心理互动的过程。这其中包含了既要求学生积极参加，同时也要求教师平等地参与。学生参与活动的频率直接影响了活动的效果，也直接影响学生心理健康的发展。因此，教师要尽力为每个学生创造参与的可能性，让学生在参与的过程中体验快乐，消除烦恼，远离痛苦。

贯彻这一原则要注意的问题：

（1）让每个学生都有平等参与的机会。学校心理健康教育工作如果仅靠心理咨询或者同辈辅导这些渠道是不够的，还应将心理健康教育工作渗透到各学科教学以及各种活动中，充分发挥学生组织、班主任、课程教师、家长的作用，以建构起由学校、家庭、社会组成的系统教育网络，为学生提供更多的参与机会和更广的参与空间，以尽可能满足不同层次学生的需求。

（2）关注参与受阻的学生，及时满足他们的特殊诉求。事实上，青少年都有着参与活动的愿望，但是那些内向、害羞、腼腆的学生，由于平时参与的机会少，又缺乏交往的技巧，总觉得别人看不起自己，或是受过挫折，在心理上留下阴影，所以他们在参与活动时更可能会选择逃避或沉默。因此，教师要善于发现这些特殊的学生，一方面要为他们积极参与活动创造机会，给予他们鼓励，传授交往的技巧；同时还要教育他们周围的同学多支持和关心这些有参与困难的同学，这样他们才能体验到集体的温暖，尝到参与的甜头。

（3）教师要树立正确的学生观。心理健康教育只有在积极向上的心理气氛中才能有效地进行，并起到成效。为此，作为教师要树立正确的学生观，平等地对待学生，尊重每个学生，学会欣赏每个学生，同时还要让学生在参与的活动中体验成功，使学生心理得到满足，找到学习和生活价值和意义，从而形成一种良性循环。

【案例分析】

小强，男，小学四年级学生，有力气，爱劳动。他在学校组织的义务劳动中表现主动、踏实、肯干、认真负责。与本班同学关系融洽，而且重"哥们义气"，但缺乏对自己的自制力。在学校里，经常违反学校规章制度，有时为了讲"哥们义气"经常与其他班学生打架；学习不够努力，完成作业常常需要教师和同学的督促，而且做功课粗心，不愿意思考；上课时讲小话或玩弄小东西；有时上课迟到；成绩在班上中下等水平。在校外，他沉迷于游戏厅，甚至为此而说谎，骗取其他同学的钱。

针对小强同学表现出的品行不良问题，教师进行心理健康辅导过程时，除了要注意心理健康教育工作的差异性原则，还要充分遵循了主体性原则。在整个心理咨询过程中，都把学生作为认识和发展的主体，而不是让学生被动地接受，充分发挥学生自身的主观能动性。在本案例中，除了要遵守以上两项原则外，还要遵循参与性原则，要让小强同学在实际学习和生活中，学会运用一些方法解决自己所遇到的问题，正确地认识自己、接受自己和调控自己，提高生活和学习的能力。

九、多方协作原则

多方协作的原则是指由于影响青少年心理健康因素的多样性和复杂性，致使心理健康教育中出现的问题也变得非常复杂，在解决这些问题时应注重多因素的协调和多个部门之间的协作。这一原则要求处理好心理健康教育系统内部与外部的关系，以形成合力，产生群策群力的协同效应，并采取灵活多样的方法。

贯彻这一原则要注意的问题：

（1）教师要注重协调各种因素作用。培养学生的心理素质不能用孤立眼光来分析，而要充分考虑学生、家庭、学校及社会等各方面的因素，依靠课程教师、班主任、家长和社会有关部门的共同努力，相互配合，共同做好学生心理健康教育。

（2）要允许不同意见存在。在心理健康教育工作中，教师要尊重、理解学生，并在学生周围营造愉快活泼、积极向上的氛围，消除学生的防备心理，从而缩短师生的心理距离，这样学生才能在自然的状态下自由地表达不同的内心观点。在其中，教师要积极采纳合理的意见。

（3）教师应积极创造条件满足不同学生的心理诉求。中小学生的需求是多样性。在心理健康教育中，任何一种形式都不可能满足所有学生的需求。因此，在各种心理健康教育方法和内容之间进行合理搭配，并及时变换形式都是必要的。枯燥的内容、重复的形式和方法，都无法发挥心理健康教育的作用，更无法达到心理健康教育目标。

第三节 中小学心理健康教育的内容

中小学心理健康教育是培养学生良好的心理素质，促进学生身心全面和谐发展和素质全面提高的教育活动，因此必须根据《纲要》所确定的不同年龄阶段的培养目标以及中小学生的生理、心理发展特点来确定相应的教学内容。一般来说，学校心理健康教育的内容主要包括学习、生活、社会适应及人格发展等几个方面。

一、小学阶段的心理健康教育内容

处于童年时期的小学生，神经系统发展迅速，与幼儿相比，小学生能对客观事物进行更仔细的分析和综合，更易于调整和控制自己的行为。基于以上特点，小学生能够学到更多的知识和进行更高水平的行为训练，具有较强的学习能力和可塑性。这个阶段是培养学生良好的行为习惯和健全人格的重要阶段。此外，根据皮亚杰的思维发展阶段理论，小学生正处于形式运算阶段，从自我中心逐渐向社会化转变。在小学阶段，低年级和高年级也有比较大的区别。在小学低年级，他们是刚刚从幼儿园来到学校的孩子，生活和学习环境都发生了很大变化，自身还处在角色转换的阶段。在这一时期，培养学生的沟通能力，帮助学生适应新角色能有效预防心理问题的出现。因此，对小学低年级学生，心理健康教育的内容包括：在学习上主要是培养学生良好的学习习惯；在生活上主要培养学生遵守各项规章制度，形成良好的行为习惯；在社会适应上主要是为了帮助学生适应新的学习环境，尽快完成角色的转换，同时帮助学生建立良好的人际关系，以促进学生的社会化；在人格发展方面主要是提高学生的自我意识，培养良好的意志和乐观合群的个性品质。此外，对小学低年级学生的心理健康状况进行综合评定和排查也是学校心理健康教育的重要内容，对于那些被发现存在心理健康问题的学生应尽早提供个性化的心理咨询或治疗方案和措施。

在小学高年级的阶段，小学生基本上已经完成了从幼儿到小学生的角色转换，独立性逐渐增强，并开始为升学做准备，根据埃里克森的心理发展理论，6~11岁儿童处在"勤奋感对自卑感"阶段，很多成年人的学习和工作的态度，往往与这一阶段的发展相关。因此，这个阶段的心理健康教育的内容包括：在学习上主要是帮助学生掌握学习的方法，培养学生学习的自信心，养成良好的学习态度；在生活中主要是养成健康的生活习惯，学会管理自己的时间和生活，掌握一些生活技能，培养独立生活的能力；在人际交往上仍然以培养学生良好的人际关系为主，同时培养学生良好的集体意识；在个性方面主要是培养学生的灵活思维能力，积极乐观的情绪，活泼、开朗的个性以及自觉、顽强的意志品质。

二、初中阶段的心理健康教育内容

初中阶段处于童年期与青少年时期的生理和心理过渡期，是人生发展第二个叛逆期阶段，心理状态具有不稳定性。这一时期主要具有以下特征：在思维方面，形式运算能力比小学时明显提高了很多。在情绪方面，虽然比小学阶段更为丰富但不稳定，而且冲动性明显提高。在自我意识方面，初中生迫切需要了解真实的自我，但是自我理解能力不足导致心理冲突显著增加。在学习方面，同学之间的竞争也会加剧，因此学习压力开始增加。在人际交往上，虽然自我独立性逐渐增强，但是对同伴的依赖也在增强，他们渴望有一个广泛的人际关系以得到社会的认可。此外，在生理上也开始有了较为明显的变化，生殖器官的成熟对初中生的心理影响很大。因此，初中生的心理健康教育内容远远超过小学。这一阶段的心理健康教育的内容包括：在学习方面要培养学生的学习能力，帮助他们应对考试，掌握如何正确面对学习和升学的压力的方法；在生活方面主要是通过青春期教育帮助青少年形成健康的生活习惯，并通过闲暇或业余活动，要求学生掌握一些基本的生活技能，提高独立生活的能力；在社会适应方面，主要是提高学生的社会适应能力和人际交往能力，帮助学生对社会形成一个客观的认识，正确处理自己和同伴的关系；在人格方面，帮助学生正确地认识自己，形成正确的人生观和价值观，同时通过一些心理测量和问卷，帮助学生了解自己的个性、能力和兴趣，为他们的职业规划做准备。

三、高中阶段的心理健康教育内容

在这个学龄阶段，要求学生对人生做出选择，导致学习和就业压力骤增，由于他们的心理发展还处于"自我同一性与角色混乱"的阶段，因此，在这个阶段心理压力和心理冲突是显而易见的。高中生身心发展日益成熟，生理和智力方面已经接近成人，他们渴望得到同学和社会的认同，但由于缺乏社会经验和正确的判断能力，因此在社会生活上容易受社会不利因素的影响。与此同时，高中学生开始专注于爱情、婚姻、家庭问题，男女学生容易产生好感。因此，高中阶段的心理健康教育内容包括：在学生方面应注重学习方法的辅导，传授一些学习的方法和经验，并指导学生进行学习压力调适，帮助学生提高学习的效率；在生活方面，应帮助学生合理进行人生规划，初步确立人生发展方向，同时也要加强生活技能方面的教育，为即将走向社会做准备。此外，还要加强情感教育和性教育，帮助高中生理性对待同异性之间的感情；在社会适应方面，应该加强学生的社会技能训练，帮助学生提高社会适应能力；在个性发展方面，主要是帮助学生建立积极健康的价值观，培养学生的挫折容忍力，促进学生健康人格的发展，同时也帮助学生了解自己能力特点、兴趣爱好、个性倾向，为他们走向社会打下良好的基础。

【案例分析】

有一高中女生，升入高中后由于教师的教学方法发生了变化，竞争对手也发生了变化，使她感到十分不适应，导致学习成绩下降，从初中时的全年级前几名落至高中的一百多名，为此她感到非常烦恼和焦虑。她痛苦地说："这么多年来我第一次感到自己的无能，每当看到父母期望的目光，就非常难过，不知如何做才能达到父母的要求，如今，苦闷、烦恼、忧愁、气愤充满头脑，看见书就又恨又怕，真想把它扔出去。"

对于这种学习压力问题：首先，教师要让学生真正意识到高中课程的要求与初中的不同，学习的方法也应该进行相应的调整，同时要加强对其学习方法的指导；其次，与相应任课教师沟通，让其在教学方式上适当考虑学生的当前情况，予以调整，让他们有一个适应过程；再次，开展学习方面的主题班会、讨论会或进行个别的交流谈心，及时了解学生的学习动态，帮助他们正视差距，找到原因，正确地认识和评价自己，重新定位，并以积极的态度面对挫折，战胜挫折，提高心理承受能力和自我调节能力。

当然，中小学心理健康教育的内容并不是一成不变的，不同地区、不同时代、不同社会环境中的中小学生可以有不同的心理需求，心理健康教育的内容也应该随着学生与社会的需要而变化。例如，在1994年，我国中小学心理健康教育刚起步时，由于学生中根本没有吸毒和艾滋病问题，因此也没有这方面的教育内容，而在美国的中小学心理健康教育中这方面的教育已经十分普遍。即便是在同一个国家，不同的地区之间也有不同的问题与需要，因此，心理健康教育的内容应该根据学生的心理健康需求和社会的要求的不同而变化。

※ 本章概要

本章主要从中小学心理健康教育的目标、原则和内容三大方面进行了阐述。首先，针对小学、初中和高中各学龄阶段学生心理特点提出相应的心理健康教育的目标，而要更好地落实这些目标就应该遵循心理健康教育工作的九个原则，包括保密性原则、教育性原则、预防、发展重于矫治原则、全体性原则、差异性原则、主体性原则、整体性原则、参与性原则、多方协作的原则。此外，为了更好地具体落实中小学心理健康教育的目标，不同学龄阶段心理健康教育的内容也应各有侧重。

※ 延伸阅读

书　　名：学校心理健康教育——理论研究与实践探索的整合
编著者：姚本先
出版社：安徽大学出版社

推荐语：本书是关于学校心理健康教育最一般知识、原理和实践操作的学术著作。作为一般原理性的学校心理健康教育著作，构建学校心理健康教育的理论体系，关注学校心理健康教育的内在逻辑结构，是本书始终紧紧围绕的主题。为此，本书从整体的、全面的、系统的观点出发，全面考察和探讨学校心理健康教育的最基本问题，精心提炼和概括，不拘泥于微观和具体，突出了宏观和整体，从而使学校心理健康教育基础理论有了比较科学的内在联系和合理构建。这个理论体系就是围绕以下线索展开的：学校心理健康教育的概念、性质、历史与发展、目标任务与原则、内容、途径与方式（心理咨询与辅导等）、技术与手段（学校心理健康教育测量等）、管理以及学校心理健康教育的评估、规范、伦理与督导等，这种努力向思路清晰、逻辑周密、结构合理迈出了一大步。

书　　名：中学生心理健康教育
编著者：郑雪，陈少华，张兴贵，曾毅
出版社：暨南大学出版社

推荐语：本书理论联系实际，较系统地介绍了中学生心理健康教育的目标、内容、原则及基本原理，同时选择编排了一些具有实践意义的可操作性的心理健康教育的内容，包括了学习、情感、人际关系、性心理、个性等。每一个内容中谈及话题反映的都是在学生中普遍存在的现象，其中不仅对这些现象进行了分析，而且提出了相应对策。这是一本值得随身携带的好书。本书应用范围广泛，所介绍的理论和技术适合中小学甚至是更高级的学校开展心理健康教育，它好像一位良师益友。

※ 课后练习与思考

1. 中小学生心理健康教育目标确立的依据？
2. 如何落实中小学生心理健康教育目标？
3. 心理健康教育内容与心理健康教育目标存在什么联系？

※ 参考文献

[1] 尚洁. 中学生心理健康教育目标探析[J]. 中国校外教育（理论），2008（6）.

[2] 赵鑫. 对心理健康教育终极目标的思考[J]. 现代教育论丛，2007（5）.

[3] 苏碧霞，黄艳明. 浅谈中学生心理健康教育[J]. 教书育人，2005（2）.

[4] 伍俊. 如何加强中学生的心理健康教育[J]. 中国教育研究论丛，2005（10）.

[5] 贺银瑞. 论中学生心理健康教育中的人格塑造[J]. 教育研究，1994（7）.

[6] 刘华山. 国外心理健康服务体系目标概览及启示[J]. 教育研究与实验，2009（1）.

[7] 刘华山. 学校心理辅导[M]. 合肥：安徽人民出版社，1998.

[8] 吴增强. 现代学校心理辅导[M]. 上海：上海科学技术文献出版社，1998.

[9] 李志凯. 中小学心理健康教育[M]. 北京：国防工业出版社，2009.

[10] 叶一舵. 中小学心理健康教育基本原理[M]. 福州：福建教育出版社，2008.

第二章　中小学心理健康教育的途径

 导入案例

　　刚上岗不久的心理教师小王，遇到了令自己头疼的麻烦事。经过前期大规模的宣传推广，学生对心理辅导不再有曾经的忌讳、腼腆等情绪，而是有事没事就来找"王老师心情驿站"坐坐，不光在课余时间来谈心求助，有时还于课间挤时间来聊天解闷，甚至个别学生还会在课堂中间请假或者是逃课出来"诉苦申冤"，实在令他苦于分身乏术应接不暇。更令他郁闷的是，虽然他使出了浑身解数，那些来访学生也确实努力调整自我，可这些来访学生的心理困扰并没有得到很好的解决，学生离开辅导室时虽一身轻松，可没多久就又满脸沮丧地回来了。这到底是怎么回事呢？一次外出参加心理健康教育培训，让他茅塞顿开：全校1 000多名学生，仅靠他一个人孤军奋战，解决学生心理困扰，那怎么能行呢？一个学校的心理辅导体系的完善需要全校上下多管齐下，广开心理健康教育途径！

　　中小学心理健康教育的途径主要是指在中小学有效开展心理健康教育所采取的相关渠道或形式。开展中小学心理健康教育的对象主要分为学生、家长、教职工三类人群。其中，学校针对学生开展的心理健康教育可分为渗透途径、辅助途径和专业途径。

　　学校要整合各种资源，建立以学生为主体，以心理教师和班主任为主导，任课教师和学生家长全员参与的学校心理健康教育的格局，形成以心理健康教育活动课程为主，团体辅导、个别辅导、家庭教育、学科渗透、生态德育、心理宣传等为辅助的学校心理健康教育体系。开展心理健康教育的途径多种多样，不同学校应根据自身的实际情况灵活选择、使用，注意发挥各种途径的综合作用，增强心理健康教育的效果。

第一节　中小学心理健康教育的渗透途径

　　《中小学心理健康教育指导纲要》（2012版）明确指出，心理健康教育要贯穿于学校教育的全过程，渗透于学校教育的各项活动中。要做到这一点，就要求学校领导及全体教师要树立"育人为本"的观念，增强心理健康教育的意识，于学科教学、德育管理、课外活动、校园文化等方方面面，积极创设心理健康教育所需要的物质环境、人际环境、心理环境和文化氛围，把心理健康教育化有形为无形，像和煦阳光涓涓细流般春风化雨、润物无声，收到"似无为，胜强为"之效。

一、学科教学渗透

中小学各门基础学科课程本身蕴含着丰富的心理健康教育资源，同时，学科教学在学校教育中占据着独特地位，这就决定了学科渗透作为心理健康教育的基本途径的必要性与可行性。在学科渗透过程中，应以学科本身的内在规定性目标为主目标，以心理健康教育为辅目标，重视心理健康渗透的针对性，努力避免教学过程的"线性化"。在课堂管理方面，根据实际需求选择合适的管理模式，在课堂教学过程中努力营造积极心理氛围。另外，教学策略的渗透应以有机渗透、适度渗透、灵活渗透为主要原则。

（一）学科课程及其教学中的心理健康教育资源

1. 学科课程本身的心理健康教育资源

首先，语文、外语、历史、地理、思想品德、政治等社会科学类课程，涉及丰富的观察、想象、逻辑推理等心理能力，直接或间接地蕴含着心理健康教育内容。其次，自然常识、生物、数学、物理、化学等自然科学类课程，需要记忆、思维等认识活动的参与，更需要各种心理品质的支持。再者，音乐、美术、体育等艺术体育类课程，蕴含着更为丰富的心理健康教育资源。

2. 学科教学过程中的心理健康教育资源

在这一特定的环境中，师生关系、教师的教学观与学生观、学生之间的竞争与合作、课堂心理氛围、课堂管理模式、课堂秩序、课堂上教师的表扬与批评、教师对课堂教学行为问题的处理、教师对学生学习结果的反馈与评价方式等，都对学生的心理发展和心理健康产生重要的影响。这些隐性资源的影响力甚至超过了学科课程本身的资源。

（二）学科教学中进行心理健康教育渗透的策略

1. 要讲究有机渗透，不脱节，不突兀

教师要根据学科教学中的具体内容及其所蕴含的可利用资源寻找心理健康教育的合理渗透点，任何为渗透而渗透的做法都是不可取的。学科教学中渗透心理健康教育的首要策略就是要"顺其自然"，即"该出手时就出手"，应尽量避免生硬渗透。

2. 要讲究合理渗透，适时适度

要根据教学具体内容和课堂即时情况进行有针对性的渗透，把握好适时适度原则。一般说来，在一节课有限时间里，倡导进行分散有机渗透。但花在集中渗透的时间不宜过长，一般不要超过 5 分钟。渗透时要注意，渗透目标不宜过高或过低，要在了解学生个性心理及个别差异的基础上，尽量考虑各层次学生的可接受性及渗透的循序渐进，要经常收集学生的动

态信息，适时调整渗透的策略，把握渗透的最佳时机。

3. 要讲究灵活渗透，不生硬，不僵化

在不同教学指导下，各种不同渗透形式和渗透方法的灵活运用便构成了不同的渗透策略，具体见表2.1。

表2.1 心理健康教育渗透策略

教学取向	心理健康教育渗透策略
教学设计取向	以学生为中心（重视学生的人格塑造，促进学生的心理发展）
	以问题为中心（理论联系实际，帮助学生解决心理问题）
	以活动为中心（加强心理训练，塑造学生良好的心理品质）
渗透形式上看	分散式与集中式、集体式与个别式、讨论式与写作式等
具体渗透方法	移情体验法、角色扮演法、认知矫正法、游戏法等

【案例分析】

在小学语文课上，老师在请某同学尝试解释某个字的意思时，该同学的解答有误。老师没有直接告诉答案，而是诱导说它与以前学过的某句中的该字同义，于是学生根据老师提示马上说出了正确答案。某学生在回答另一问题时有误，老师也没有直接判定正误，而是说"可能其他同学对这个问题有不同看法，谁来说一下？"然后请原学生自己表述哪一个答案更准确。像这样，对于发言同学表现出来的掌握不好的知识点，老师既没有给予批评、讥讽等否定性评价，也没有直接裁定学生答案是错误的，而是让他们在老师或其他同学的提示或帮助下"发现"正确答案，然后老师再肯定此答案的正确性，并给予恰当表扬鼓励。这种做法，既能使疑问知识点在切磋、探索中得到巩固，又能更大程度地保护发言同学的自尊心，使每一位同学都能得到一个安全、尊重的心理环境，也增强了学生对知识进一步探索的信心和勇气。

二、德育管理渗透

德育管理渗透是指在学校中有关学生心理健康教育在内的思想品德教育、行为规范管理、成长成才指导等内容的工作项目。其教育主导者主要有学校管理者、班主任队伍、团队组织、学生会等，其中尤其以班主任为主导的班级管理最有代表性。

（一）在德育管理工作中渗透心理健康教育的必要性

班级是学校的基本组成单位，班级活动的目的是要创建一个良好的班集体，营造和谐的班级气氛，使学生在集体生活中塑造良好个性，培养高尚的品德，提高社会适应能力。丰富多彩的班集体活动，如各种竞赛、班级间的联谊活动、集体劳动、外出旅游等，只要我们有意识地把这些活动和学生心理健康教育的内容联系起来，就可以在这些活动中陶冶学生的情操，磨炼其意志，锻炼其生活和社会适应能力。心理健康教育也可以渗透到团队活动中，如有的学校利用团队的电视台、通讯社和其他各种宣传工具，如板报、广播等，采用专栏的形式指导学生如何与人交往,如何控制自己的情绪,产生心理与行为问题时如何寻求帮助等。形式多样的团队活动,如"手拉手献爱心""团队干部竞选""主题队会"等,学生不仅学会与人合作,锻炼自己的能力,也可以抑制不良的心态,达到提高心理健康水平的目的。

(二) 在德育管理工作中渗透心理健康教育的途径与方法

1. 校级教育工作中的渗透心理健康教育的途径与方法

校级教育是由学校组织并结合学校实际,面向全校学生进行的教育工作。学校校长和有关负责人是校级教育工作的组织者和领导者,要认真贯彻《中小学心理健康教育实施纲要》《中小学生守则》《中小学生日常行为规范》,定期举行升降国旗、开展时事政策教育和纪念日的教育活动,开展对典型学生的表彰或批评教育活动,定期举行心理主题校会、开展心理健康教育主题活动等;通过加强日常管理,建设整洁优美的校容、校貌,形成良好的校风、教风、学风,创造良好的教育环境。

2. 班级教育工作中的渗透心理健康教育的途径与方法

班级教育是向全班学生进行经常性的思想品德教育和组织管理工作。班主任是班级教育工作的组织者和领导者。在班级教育中,班主任要全面了解学生组织培养班集体,开展各种教育活动,加强班级管理,深入细致地做好个别学生的教育工作,建立和形成良好的班风。班主任还要协调班级委员会、团委、学生会、其他各科教师、家长等班级各方面的教育力量,保持教育的一致性。

班主任在班级管理工作中,可以渗透心理健康教育的途径有许多。例如,召开特定心理主题的班会,针对学生具体问题的个别谈话,全体学生轮流任职班干部制度,组织设计或编排体现班级特色的班徽、班歌、班呼(类似于校训的便于呼喊励志的口号),组织学生公开班内学习榜样并定期评价,在集体劳动中锻炼学生的责任心,在文体娱乐活动中培养学生的真性情,在社区服务和社会实践活动中增加学生的爱心、友善和耐挫折力。

【案例分享】

案例一:某班有一位性格内向的女孩,上课不敢举手发言,学习成绩一般,同学们好像也不太鼓励她。于是我上课有意识地请她回答问题,及时肯定表扬,并暗中与其家长和其他学科教师进行沟通,建议他们多给孩子表现的舞台,多进行鼓励表扬。同时,我还让她当值日组长,增加与同学们接触交流的机会;还利用她有绘画功底和做事认真仔细的特点,让她负责班级黑板报宣传工作,并多次在班上公开表扬说我们班黑板报有了很大进步。经过一段时间的协调与努力,她渐渐地敢于回答问题了,学习成绩有了明显提升,与老师、同学的交流也多了,在班上也有了几位好朋友,言谈举止中透露中更加自信了。

案例二:某班有一个小男孩,学习习惯、学习成绩差得很,但班主任发现他的体育成绩很不错,就让他参加了学校运动会,亲自带领同学们为他加油助威,结果他不负众望,为班级挣得了至关重要的 5 分。班主任趁热打铁,在班会上发动全班同学夸夸他,为他找到许多闪光点。他高兴地扬起头,幸福地笑了。随后,班主任在他的日记评语中写道:"老师很高兴看到了你在运动会上的英姿,更希望听到你在学习上前进的脚步声。"同学的赞扬、老师的鼓励,使他一步步走出自卑,走向自信,学习成绩慢慢也有了进步。

3. 在学生团体组织工作中渗透心理健康教育的途径与方法

共青团、少先队、学生会、团委是学生自我教育的重要组织形式,是学生工作中一支最有生气的力量,也是有目的有计划地进行心理健康教育渗透的又一块阵地。团、队、学生会应根据各自任务和工作特点,充分发挥组织作用,通过健康有益、生动、活泼的活动,把广大青少年吸引到自己周围,落实本大纲的各项任务。引导学生树立远大的理想和良好的道德风尚,继承革命传统,学会自我教育、自我管理。要通过举办业余团校、党校、马克思主义理论小组活动,培养学生中的优秀分子。

4. 在学生自我教育中渗透心理健康教育的途径与方法

学校组织和班级开展的各种活动,都要鼓励学生进行自我探索和自我教育,使学生在实践中成熟,在活动中成长。教师要鼓励学生自我设计、自我组织、自我评价,不要总是担心学生自我组织、自我管理能力弱,要学会"放手"和"放权",让学生成为组织者,老师完全可以成为参与者和指导者。当然,中小学生由于受年龄限制,并不具有完全的民事行为能力,而且处理问题和分析问题的能力较弱。因此,老师应始终处于指导者和参与者的位置,发现问题后也应该及时给予相应的指导,只是要注意不要过多地干涉。

三、课外活动渗透

课外活动是指在课堂教学之外,由学校组织指导或由校外教育机关组织指导的,用以补充课堂教学,实现教育方针的一种教育活动。它主要包括科技活动、艺术活动和社会实践活动。课外活动是学生在紧张的学习中得到放松的场所,是学生利用自己的特长来体现自己的价值观,也是学生把心理压力完全释放的最佳场所,还是教育者渗透心理健康教育的一个极佳的课外环境。课外活动的心理健康教育是对学科的心理健康教育的有效、直接的补充。

课外活动包括科技活动、艺术活动和社会实践活动,这三类活动遵循的原则、途径、措施及效果也各不相同。科技活动中应重视师生协同、启发创造、开放性三个原则,通过综合实践法、创设情境法、灵活应变法,有效地达到促进学习、开发潜能、认识自我的效果。艺术活动对全程美化、联系生活、善于引导原则的重视,辅以巧用时机法、寓教于乐法、潜移默化法,力求达到优化情绪、化解心结、满足爱好、学会休闲的效果。社会实践活动综合合理目标原则、结合实践原则、适当控制原则、综合教育原则,以体验法、沟通法为主要方式,努力做到与社会的良好交往,塑造强烈的责任感,增强服务意识,明晰职业探索。

【案例分享】

初一年级某班主任发现班里学生互相传看网上小视频,反映学生青春期对身体发育的好奇和关注,而且班里还有家长打来电话,反映一对男女生交往密切。在"校园戏剧节"筹备过程中,班主任决定组织学生们积极参加学校组织的戏剧节活动,通过活动引导学生青春期自我关注，培养学生责任感和自信心，学会欣赏他人，尊重异性，培养异性之间交往合作精神。在角色的选择和扮演中，产生矛盾时，引导他们从多角度、多侧面去认识和发现他人优点和特点。例如，经过了两次整合排练之后，导演组的学生决定进行角色调整，将皇后与小矮人的扮演者互换，皇后是一个重要角色，让英语比较好的同学饰演皇后，为此原皇后扮演者还大哭一场，但是学生在一场换角当中更加清醒地认识自己，了解自己与新的扮演者之间对角色的演绎方式的差异，学会发现和欣赏别人的优点。

在"校园戏剧节"后，升入初二的这个班又召开了一次主题为"异性交往利大还是弊大"的辩论会，会上学生畅所欲言，表达了对异性交往的认识。通过活动，学生树立异性交往的正确观念和态度，并初步掌握与异性相处的原则和艺术，掌握与异性相处应该注意的准则，克服异性间交往的偏差，促使学生与异性友好相处。

初三时，班主任利用"校园舞蹈节"契机，组织全班同学积极参与，节后召开了主题班会，目的是建立融洽的异性同学关系，正确看待恋爱，增强集体荣誉感。班会上教师对学生参加舞蹈节排练的经过进行总结，总结男生女生活动中的闪亮点，引导学生正确看待友谊和爱情，把握青春期的情感问题。班会上大家总结道："当你看到我们班男女学生的这些照片时，他们关系虽然很亲近，我们也不会有其他的想法。因为我们了解他们背后的故事，他们不是为了牵手而牵手，他们的目标是集体的荣誉。我们脸上挂着微笑和欢乐，我们的目标是优秀的成绩，我们的目标是冠军，包括个人和集体的，我们的关系是共同努力、相互学习、取长补短、相互帮助，手携手、肩并肩共同进步和成长。"

四、校园文化渗透

（一）校园文化的内涵

校园文化是学校所具有的特定精神环境和文化气氛，它包括校园建筑设计、校园景观、绿化美化这种物化形态的内容，也包括学校的传统、校风、学风、人际关系、集体舆论、心理氛围以及学校的各种规章制度和学校成员在共同活动中形成的非明文规范的行为准则。校园文化是学校本身形成和发展的物质文化和精神文化的总和。

校园文化的本质是一种人文环境和文化氛围。校园文化是学校发展的灵魂，是凝聚人心、展示学校形象、提高学校文明程度的重要体现。校园文化对学生的人生观、价值观产生着潜移默化的深远影响，而这种影响往往是任何课程都无法比拟的。健康、向上、丰富的校园文化对学生的品性形成具有渗透性、持久性和选择性，对于提高学生的人文道德素养，拓宽同学们的视野，培养跨世纪人才具有深远意义。

（二）在校园文化建设中渗透心理健康教育

健康的校园文化，应该同时也是一种积极的校园心理环境。这里的校园心理环境是指在学校对教师和学生产生了积极心理影响的社会、经济、自然、和人文等环境因素，也即在校园这个特定的环境里被反映到教师和学生的心理世界中来，又以某种观念形态出现的环境。

校园文化中渗透心理健康教育是学校心理健康教育整体实施策略的重要组成部分。校园的物质情境价值与精神文化价值构成校园文化中渗透心理健康教育的主体部分。在具体举措中，学校应以心理健康教育的理念建设"硬环境"，充分发挥校园"静态文化"的心理健康教育功能；以心理健康教育的理念创设"软环境"，充分发挥校园"动态文化"的心理健康教育功能。

1. 校园物质环境建设

整洁、优美、富有教育意义的校园环境是形成整体性教育氛围的不可缺少的条件。学校要积极进行校园环境建设，加强校园环境管理，使学生受到良好的熏陶和影响。利用黑板报、壁报、橱窗、广播、影视、图书馆（室）、劳动室、荣誉室、少先队室等多种形式专用场所，创造良好的教育环境。完善的设施、合理的布局、各具特色的建筑和场所，能使人心旷神怡、赏心悦目，有助于陶冶校园人的情操，塑造校园人的美好心灵，激发校园人的开拓进取精神，约束校园人的不良风气和行为，促进校园人的身心健康发展。"让每一面墙壁会说话，让每一幅画面都育人"，是对校园物质环境建设中渗透心理健康教育功能的生动写照。

2. 校园精神文化建设

校园精神文化建设是校园文化建设的核心内容，也是校园文化的最高层次校园精神文化。其又被称为"学校精神"，并具体体现在校风、教风、学风、班风和学校人际关系上。

利用校园精神文化进行心理健康教育渗透的形式具有多样性，主要有：一是营造民主、平等的师生关系，它能让学生得到受尊重的感觉，获得充分的安全感和对教师的信赖感；二是宣传教育，即以形势政策、爱国主义主旋律教育为主要内容的各种报告、讲座、媒体宣传等；三是各种文化活动，即心理健康知识讲座、辩论赛、讲演赛、各种征文比赛、读书工程、体育节、学术讲座等；四是社会实践，即社会调查、社会服务等；五是社团活动，即由学生根据兴趣爱好自愿组成的社团组织，在学校有关部门指导下开展活动；六是社区文化活动，即以社区为单位组织的各种文化活动，包括宿舍文化活动等。

【他山之石】

××乡中心小学校园文化建设方案

（摘选，有删节）

1. 校园物质文化建设

外墙以板报橱窗、醒目标语、宣传牌匾及办学思想为主，室内置坚持统一规划与个性化设计相结合，具体内容如下：

（1）室外环境布置。教学楼对面书写"向管理要质量、以质量求发展"的管理理念；教学楼外墙书写"求真、务实、开拓、创新"的校风和"爱生、重效、格高、业精"的教风，楼门上方书写"创办人民满意的教育"的办学目标；校园中心区域书写"学践科学发展，构建和谐校园"的文化建设指导思想；办公区悬挂"校兴我荣、校衰我耻"的校训和"教好一名学生、振兴一个家庭、办好一所学校、造福一方百姓"的办学宗旨，努力实现由"人人有学上"向"人人上好学"转变；生活区门前均有温馨提示；运动区墙面有永久性标语，体育运动图标和安全创卫标语；教学楼走廊有名人头像、名言警句及温馨提示；校园择地安装游乐运动器材。

（2）班级环境布置。大胆将"三表一简介"（时间表、课程表、值日表、班级简介）搬出室内，张贴在各班教室门前，便于师生查看，室内布置学校进行统一规划，教室门口正上方书写"请讲普通话、请写规范字"的课堂要求，黑板正上方有符合各年级年龄特点的班训，两侧设有"四册一薄"专栏和远教、饮水设备，教室后墙设有开放式书架和卫生角，主墙面为"学习园地"，由各班主任负责个性化、人文性设计，要求班级文化建设有切合实际的实施方案，凸显主题，个性鲜明。

（3）宿舍环境布置。围绕"温馨家园、你我共建"的口号，学校负责整体规划，各宿舍师生进行个性化、特色化布置。

（4）厕所文化建设。厕所是最不起眼的地方，也是最受人关注的场所，除了净化、美化，更重要的是"文化"，在相应的地方写上耐人寻味、意味深长的文字，将会达到意想不到的效果。例如，张贴"贴近方便，贴近文明""不能随处小便，不能小处随便"等标语，外墙有明显标志，内墙面有温馨的提示。

（5）部室文化建设。根据各部室工作职能，确立相应的室内标语并张贴相关的规章制度，便于工作，引起重视。

（6）文化长廊展现特色。充分利用地理优势，充分发挥特色作用。北墙面以师生活动为主，设有"我的家园我做主""我读书我快乐""我是明星我能行""师生书画作品展""手工制作""报刊宣传""课改前沿""班队活动"等板块；南墙面以课外活动为主，设有"领导关怀""发展规划""校长赠言""师生名言警句""古典诗词""生活专刊"等板块，体现"在阳光下健康成长"的主导思想，精心打造属于自己的温馨的"家园"，故而将此长廊命名为"温馨园"。

2. 校园精神文化建设

校园精神文化建设是校园文化建设的核心内容，也是最高追求，主要包括校园历史传统和被全体师生员工认同的共同文化观念、价值观念、生活观念等意识形态，是一所学校本质、个性、精神风貌的集中反映。具体做法如下：

（1）充分利用各种有利契机，对学生进行爱国主义教育。坚持每周的国旗下讲话制度，认真做好节庆活动。

（2）利用班队会，经常对学生进行日常行为习惯的养成教育和校情教育。坚持开好"两会"（晨会和班会），精心组织主题班队会。

（3）创建红领巾广播站，及时播放校园新闻和优秀稿件，不断优化校园音响系统，上下课电铃设为动听的音乐铃声，课前进行温馨提示，课余时间要播放轻松欢快的音乐或歌曲，让师生在其中得到美的享受。

（4）创办校刊编辑部，每年两期，展现全校师生精神风貌，搭建师生写作平台。

（5）积极开辟"第二课堂"，定期举办"两节一会"（艺术节、科技节和运动会），不断丰富校园文化生活，陶冶师生道德情操。

（6）实施特色大课间活动，集安全演练、文明礼仪、体质锻炼于一体，努力构建"平安校园""和谐校园"。

（7）积极开展读书活动，努力营造"书香校园"氛围。班班成立"图书角"，学校设有阅览室，走廊陈列开放式书架，试行"书中寻'蜜'、'甜'在心里"的借阅管理办法，让每个学生都能"好读书、读好书、书读好"。

（8）认真做好学生校园明星评选宣传工作。遵照"全方位赏识学生，给每一位学生成功的机会"的评选号召，启动校园明星评选活动。评选内容有：学习明星、管理明星、道德明星、进步明星、礼仪明星、才艺明星、劳动明星等，用"我是明星，我能行！"板块进行专项宣传，精心打造×小明星的"星光大道"。

（9）打造"爱生、重效、格高、业精"的教育团队精神。学校紧紧围绕"科研兴教、质量立校"的宗旨，狠抓校本培训，采取"经验交流、案例分析、课堂研讨、推门指导"等形式，提高教师教学能力；用每周三 90 分钟的集中学习制度，渗透"终身学习"的思想理念；积极开展校本教研活动，争取机会，搭建平台，走出去、请进来，每学年要求教师做到"六个一"，即一个教育故事、一份教学设计、一节汇报课例、一篇课后反思、一本听课记录、一套学习材料。

第二节　中小学心理健康教育的辅助途径

心理健康教育的辅助途径，针对的不是学校的最主要教育服务对象——学生，而是相关的其他人或事物。但这些途径并不是次要的，可有可无的，而是非常必要的、亟待解决和完善的保障性措施，也恰恰是部分学校容易忽视的方面。强化这些途径，可以有效解决心理健康教育"只喊不做"、心理健康教师工作动力不足、教职员工焦躁倦怠、教育效果"5+2=0"等现实问题。

一、加强学校心理健康教育的组织与管理

学校要把心理健康教育作为学校的一项重要工作，构建学校心理健康教育工作系统。心理健康教育工作对学校来说，不是可有可无的工作，不是摆设，不是形象工作，学校各级领导要认清形势、提高认识、高度重视、明确责任、采取有效措施，支持和指导中小学开展心理健康教育工作。

学校要建立由校领导负责，有关职能部门参与，专（兼）职心理健康教育教师参加的学校心理健康教育管理机构，逐步形成以专（兼）职心理辅导教师为骨干，班主任、团队干部和相关学科教师等为主体，全体教师参与的心理健康教育工作体制。要通过多种途径和方式，结合教育教学实际，保证心理健康教育时间，并在人、财、物等方面给予保证。

要将心理健康教育工作列入年度工作计划，要将心理健康教育活动贯穿于学校教育教学工作之中，学校心理健康教育工作要逐步走向经常化、制度化、科学化、规范化的发展轨道，制订并逐步完善心理健康教育的考核标准与评估方法。

开展全员心理健康教育培训工作，通过培训提高专、兼职心理健康教育教师的基本理论、专业知识和操作技能水平，提高全体教职员工开展心理健康教育的水平和能力。

【他山之石】

××学校心理健康教育工作体系

根据我校实际情况，把心理健康教育从德育工作体系中相对独立出来，逐步建立起分管校长负责，心育中心统筹与指导，班主任和专、兼职心理健康教育教师为骨干，全体教师共

同参与的心理健康教育工作体制。

1. 学校建立心理健康教育领导小组，负责领导全校的心理健康教育。小组组长由校长担任，副组长由负责心理健康教育工作的校级领导担任，组员包括各学部部长、心育中心主任。

2. 学校建立心理健康教育中心，负责全校的心理健康教育统筹与指导。心育中心是在校委会和心理健康教育领导小组领导下，负责全校心理健康教育的常设机构。心育中心主任一般由教育科研处主任担任，副主任为各学部负责德育或学生管理的主任。心育中心每学期根据学校要求制订全校心理健康教育工作计划，总结全校心理健康教育工作。

3. 各学部设立心理辅导站，站长由各学部主抓德育或学生管理工作的主任担任，副站长包括各年级组长和专兼职心理教师。辅导站成员由各班主任、科任教师、学管员、生活教师和各班心理委员组成。心理辅导站接受学部的直接领导，在业务上接受学校心育中心的指导。

4. 心育中心与各处室建立互相协作、互相配合的工作机制，依靠并协助学部、年级组、教研组和班主任在教育教学中开展心理健康教育。

二、加强心理健康教育教师队伍建设

心理健康教育是一项专业性很强的工作，必须大力加强专业教师队伍建设。学校要制订规划，逐步按师生比例配齐心理健康教育专职教师，专职教师原则上须具备心理学或相关专业本科学历。每所学校至少配备一名专职或兼职心理健康教育教师，并逐步扩大专职人员配比，其编制从学校总编制中统筹解决。

学校要改变心理健康教育重结果的惯性思维，建立以过程评价为主的考核机制。学校要采取一定的激励措施，提高心理健康教师的待遇，让其享受班主任同等待遇，协助解决职称评聘、工作量折算、奖励评优等问题。对工作突出的教师，可优先外出进修、培训、参加各类学术会议，并在各种评先、晋级中优先，以吸引更多的教师投入到心理健康教育的工作中来。鼓励专职教师进行心理健康课题研究，根据本地本校实际编写校本教材，撰写论文、论著，并给予一定的精神鼓励与物质奖励，提高其从事心理健康教育工作的积极性。

学校要积极开展心理健康的教研活动，通过集体备课、合作教研等形式，发现和解决工作中存在的问题，增强心理健康教育的针对性和实效性。学校每年至少召开一次心理健康教育专题研讨会，总结推广典型经验和优秀科研成果。

【他山之石】

《北京市中小学和职业学校心理健康教育工作纲要（试行）》中关于心理健康教育师资队伍建设的条款

1. 心理健康教育师资队伍建设的基本要求

各区县必须建立一支以专职为骨干、专兼职结合，相对稳定的心理健康教育师资队伍。各中小学和职业学校应配备经过系统培训的专职心理健康教育教师，并可聘请一定数量的兼职教师。专职心理健康教育教师的编制可从学校总编制中统筹安排。专、兼职心理健康教育教师必须热爱心理健康教育工作，具有良好的思想素质，应积极参加专业培训与教研活动，主动开展学校心理健康教育工作。

2. 专职心理健康教育师资队伍建设

学校专职心理健康教育教师应为大、专院校心理系或相关专业毕业的人员，或从经过心理健康教育系统专业培训的在职教师中选拔。学校要为他们专业技术职务评聘等问题创造条件，专职心理教师要享班主任待遇，记班主任年限。专职心理健康教育教师主要负责学校心理健康教育课，进行个别辅导与团体辅导，开展心理健康教育的其他各项活动及科研等工作。

3. 兼职心理健康教育师资队伍建设

学校兼职心理健康教育教师应从有教育工作经验，有较强工作能力，接受过心理健康教育专门培训的教师中选拔。兼职心理健康教育教师主要负责协助专职教师开展相关工作。学校应保持兼职教师队伍相对稳定，相应减轻兼职教师的其他教育教学工作，并对其开展的心理健康教育工作计入工作量，给予相应报酬。

三、关注教师心理健康

（一）教师心理健康问题的表现及其影响

近年来，关于师生关系紧张、体罚、侮辱学生，甚至强迫学生相互打耳光等恶劣的事件屡见报端。这些教师的劣行已不能简单地用"个别教师职业道德水准低，个人修养差或学校管理不严"等来解释，实质上是一些教师心理健康问题的外在表现。

教师心理健康问题的表现形式：社会适应不良，情绪不稳定；烦躁、忧郁、紧张、焦虑；职业倦怠，心理失衡，行为偏差；个性不良，人际关系紧张，等等。

有研究表明：教师不健康的心理状态必然导致不适当的教育行为，对学生心理产生不良影响，造成"师源性心理伤害"。

"师源性心理伤害"是由于教师自身的心理素质和心理健康水平不佳，对学生的身心健康造成的消极影响，其表现形式有：教师打骂学生；侮辱性的批评或嘲讽；讲课死板，教学水平低下；教学方法简单粗暴，不讲道理等，从而引发学生厌学、注意力不集中、焦虑、恐惧等心理困扰和心理问题，对学生心理造成不同程度的伤害。有关研究发现，教师心理问题是造成师源性心理伤害的根源，如果不及时调整，则会对学生身心发展乃至教育教学产生不可低估的负面影响。

因此，对教师群体，开展心理健康教育，改善心理健康状况、提高心理健康水平是目前提高教师素质的亟待解决问题。

（二）加强教师心理健康教育

教师的心理问题某种意义上是社会问题在教师身上的曲折反映。学校牵头整体联动，全面启动"教师心理健康教育社会工程"，共同营造有利于教师心理健康的氛围，努力为教师营造和谐的内外环境，主动为教师排忧解难。

为此，学校和社会有必要为教师专门设立相应的机构和场所，如教工之家、联谊会、教师俱乐部和教师成长培训班,以及教师心灵氧吧、教师心理热线和网上心理辅导等教师心理支持系统,帮助教师及时缓解心理压力,消除心理困扰。还可以定期或不定期地为在职教师进行心理健康评估,建立心理档案,实行动态观察,有针对性地开展专家讲课、团体心理辅导、个体心理辅导等,引导他们寻求合适的途径缓解压力,提高自身的心理素质,促进身心健康发展。

【他山之石】

××小学教师心理健康教育培训活动计划[①]

(节选)

九月:

1. 给教师和家长做报告《陪孩子成长,做幸福家长》。

2. 教师节庆祝活动(学生给教师表演诗朗诵、给每一位教师献上一捧鲜花;在教师中开展习惯引领成长故事演讲比赛,教师们交流分享教育教学工作中的经验,获得展示自己的喜悦)。

3. 组织教师观看电影《辛亥革命》。

十月:

1. 学习讨论《教师的二十项修炼》。

2. 组织教师秋游(放松身心)。

十一月:

1. 观看录像《杨小玲同志先进事迹报告会》,撰写心得体会。

2. 观看电影《雨中的树》。

3. 学习《中小学心理健康教育》2012年17期《教师如何走出亚健康心理的阴影》。

十二月:

1. 学习《中小学心理健康教育》2012年20期《生命之流——幸福流的理论及其应用》

2. 教师自学有关心理学基本理论及心理问题产生的原因、表现,掌握针对心理健康问题进行辅导或指导的手段和方法。

3. 教师羽毛球比赛,锻炼身体,愉悦心境。

元月:

1. 请专家给全校教师做团体心理辅导。

2. 教师迎新年茶话会。

四、指导家庭、社区开展有效的心理健康教育

实施心理健康教育,学校教育与家庭教育、社会教育要相互配合,学校应起主导作用。学生的心理素质要真正提高,家庭心理环境起到非常重要的作用。家庭的气氛是否宽松、和谐、民主、平等,决定着他们的心理健康水平。因此,我们不仅要在学校为学生营造一个

[①] 资料来源:http://blog.sina.com.cn/687019lu, 2013-01-17.

有利于心理健康的环境,还要做好家长的工作,通过家长会、家长学校、家长委员会、家访、亲子互动活动、致家长的一封信、家校联系薄、家庭教育咨询台、家校网上沟通平台等途径,建立学校和家庭心理健康教育沟通的渠道,引导和帮助家长树立正确的观念,优化家庭教育环境。有条件的学校还可以举办有心理教师、班主任教师参加的假期家庭夏令营、冬令营活动,可以开展家长、孩子共同参加的体验式亲子教育活动。使家长能够主动关心子女的心理健康,建立和谐的亲子关系,营造和谐的家庭心理健康教育的环境。

学校还要充分利用校外教育资源开展心理健康教育。学校要会同有关部门,积极净化校园及周边环境,创造有利于学生健康成长的良好氛围。要加强与基层群众性自治组织、企事业单位、社会团体、公共文化机构、街道社区以及青少年校外活动场所等的联系和合作,组织开展各种有益于中小学生身心健康的文体娱乐活动和心理素质拓展活动,拓宽心理健康教育的途径。

【他山之石】

××小学"阳光行动家长学校"工作

(节选)

以总课题组编写的《父母与孩子的对话》为家长学校基本学习材料。该教材的编排非常切合实际,实用性很强,以"名家名言"让家长领悟到也许他们还没有留意的深刻道理;以生动、鲜活的"案例故事"向家长们讲述了也许在家长身上也存在的还未能引起他们重视的一些心理及家庭教育问题;以前沿"知识讲座"教会家长如何教育好自己的子女;以"自我检测"让家长明白,在教育孩子的问题上,他们还存在哪些不足,还要做哪方面的努力;以"家长作业",让家长所学知识得到及时的巩固,以便今后在教育孩子问题上做到有的放矢。

"阳光行动家长学校"成立之初,我们即采取了走访和调查问卷的方式,对家长家教情况做了一个简单的了解,针对不同类型家长,我们进行了分类教学,采取了不同的教学方式,扩大了家长教学面,提高了教学效率。

针对把教育责任一概推给学校、不重视孩子心理成长问题的这类家长,我们采用集中授课的形式,以《父母与孩子心灵的对话》教材中一个个生动、鲜活的案例故事和寓意深刻的名人名言来警醒、教育他们——"冰冻三尺,非一日之寒",孩子的心理问题是在一朝一夕、一点一滴中产生的,是在家长的疏忽中产生的,待到桥头时要直已经不可能,甚至可能导致撞桥沉没的后果。切记民间也有这样的说法:杨树调直要趁早,否则,为时晚矣!教育孩子亦如此。随后,我们学校组织家长召开了座谈会。

针对外出打工没有机会教育孩子的这类家长,我们开展电话咨询或互联网咨询。我们各班主任把在外务工人员的电话、QQ或邮箱等联系方式一一记录下来。凡留守儿童在家遇到什么问题需要家长配合教育的,家长学校的老师们会通过这些联系方式,主动与家长联系,或商讨教育对策,或指导教育、沟通方法。我们要求家长们采取同样方式加强与孩子的沟通交流,及时了解孩子的思想动态,把问题消灭在萌芽状态,让孩子有父母如同在身边的感觉。我们家长学校的老师还会把家教方面的学习资料隔三差五地通过互联网发往有条件家长的QQ或邮箱。在家长的支持配合下,留守儿童"爱的缺失"得到弥补,他们"在同一片蓝天下"

得到了健康快乐的成长。

针对教育方法简单粗暴的这类家长，我们把他们组织起来，有意安排成功家长"现身说法"，传授与孩子的沟通、教育技巧。要求这类家长结合自己的实际，假想在某件事中，换一种教育孩子的方法又会是什么样的教育效果，供大家讨论。通过这样的家庭教育团体咨询辅导模式，这类家长自身得到成长，认识到自己教育方式的不当，在同时辅以《父母与孩子的心灵对话》中"知识讲座"教学和《中华人民共和国未成年人保护法》的教育后，家长们很快做出了新的有效行动，教育效果明显增强。

※ 本章概要

中小学心理健康教育的开展途径分为渗透途径、专业途径、辅助途径。渗透途径包括学科渗透、德育管理渗透、课外活动渗透、校园文化环境渗透；专业途径包括心理健康课程、团体心理辅导、个别心理辅导、心理社团、心理专题活动等；辅助途径包括学校组织与管理、心理教师队伍建设、教师心理健康教育、家庭及社区心理健康教育，每种途径都是不可或缺的。在心理健康教育人员组成和心理健康教育途径问题上，要打破思维，突破障碍，将学生、专业教师、班主任、学科教师和家长等尽可能多的人员调动起来，将心理健康课程、团体心理辅导、个别心理辅导、心理社团活动、心理科普宣传、主题班会、德育管理和课外活动、学科教学、校园文化、家庭教育等多种途径结合起来，形成心理自助、互助、他助的大格局。

※ 延伸阅读

书　　名：学校心理辅导实用规划
编著者：吴增强
出版社：中国轻工业出版社
推荐语：本书作者吴增强是国内首批实践学校心理健康教育的资深学者和教育家，在吸取西方经验的基础上，通过20多年的实践，总结出了一套适用于国内学校心理健康教育发展的道路。将这样的经验介绍给国内读者，对促进心理健康教育发展有极大的意义和价值。

书　　名：学校心理学：教育与辅导的心理（第二版）
编著者：徐光兴
出版社：华东师范大学出版社
推荐语：本书在初版的基础上，关注青春期教育、网络成瘾、生涯规划、家校合作等方面的问题，更重视教师自身及家长的心理健康，且对我国港澳台地区学校心理学的发展趋势进行了比较研究，从积极心理学的视角出发论述了学校心理学的发展趋势。

书　　名：学校心理健康教育实施与管理
编著者：刘维良
出版社：重庆大学出版社
推荐语：本书着眼于学校心理健康工作的实施和管理方面的内容，为读者提供了一个学校组织实施心理健康工作的全景图。这个全景图将为读者与其学校更好地开展心理健康工作提供了一个极具参考性的行动方略。内容涉及心理健康活动课程与心理辅导；学校心理健康测评与测验；学校心理健康教育的组织管理；学生心理档案的建立及应用；心理健康教育人员的培训与管理；教师的心理健康与心理教育能力；学校心理健康教育的保障等方方面面。

※ 课后练习与思考

1. 请你对比国内外中小学心理健康教育工作，分析我国中小学心理健康教育有何特点？同时，请列举中小学心理健康教育的具体途径。

2. 你认为中小学心理健康教育应该如何与德育相结合？积极心理学取向的中小学心理健康教育应该如何实施？

※ 参考文献

[1] 金东贤，俞国良，傅婕. 简论班主任工作中的心理健康教育[J]. 天津师范大学学报，2002（3）.

[2] 姚健儿. 论心理健康教育在学校德育工作中的渗透[J]. 福建师范大学福清分校学报，2006（5）.

[3] 叶一舵，严由伟. 心理健康教育[M]. 福州：福建教育出版社，2008.

[4] 教育部中小学心理健康教育专家指导委员会. 中小学心理健康教育指导纲要（2012年修订版）解读[M]. 北京：北京师范大学出版社，2013.

[5] 吴曾强. 学校心理辅导实用规划[M]. 北京：中国轻工业出版社，2012.

[6] 徐光兴. 学校心理学：教育与辅导的心理[M]. 2版. 上海：华东师范大学出版社，2012.

[7] 教育部. 中小学心理健康教育实施纲要[M]. 2012年修订. 北京：北京师范大学出版社，2013.

[8] 刘维良，齐建芳. 中小学心理健康教育[M]. 北京：华文出版社，2002.

[9] 陈家麟. 学校心理健康教育——原理与操作[M]. 北京：教育科学出版社，2002.

第三章 小学生心理发展的一般特点

 导入案例

小平、小刚、小林、小丽和小红都就读于某小学五年级。小平是一个聪明的学生,语文课文,她能很快地背诵下来;数学的计算题,她能够从多个角度去思考;英语课,她能长时间集中精神背所学过的单词;实验中,她能细致地观察到发生的自然反应;在畅想未来的作文竞赛中,她获得了一等奖。为此,家长奖励她,老师表扬她,尤其让小刚、小林、小丽和小红羡慕不已。

在一次作文中,老师留了一篇题为《长城》的作文,小刚想了半天也不知怎样下笔,就是觉得长城特别长于是在作文的开始就写了这样一句话:"长城啊,很长很长!长城啊,真长……"同学看后哈哈大笑,他自己也感到很尴尬。在背诵课文时,小林困惑地说:"这篇课文我都读了好几遍,还是什么也没有记住,这可怎么办?"在期末数学考试中,小丽前面的题做得很顺利,给最后一道题留下了足够的思考时间。可是,到了下课铃响时,她仍然没有想出来,走出教室,听同学们议论,她才恍然大悟,原来只需要从另一个角度去想,问题就会迎刃而解。她懊恼地拍了一下自己的头:"我怎么就没有想到呢?"在听写英语单词时,小红又没有写上,这全怪她上课没有认真听讲,背单词时总爱分神或搞小动作,这个毛病总也改不了。她心里特别着急。

上述学生的相同之处是什么?他们的差异表现在哪些方面?作为教师该如何看待这些学生的不同表现呢?

第一节 小学生认知发展的特点

从某种意义上说,学习过程就是心理成长过程,而认知过程又是学习过程的基石。因而认知发展水平直接影响小学生的成长,是小学生心理成长的关键因素。与年龄相适应的认知发展水平是小学生人格形成、交往成功、品德发展的重要保证。小学生正处于个体发展的重要时期,生理发展尤其是神经系统的发展趋向成熟,所以整个小学时期都处于认知迅速发展的时期。

一、小学生观察力的发展

观察力是一种有意识、有目的、有计划、持久的知觉活动,直接影响学生的语文学习和写作等课业成绩，也与思维能力等其他能力的发展息息相关。正如开篇故事里一样，小平能细致地观察到自然实验中的各种反应，而小刚则在作文中没有什么可写的，他们之间的主要差别就体现在观察力方面。进入小学后，几乎每个学科都要求学生发展自觉的观察力。例如，科学课的实验演示与操作离不开学生精细的观察，数学能力的培养需要以学生对自然界数量关系与图形关系的观察为基础。所以，随着数学的要求和学生智力活动自觉性的提高，学生的观察力也得到了充分的发展。

1. 小学生观察力的特点

（1）小学生的观察从缺乏系统性的知觉发展到有目的、有序的知觉。尤其是低年级的学生，观察事物时常是杂乱无章的，缺乏系统性和目的性，观察时受兴趣和情绪的影响很大，不能持续很长时间，有时常常偏离观察的主要目标。

（2）小学生的观察从模糊笼统的知觉发展到比较精确的知觉。小学低年级学生观察事物时，常常模糊不清，这和其认识过程的发展有关。低年级学生只是比较贫乏，观察事物时容易泛化，所以模糊不清，特别是对一些相类似的事物容易混淆。随着年龄的增长，知识逐渐丰富，他们的观察才能由泛化发展到分化，他们才能比较精确地分辨事物。

2. 小学生观察力的发展阶段

小学生观察力的发展有一个过程。有人研究了小学一至六年级学生图画观察能力的发展，结果表明，其观察能力的发展可分为以下四个阶段：

（1）认识"个别对象"阶段。此阶段，小学生只看到各个对象或各个对象的某一个方面。

（2）认识"空间联系"阶段。此阶段，小学生能感知到各个对象之间能直接感知到的空间联系。小学生的图画认识能力大部分属于认识"个别对象"和"空间联系"阶段。

（3）认识"因果联系"阶段。此阶段，小学生可以认识对象之间的因果联系。

（4）认识"对象总体"阶段。此阶段，小学生能从意义上完整地把握对象的整体，理解对象的主题。

小学低年级学生大部分处于认识"空间联系"阶段；中年级学生大部分处于认识"因果联系"阶段；高年级学生大部分处于认识"对象总体"阶段。另外，小学生观察力的发展也受材料的熟悉程度的影响。若所观察的对象是小学生生活中经历过的，并能为他们所理解的，小学生就能表现出较高的观察水平；反之，所观察的若是小学生不熟悉的材料，他们的观察水平就不高。

3. 小学生观察品质的发展

有研究对小学一、三、五年级学生的观察品质进行了实验研究，结果如下：

（1）观察的精确性方面：小学一年级学生不能全面细致地感知对象的细节，只能说出对象的个别部分或颜色等个别属性，精确性水平很低；三年级学生观察的精确性明显提高；五年级的学生又优于三年级学生。

（2）观察的有序性方面：小学一年级学生对事物的观察不系统、零乱，看到哪里就是哪里；中高年级学生观察的有序性明显提高，一般能从头到尾进行观察，而且在表述观察结果时常常先想后说，但五年级和三年级学生在观察的有序性方面差异不显著。

（3）观察的目的性方面：一年级学生观察的目的性不强，随意性较差，排除干扰能力较差，不能较长时间将注意力集中于观察对象上，观察错误较多。三年级、五年级学生有所改进，但差异未到达显著性水平。

（4）观察的判断力方面：小学低年级学生对所观察的事物做出整体概括的能力很差，对主要和次要特征的判断力较差，导致观察事物特征不系统、主次不分，常常观察到了无意义的特征而忽略了有意义的特征；三年级的学生观察的判断力有较大提高；五年级学生观察的分辨力、判断力明显提高。

小学阶段，低年级到高年级学生观察力的上述四种品质的发展，表现出逐渐提高的趋势。

二、小学生记忆力的发展

记忆是指人脑对过去经验的保持和提取，它是个体经验积累和心里发展的重要前提。若没有记忆，小学生的心理活动在时间上就不能得以延续，先前经验就不能对当前的心理活动产生影响，学习就失去了意义，小学生的心理将永远停留在最初的水平。在学习过程中，一般小学生总是能很快地将课文背诵下来，而小林则读了好几遍还没有记住，他们之间的主要差别体现在记忆力方面。

1. 小学生无意记忆和有意记忆的发展

无意记忆一般是指没有预定的目标和任务，不需付出艰苦的意志努力的记忆；有意记忆是指有预定的目标和任务，需要付出意志努力才能完成的记忆。

小学生的记忆，从学龄前期的无意记忆占主导地位逐渐发展到有意记忆占主导地位。小学生的学习已不再像幼儿阶段那样可以随心所欲，而是必须按照一定的要求学习，必须完成教材规定的学习任务。这样，对自己感兴趣的东西要学习，对自己不感兴趣的东西也要学习。也就是说，要完成小学阶段的学习任务，只靠无意记忆是不行的，必须发展有意记忆，使记忆为预定的学习目标服务。

小学生的有意记忆是随着年龄的增长不断发展的。一般认为，有意记忆占主导地位是从小学三年级开始明显表现出来的。有研究表明，小学二年级的学生在实验中无意记忆组的正确回忆率为42.8%，有意记忆组的正确回忆率为43.0%。两组记忆谁占主导地位尚不清晰。而小学四年级时，学生就出现了明显的差异。小学四年级学生无意记忆组的正确回忆率为43.8%，有意记忆组的正确回忆率已达51.5%。

2. 小学生机械记忆和意义记忆的发展

机械记忆和意义记忆是从理解性的角度对记忆进行分类。所谓机械性记忆，就是指对记忆的材料未经理解而进行的死记硬背；而意义记忆又称理解记忆，就是将需要记忆的新材料与自己已有的知识经验相联系，理解以后进行记忆。

小学阶段，学生在记忆理解性上的发展主要呈现出机械记忆占主导地位过渡到理解记忆占主导地位的趋势。小学低年级学生因为抽象思维能力尚未发展，知识经验比较贫乏，因而缺少对记忆材料进行思维加工的理解能力，导致机械记忆占主导地位。但随着年龄的增长，知识经验储备的增多，言语、思维能力的逐渐发展，小学生对学习材料的理解能力逐渐增强，到三四年级以后，理解记忆开始逐渐占主导地位。

3. 小学生瞬时记忆、短时记忆和长时记忆的发展

瞬时记忆、短时记忆和长时记忆是按对信息保持时间而对记忆进行的分类。瞬时记忆的储存时间大约是 0.25~2 秒，容量大约为 7±2 个组块。短时记忆中的信息经过复述会进入长时记忆，而未经复述的信息则会被遗忘。

短时记忆又叫工作记忆。这是由于短时记忆中的信息是处于激活状态的，是个体在当前工作中，可以使用的信息。这部分信息除了刚从瞬时记忆中储存下来的，还可以是从长时记忆中提取出来的。小学生的短时记忆容量表现出随年龄增长而增长的趋势。有研究证明，由于材料性质的不同，小学生短时记忆的容量是不一样的。但无论对于那种材料，都是小学四年级学生的短时记忆容量比小学二年级学生的大。

长时记忆是指对信息的储存从 1 分钟到终生的记忆。长时记忆的容量是无限的，这主要是因为长时记忆中的信息已经形成了有组织的认知结构。这种认知结构可能使人对所记忆的信息进行有效的提取和加工。小学生长时记忆发展的主要研究集中在对其信息组织的研究方面。一般性结论是：随年级升高，小学生对信息的组织性越强。

4. 小学生形象记忆和逻辑记忆的发展

所谓形象记忆就是对已经感知过的事物具体形象的记忆；所谓逻辑记忆是指对语言等抽象材料的记忆。小学生的记忆发展逐步从以具体形象记忆为主过渡到以语词逻辑记忆为主。小学低年级学生，由于语言及思维发展的影响，第一信号系统占优势，往往表现为形象记忆占优势。随着年级的升高，在教学影响下，小学生的逻辑记忆能力逐渐发展起来，并逐渐占优势。

三、小学生想象力的发展

想象是个体对头脑中已有的表象进行加工改造，创造出新形象的过程。有了想象，人们才能将历史、人物、山水、事件在头脑中形成栩栩如生的形象，才会勾画出未来生活的宏伟蓝图，人类才能不断创造。想象与思维是密不可分的，而且与人的创造力紧密相关的。小平在畅想未来的作文竞赛中获得一等奖，这表明她具有丰富的想象力。

1. 小学生想象力的特点

小学生入学后，在学校教育的影响下，想象力得到了进一步发展，表现出以下特点：

（1）有意性迅速增长。小学生在学习过程中，为了更好地理解教学内容，完成教室布置的作业，必须进行有意识的想象活动。例如，在学习语文时，通过想象来理解文中所描述的情境、故事发生的情节；在写作文时，围绕某一主题进行构思；在学习社会课时，通过想象来理解大自然，增强对祖国山河的热爱，培养爱国主义思想。因此，从三、四年级开始，有意想象逐渐发展并占主导地位，从而使他们能顺利地完成各门课程的学习任务。

（2）内容逐渐符合客观现实。小学低年级学生的想象内容常脱离实际，或者不能准确地反映客观现实。随着教师的不断指导以及学习内容的丰富和知识经验的逐渐积累，到中、高

年级时，小学生想象的内容逐渐符合客观现实。

（3）存在一定的客观性和具体性。小学生进行想象，特别是从事一些操作活动，还需要借助于具体事物来完成。这一特点就决定了教师在讲一些内容时，应给学生出示直观教具，来帮助他们想象和思维。随着年级的升高，学生想象中的直观性和具体性所占比重逐渐减少。

（4）创造性成分日益增多。随着小学生知识经验的不断积累、语言能力的不断增强、表象的不断丰富，他们再造想象中的创造性成分逐渐增多，而且表现出一定的独创性。

2. 小学生幻想的发展

幻想是创造想象的一种特殊表现形式，是指向未来并与个人愿望相联系的想象。小学生想象中创造性成分的增多，促进了小学生幻想的发展，并表现出如下特征：

（1）由直观性和虚构性向抽象性和现实性发展。低年级学生在幻想时常把现实事物加以夸大或缩小，喜欢童话故事和神话中虚构的成分，并被描述的情节所感染。随着年级的升高，他们对童话的喜欢程度降低，代之以更富有现实性的文艺作品。

（2）由笼统性和肤浅性向分化性和深刻性发展。低年级小学生的志向比较笼统，而且认识也比较肤浅。他们只知道解放军是打仗的、工人是做工的。随着年级的升高，他们对志向的认识有一定的深刻性。此时，他们知道解放军有不同的种类，分为海军、空军、陆军等。

（3）由易变性向稳定性发展。在小学阶段，幻想的易变性向稳定性发展。低、中年级学生的幻想具有明显的易变性。到高年级时，小学生的幻想才初步表现出一定的稳定性。

（4）由非社会性向社会性发展。低年级小学生幻想中的社会性成分逐渐增多，表现为幻想的内容受社会历史发展的影响加强。

四、小学生思维力的发展

思维是人脑借助于言语、表象和动作而实现的、对客观事物本质属性间接的、概括的反映。它是人的智力的核心，也是人区别于其他动物最具有代表性和独特性的认知方式。小平在做数学计算题时能够从多角度去思考，而小丽在考试中没能从另一角度去想，他们之间的差别体现在思维力方面。小学生思维力的发展具有以下特点：

1. 以具体形象思维为主要形式逐步过渡到以抽象逻辑思维为主要形式

刚刚入学的小学生，其思维带有明显的具体形象性。他们需要具体形象的帮助来理解抽象的字、词。在数学的计算中，小学生往往需要实物或手指的帮助才能运算。在很大程度上，他们的思维活动还是和面前的具体事物及主动的记忆表象联系在一起。小学生的思维逐渐由以具体形象思维为主要形式过渡到以抽象逻辑思维为主要形式。小学生的思维发展过渡到以抽象逻辑思维为主要形式，并不是说他们的思维就不存在具体形象性了。相反，小学生的思维必须借助事物的具体形象来实现抽象逻辑思维。

2. 抽象逻辑思维自觉性较差

小学生不能自觉意识到自己的思维过程，低年级小学生尤其明显。例如，在语文阅读中，默读比朗读困难大，这是因为儿童内部言语的发育尚未成熟，而内部言语是对思维本身进行分析、综合的基本条件。因此，有经验的教师会有计划地指导学生默读课文和阅读一些课外读物。对数学应用题的解答，小学生不会说出自己的思考过程，也不习惯于自我检查。教师在教学过程中，如果注意引导学生在解应用题时说出思考过程，检查一下自己在解题时的思想障碍在哪里，并注意及时准确地检查作业，将有助于学生抽象逻辑思维自觉性的发展。

3. 抽象逻辑思维发展不平衡

小学生抽象逻辑思维的发展在不同学科中，其表现是不同的。例如，在数学课学习中，尤其是经过系统的小学奥林匹克数学训练的学生，可以离开具体事物进行抽象思考，但在科学课上仍停留在较具体的形象水平上。

4. 思维缺乏批判性

小学生的思维缺乏批判性，年龄越小的儿童越明显。他们常常不根据客观情况的变化，盲目按照教师所说的每一句话去做，以教师的语言作为衡量事物对错的唯一标准。这一方面要求教师做到言语慎重，时刻考虑到如何做才有利于小学生的身心健康发展；另一方面，也向教师提出了新的课题，即如何使学生逐步克服这种盲目性，而多一些批判性和理性思考。

5. 思维缺乏灵活性

小学生的思维还缺乏灵活性，他们不善于考虑条件的变化，而以旧经验解答新问题。在数学学习中，这种特点表现的最明显。一般说来，儿童对熟悉的或学过的题目类型，在内容不变时能顺利解答，但如果内容稍加变化，他们就难以随着变化的内容而改变方法，往往照着原来的形式套做题目。随着年级、年龄的增加，知识经验的积累，第二信号系统的发展，到了中、高年级，小学生思维的惰性将逐渐减少。

五、小学生注意力的发展

注意是心理活动在某一时刻所处的状态，表现为对一定对象的指向和集中。其中，指向是指认知活动总是选择一个或几个事物为当前的认知对象，而排除其他事物；而集中是指认知活动在进行过程中保持一定的紧张度和强度，从而保证这一活动的顺利完成。

（一）小学生注意力的特点

小学生入学后，学习活动成为他们的主要任务。作为小学生，他们必须按照《小学生守则》及教师的要求行事。他们不仅要对自己感兴趣的任务进行注意，而且为了完成学习任务，还要对自己也许并不感兴趣的任务进行注意。这就要求小学生对自己原有的注意特点进行发展，以适应新情境、新任务的需要。小学生注意的发展一般表现出如下特点：

1. 有意注意逐渐占据主导地位

小学低年级的学生在注意的发展上仍是无意注意占主导地位。无意注意是一种不需意志努力的注意。小学三、四年级学生的有意注意开始逐渐发展起来，并占据了主导地位。有意注意是一种有目的的、有意志参与的注意。它的发展一方面受教学及训练的影响；另一方面，同三、四年级学生大脑的不断成熟、神经系统的兴奋与抑制过程的逐步协调有密切联系。有意注意的发展使小学生能够有目的、有选择地去注意有意义的认知材料，提高其学习的主动性，是认知发展的一个重要里程碑。从个体发展的角度来看，儿童有意注意的发展要经历三个阶段：① 通过成人的言语指令而引发的有意注意；② 通过自己的言语活动来调节和控制自己的各种心理活动；③ 经过内化过程，儿童可以用内部言语指令来控制自己的各种心理活动，这是有意注意发展的高级阶段。

2. 带有显著的情绪色彩

小学生的注意带有显著的情绪色彩，因而，教师可以根据这一线索判断学生是否认真听讲，是否已经理解了教学内容。小学生由于大脑与神经系统活动的抑制能力没有充分形成，因而，一个兴奋中心的形成往往波及其他器官的活动，导致面部表情、手脚乃至全身都会配合活动，所以，他们的注意会带有明显的情绪色彩。

3. 具有鲜明的形象性

小学生尤其是低年级小学生的知识水平和言语水平有限，思维的发展仍是具体形象思维占重要地位，因而，哪些具体生动、形象直观的事物容易引起他们的注意。随着年级的升高，出现了以词为基础的第二信号系统和抽象逻辑思维能力的发展，小学生对具有一定抽象水平的教材的注意能力会逐渐发展起来。这种注意的发展，对小学生具有非常重要的意义，这是因为学生学习的主要内容除了具体、直观、形象的事物外，还有一些科学概念、原理、原则等较为抽象的知识。因而，在小学阶段，教育既要发展学生对具体、形象事物的注意力，又要发展学生对抽象、概括的事物的注意力。

（二）小学生注意品质的发展

注意的品质主要有注意的集中性、注意的稳定性、注意的广度及注意的分配四个方面。小学阶段儿童注意品质的发展特点如下：

（1）注意的集中性。注意的集中性是指注意指向一定事物时聚精会神的程度。注意的集中性品质对学生来讲很重要，小学生注意的集中性呈不断发展的趋势。低年级学生注意的集中性水平一般较低，但随着年级的升高逐渐好转。

（2）注意的稳定性。注意的稳定性与注意的集中性紧密相连，就是指在一定时间内将注意集中于某一具体事物或活动上的能力。在一般情况下，7~10岁学生可以集中注意20分钟左右；10~12岁学生可以集中注意25分钟左右；12岁以上学生可以集中注意30分钟左右。

（3）注意的广度。注意广度也称注意范围，是指在同一时间内知觉客体时所能注意到的数量。注意广度同学生的学习效率关系密切。

（4）注意分配及转移。注意分配是指在同一时间内把注意分配到两种或几种不同对象或活动上的能力。有研究表明，整个小学阶段，儿童注意分配的发展较平缓。

注意转移就是主动将注意从一个对象转移到其他对象上的能力。有研究表明，小学生注意转移的综合反应时间随着年龄的增长而呈缩短趋势。

第二节　小学生情绪发展的特点

情绪是人对客观事物的态度体验及相应的行为反应。它是以个体的需要为中介的一种心理活动。孩子进入小学后，生活环境的改变、认知能力的提高，使其情绪也得到了显著的发展。具体表现在以下方面：

一、情绪的稳定性逐步增强

儿童进入学校以后，在集体生活和独自学习活动的影响下，控制、调节自己情绪的能力开始发展起来。虽然小学生的情绪仍然具有很大的冲动性，他们还不善于掩饰、控制自己的情绪，但他们的情绪已开始逐渐内化，小学高年级学生已逐渐能意识到自己的情绪表现以及随之可能产生的后果，情绪的稳定性和平衡性日益增强，冲动性和易变性逐渐消失。而且，小学生尚未面临繁重的学习压力，因而其基本情绪状态是平静而愉快的。

上述特点是与学前儿童的情绪比较而言的。一般来说，小学低年级学生的情绪仍很不稳定，控制自己情绪的能力还很弱，表现为：第一，情绪经常变化和反复无常。一种刺激引起的情绪反应很快会被另一种刺激引起的情绪反应所代替。第二，情绪迅速转化。当出现新异刺激时，最初会产生强烈的情绪，但随着这类刺激的反复出现，情绪就会迅速减弱，甚至产生相反的情绪。

二、情绪的丰富性不断扩大

对于小学生来讲，学习是他们的主导活动，因而大量与学习活动和学校生有关的事物构成小学生情绪的主要内容。完成各项学习任务，如写作业、背诵课文等，成为小学生最主要的需要。学习任务完成得顺利，满足了需要，小学生就会迅速产生愉快的情绪体验；反之则会产生消极的情绪体验。而且，小学生是在学校、班级这样的集体中学习和生活的，所以，他们在集体中的地位，与同伴之间的关系，与教师之间的关系，以及学校、班集体对个人的要求和评价等，都会引起小学生复杂多样的情绪体验。

同时，小学生的各种高级情感也在不断发展中，高级情感的加入及不断丰富更加充实了小学生的情感世界。小学生在加入少先队后，逐步接受一些共产主义道德观念的教育，加上学习了品德与生活、品德与社会、科学等课程，他们的情感体验就和国家、民族、社会等大集体联系起来。他们也会被历史上民族英雄的舍己为人，模范人物的坚毅顽强，科学家的刻苦钻研等崇高精神所感染，产生热爱祖国、热爱人民的情感。小学生在各种各样的班集体活动、少先队活动、社会公益活动中，能感受到个人与个人、个人与集体的关系，逐渐养成团结、友爱、互助、爱劳动、有集体荣誉感、有责任感等良好的个性品质。这样，小学生情绪情感的内容日益丰富起来。

三、情绪的深刻性不断提升

小学生的情绪与学前班儿童相比，不但在内容上丰富多彩，而且其情绪体验也更加深刻。例如，有关的研究证实，同时惧怕情绪体验，学前而主要是怕人、怕物、怕黑、怕吃药打针等具体的事物；小学生虽然也同样怕这些具体的事物，但更多的是对学校的恐惧。例如：怕学习不好，考试成绩太差；怕受家长、老师的批评；怕受同学的讥笑、歧视等。研究还发现，同样一种消极的情绪，如愤怒，小学生对其的体验比学前儿童要现实得多。学前儿童会因为父母有事取消去游乐园的计划而感到愤怒，小学生则可以了解到实际原因即父母工作忙等而产生失望感；学前儿童常因父母的日常生活规定，如饭前洗手、剪指甲等，而产生不愉快情绪，而小学生则常因在同伴交往或学校中受到讥笑、不公平待遇等而产生不愉快情绪。

到了小学高年级后，在独立学习和集体生活的锻炼下，小学生在一定程度上已能克制自己的一些欲望，努力克服困难去完成自己的任务，形成一定的理智感，也已逐步开始理解自己对集体、对他人、对社会负有的一定责任。这些都表明小学生情绪的深刻性在不断地增强。

第三节 小学生意志力发展的特点

两个孩子一块儿听老师讲下棋的知识，他们都很聪明，但是听讲情况却大不相同。一个专心致志，只听老师讲解，任何事情也干扰不了他；而另一个心里总想着有大雁从天空飞过，想着用箭把它射下来炖肉吃。结果，前一个学得非常出色，后一个学得稀里糊涂。同样是聪明的孩子，为什么会出现两种结果？这是因为他们的意志品质不同。前一个孩子目标明确，自觉性、自制力强，能够坚持到底。

小学生的意志特点是在其克服困难的活动中表现出来的。随着学习活动逐渐成为小学生的主导活动，小学生的意志力也迅速发展起来。首先，学习是有一定目的和要求的复杂活动，小学生为达到既定目标必须自觉行动，如遵守纪律、完成作业、参加考试等；其次，学习任务是有一定困难的，小学生不仅要学一些自己感兴趣的东西，还要学一些自己不感兴趣但必须学的东西，这就要求小学生必须付出意志努力，坚持学习；再次，班级、少先队和学校等要求小学生的行为必须符合集体的利益，从而使小学生开始有意识地控制和调节自己的行为；最后，小学生开始参加一些社会活动、义务劳动、体育锻炼等，各种活动任务都有一定的严格要求，小学生必须约束自己，遵照活动的要求，完成活动任务。小学生在这些活动过程中，使自己的意志特点日趋明显。

意志品质是一个人在生活中形成的比较稳定的意志特征，是个性的重要组成部分。小学生的意志力是通过意志品质表现出来的，对小学生意志品质的一系列实验发现，小学生意志品质的发展具有四个特点：

一、小学生意志的自觉性

意志的自觉性是指人在行动中明显的目的性，能充分认识所采取行动的意义，使自己的行为服从于一定要求的良好品质。受暗示性和独断独行等不良品质则是与自觉性相反的品质特征。容易受暗示的人，只有在得到提示、命令、建议时才表现出积极性，而且很快就受到别人的影响，不假思索地接受他人的思想。行为具有独断专行的人，表面上看，似乎是独立地采取行动，执行决定，但实际上从不考虑自己所采取的行动是否合理，执行决定时也听不进劝告，固执己见，一意孤行。一般来说，小学生还不善于自己提出要求，并在他们的监督和帮助下达到要求。在整个小学时期，小学生意志的自觉性和独立性仍在发展。

在某项研究中，研究者给各年级小学生分别设计了一份有相当难度的语文试卷，包括判断题、选择题、改错题等客观性试题。当所有学生被试卷答完一半以上的试题时，分别给予暗示和劝告，如指着其中一道答对的题轻轻地对学生说："这道题答的不对。"或指着一道答错的题说："再仔细想想。"结果显示：

（1）小学生意志的自觉性较差。大多容易被他人的意志所左右，不相信自己行为的正确性，因而不敢坚持自己行动的方向和结果，缺乏自主精神。

（2）小学生意志的受暗示性和独断性特征较为明显，其中受暗示性尤为突出。除了二、六年级外，各年级一半或一半以上的学生表现出受暗示性的特点，这是因为小学生的思维批判性还不发达，往往屈从于别人的观点。三年级以后，受暗示性逐渐减弱，而独断性则逐渐增强，这是因为思维随着年龄的增长而发展，小学生的思维批判性开始出现并随之发展。小学生开始喜欢独立思考，并逐渐相信自己的力量和行动的正确性，但由于思维的独立批判性品质尚未成熟，还处于萌芽状态，因而容易固执己见，盲目地拒绝他人的劝告和意见。特别是小学六年级儿童，他们开始进入少年期，其心理发展中的独立性和幼稚性矛盾日益突出，极易产生片面性和表面性，独断性的表现也更加明显。

可见，小学生自觉性品质的发展比较缓慢。在整个小学时期，这种自觉性品质基本上处于低水平，而受暗示性和独断性却十分明显。这说明小学生对行为缺乏充分的认识，还不能在调节、支配自己行为中充分表露、显示和坚持自己的独立意识。

二、小学生意志的果断性

意志的果断性是一种明辨是非、迅速而合理地做出决定并立即采取相应行动的良好品质，与之相反的则是优柔寡断和草率决定等不良品质。小学生在做决定时往往具有冲动性和情绪性的特点，他们不善于仔细、全面地考虑问题，不善于经过深思熟虑做出决定。

有人做过一个实验，同时发给小学生两份难度差异不明显的试卷，让其自选一份试卷答题，如果自己难以确定则由主试指定，做完后继续做第二份试卷，比较其两份试卷的成绩。从果断性、草率决定、优柔寡断三个方面来评价选择试卷的小学生意志品质：如果第一份试卷的成绩低于第二份试卷的成绩，分差超过 10 分，则评为"草率决定"；如果第一份试卷的成绩高于第二份试卷的成绩，但分差不超过 10 分，则可评为"果断性"；由主试指定第一份试卷的被试无论其成绩如何，均可评为"优柔寡断"。结果显示：

（1）小学生的果断性随年级升高而不断发展。大多数学生都能懂得自己行为的重要性，能在掌握有关知识和技能的基础上，预见和了解行为的可能结果，但在整个小学时期，学生的果断性品质还不稳定。

（2）相当一部分小学生表现出优柔寡断和草率决定的特征。由于小学生没有足够的能力去克服心理上的种种矛盾，不是摇摆不定迟迟做不出决定，就是担心行为可能会造成不良后果，从而怀疑自己所做决定的正确性，表现出优柔寡断。

三、小学生意志的自制性

意志的自制性是一种能够自觉、灵活地控制自己的情绪，以约束自己产生或完成与任务相反的行为的良好品质。自制力强的小学生善于控制自己的思想、调节自己的行为，能克制自己不应有的情绪冲动，抗拒来自外部和内部的诱因干扰，自觉遵守纪律，执行决定。尽管小学生在自我约束、遵守规章制度等方面的能力发展较晚，但在教学活动和学校纪律的要求下，小学生的自制力也逐渐发展起来。

在某实验研究中，要求小学生记忆、背诵一篇约需40分钟识记才能记住的课文。在小学生开始默读记忆约15分钟后出现外部诱因（附件有文艺表演），又过了15分钟后出现内部诱因（疲劳），结果发现：

（1）小学生意志的自制性品质随年级升高而逐步发展，其发展趋势为：一至三年级处于迅速发展时期，三至四年级处于平稳时期，四至五年级处于迅速发展时期，五至六年级再度处于平稳时期。研究者认为，小学低年级学生的自制性品质发展较快，说明他们的脑结构日趋完善而意志的抑制机能发展较为平稳，保持在一个水平线上。中年级又出现一个快速发展时期，使意志自制性品质达到一个新的更高水平，说明中年级学生已能进一步克制因各种诱惑引起的冲动行为，能自觉地按照任务要求坚持活动。到高年级，自制性品质发展又出现了一个新的稳定时期。

（2）小学生的行为明显受内外诱因的干扰，随年级的升高，他们抵制内外诱因干扰能力逐渐增强，受内外诱因干扰的影响逐渐减弱。儿童拒绝外部诱因的能力强于其抗拒内部诱因的能力。

四、小学生意志的坚持性

意志的坚持性品质是一种在行为中能以坚韧不拔的毅力克服种种困难而坚持到底的良好品质。具有良好的坚持性品质的人能够在活动中持之以恒，在困难、艰苦的条件面前不犹豫，不动摇，一鼓作气，善始善终。尽管小学生还比较依赖教师和成人的帮助，意志的自制力比较薄弱，但在教育的要求和影响下，小学生意志的坚持性正在逐步发展。

在某实验研究中，让小学生完成有一定难度的填图游戏，分别在5分钟、15分钟、25分钟后给出诱因，在30分钟时一律收卷。然后，根据被试的行为反应进行评价，结果发现：

（1）小学生的坚持性品质较好，一年级学生就已具有一定的坚持性（坚持做有困难的活动达到16分钟）。但是，由于低年级小学生的有意注意比较弱，情绪稳定性较差，意志自制力较弱，他们在遇到困难时比较容易放弃已开始的活动。中高年级学生已开始有意识地抵抗不符合行为目的的主客观诱因的干扰，能够较长时间地维持活动，一般都能做到有始有终。

（2）小学生意志的坚持性品质随年级的升高而迅速发展，其中一年级至三年级发展最为迅速，年级间的差异非常显著，三年级以后有一个缓慢发展的阶段，到了五年级又开始了一个新的发展阶段，年级间的差异也较显著。

第四节　小学生个性发展的特点

从心理学的角度来看，个性是指个体行为上的内部倾向性，是个人相对稳定、比较重要的心理特征的总和。它是一个人适应环境时在能力、气质、性格、需要、动机、价值观等方面的整合，是具有动力性、一致性、连续性、持久性的自我，是人在社会化过程中形成的身心组织。个性具有整体性、稳定性、独特性和社会性的基本特征。人与人之间的区别除了相貌之外，主要就是个性的不同。正如世界上没有两片完全相同的树叶一样，世界上也没有两个完全相同的人。正是因为人的个性差异，才使得我们的世界变得丰富多彩，人与人之间变得千差万别。

生理机能的逐渐发育，特别是大脑高级神经活动水平的提高，为小学生个性的发展奠定了物质基础和前提。家庭、学校和社会对小学生要求的提高，其个性各个方面的变化都是明显和巨大的。这些变化表现在：需要、动机、价值观等构成个性动力的结构更加复杂；自我认识、自我体验等个性的调控成分逐渐走向稳定；能力、气质、性格等构成个性中的典型特征越来越明显。

一、小学生需要和动机的发展

需要是指人的生理、心理和社会方面的客观要求或渴求在人脑中的反映。人的需要有以下特征：

第一，紧张性。需要总是伴随心理上的紧张感，欲求愈迫切，紧张感愈强。例如，一个人没有进食，觉得腹内有不舒适之感，饥饿的时间越长，这种不舒适感越强。

第二，驱动性。当需要导致人内部出现某种缺乏或不平衡状态时，个体产生一种恢复到平衡状态的内在动力，从而推动人的行为。例如，体内食物的缺乏导致人的一种紧张状态产生内驱力，引起觅食动机和行为。

第三，动态性。人的需要随着对象范围的改变、活动方式的变化、机体成长的变化而变化，每一次满足后都将提出新的更高的需要。

第四，层次性。人的需要是广泛、丰富和发展着的层次结构，是直观需要、心理需要和社会需要的统一。

动机是指直接推动一个人进行行为活动的内部动力。他对行为活动具有激发和调节的作用。当个体需要的强度达到一定水平后，才有可能成为引起、推动或阻止某种活动的动机。诱因指外部的刺激和奖赏。需要的存在使个体处于反应状态，而诱因往往导致行为的发生。例如，个体有报考学校的愿望，又有学校招生的诱因条件，才有去报考的活动动机，然而，外部事物能否满足需要，还取决于个体对这些事物的主观解释。如果一个没有意识到某个事物具有奖赏作用，他也不会行动。所以，人类的许多动机又与认知取向密切联系，并为对未来事件的预期所驱动。因此，动机是在内部需要和外在诱因共同作用下，并通过认知因素起作用。人的需要丰富多彩，外交部客观世界的多种多样，人的认知取向千差万别，这些因素决定了行为动机也是十分复杂的，它们之间不是一对一的关系，类似的动机可能表现为不同的行为，类似的行为有时也可以由不同的动机所引起。此外，一种行为可能由多种动机所引起。

【案例分析】

小刚和小丽在班里是同桌，也是很要好的朋友，他俩的能力不相上下，每次考试的成绩也很好。但在学习活动中他俩的表现却大相径庭。小刚很重视每次考试的成绩和分数，很少主动参与课堂讨论等活动，除非讨论也给"加分"。而小丽在课堂学习上非常投入，渴望参加各种课堂活动，把学习当作一种愉快的享受。由此可以看出，小刚和小丽在学习这件事情上的动机是不一样的。

随着身心的不断发展和生活范围的逐渐扩大，小学生的需要种类不断增多，可以概括为生理与物质生活需要、安全与保障需要、交往与友谊需要、尊重与自尊需要、课外活动与精神生活需要、学习与成才的需要。这几类需要又各包括不同的层次，它们是由低级向高级发展的，各年级的需要是一个不断发展变化的动态结构。小学生动机的发展，从比较具体的动机逐步向比较富有原则性的、比较抽象的动机发展，从不稳定的动机逐步向比较稳定的动机发展。

二、小学生自我意识的发展

小学生自我意识的发展是随着年龄增长从低水平向高水平发展的。在整个小学时期，小学生的自我意识不断发展，但不是直线的、等速的，既有上升的时期，也有平衡发展的时期。以下从自我概念、自我评价和自我体验三方面来说明小学生自我意识发展的特点。

（一）自我概念的发展特点

自我概念是个人心目中对自己的印象，包括对自己存在的认识以及对自己身体、能力、性格、态度、思想等方面的认识，是由一系列态度、信念和价值标准所组成的有组织的认知结构。它把一个人的各种特殊习惯、能力、观念、思想和情感组织在一起，贯穿于经验和行为的一切方面。

小学生的自我概念是从比较具体的外部特征的描述向比较抽象的心理术语的描述发展的。比如，在回答"我是谁"这样的问题时，小学低年级学生往往提到姓名、年龄、性别、家庭住址、身体特征等方面。到了小学高年级，学生开始试图根据品质、人际关系、动机等特点来描述自己。但是，即使到了小学高年级，小学生对自己的认识仍带有很大的具体性和绝对性。

（二）自我评价的发展特点

自我评价是自我意识发展的主要成分和主要标志，是在分析和评论自己的行为和活动的基础上形成的。小学生自我评价的发展特点主要表现在以下几个方面：

1. 自我评价由"他律性"向"自律性"发展

所谓"他律性"是指小学生在评价时，用教师和家长的评价来代替自己的评价。所谓"自律性"是指小学生在评价时,根据自己的判断和思考做出评价。低年级小学生自我评价的独立性较差,在评价别人或评价自己时,基本上依赖教师和家长。到中年级,小学生开始对一些简单行为做出自己的评价,而对一些复杂行为则需要借助于教师和家长来做出评价。到高年级,小学生自我评价的"自律性"明显发展,评价的独立性明显提高。

2. 从依据具体行为进行评价向应用道德原则进行评价发展

低年级小学生的自我评价主要以具体的、外部的行为表现为依据。他们常常只看一点,而看不到其他方面,很难做到评价比较深刻、全面。他们不善于用道德原则来评价自己和别人。由于小学生此时评价的原则还没有形成,所以其评价很容易改变。从中年级开始,特别是到了高年级,小学生逐渐学会用道德原则来评价自己和别人、评价的结果也不易变化。

3. 从根据行为的效果进行评价向把动机与效果结合起来进行评价发展

在评价道德行为时,低年级和中年级小学生主要根据行为的结果来进行。到高年级后,在进行道德评价时,他们逐渐做到将行为的动机和效果结合起来考虑。

4. 从正确评价别人的行为向正确评价自己的行为发展

在整个小学阶段,学生对自己的评价能力一般落后于评价别人的能力。小学生常常能正确评价别人的行为,却不善于全面而确切地评价自己的行为。在教师的正确教育指导下,到中、高年级,小学生才能逐渐做到全面而正确地评价自己的行为。

(三)自我体验的发展特点

个体的自我体验是自我意识中情感成分,发生在约 4 岁左右,而在小学阶段会有较大的发展。自我体验的发展与自我意识的发展总趋势比较一致。随着小学生认知水平的不断提高,情绪体验也逐渐深刻。自尊心是自我体验的一种常见表现,自尊心强的小学生往往对自己的评价比较积极;相反,自尊心弱的小学生往往自暴自弃。自我体验的各种情绪发展是非同步的,愉快感和愤怒感发展较早,自尊感、羞愧感和委屈感发生较晚。

三、小学生气质和性格的发展

小学生的性格发展水平是随着年龄的增长而逐渐提高的,但其发展速度表现出不平衡、不等速的特点。小学二年级至四年级发展较慢,表现为发展的稳定性;四年级至六年级发展较快,表现为发展的快速性。

这主要是因为,小学低年级学生正处在适应学校生活得过渡时期,繁重的课程和作业的压力使他们焦虑、紧张,常常感到力不从心。小学中高年级的学生已经完全适应了学校里以学习活动为主的特点,集体生活范围逐步扩大,同伴交往日益增加,教师、集体、同伴对学生的性格越产生直接的影响,使小学生的性格特点日益丰富和发展起来。到小学六年级,小学生开始步入青春期,青春期的身心巨变又将对小学生的性格发展产生深刻的影响。

因此,在小学生的性格发展中,小学六年级是性格发展的关键期。这个时期的学生,情绪的强度和持久性迅速增长，求知欲发展很快，但自制力显著下降，思维的灵活性发展偏慢。他们既有强烈的情绪体验，对人、对事非常敏感，由于缺乏自我分析、自我宽慰的能力，因而，其性格处于一种非常矛盾和严重的不平衡之中。如果这个时期教育得法，就能促进小学生的性格健康发展。

※ 本章概要

小学生正处于个体发展的重要时期，生理发展尤其是神经系统的发展已经成熟。小学生的观察从缺乏系统性地发展到有目的、有序地知觉，有意记忆是随着年龄的增长不断发展的，在想象力上有意性迅速增长、内容逐渐符合客观现实、存在一定的客观性和具体性，思维的发展以具体形象思维为主要形式逐步过渡到以抽象逻辑思维为主要形式，注意的发展上，有意注意逐渐占据主导地位。情绪发展上，小学生的情绪的稳定性逐步增强、情绪的丰富性不断扩大、情绪的深刻性不断增加。另外，小学生的意志力还比较薄弱，其个性由不稳定向稳定发展。

※ 延伸阅读

书　　名：中国中小学生学习与心理发展状况报告
编著者：申继亮
出版社：北京师范大学出版社
推荐语：该调查系统收集了来自全国中小学生样本翔实的数据和访谈资料，通过科学的数据整理和统计分析，统计结果揭示了中小学生学习与心理发展的规律和现状。综合学生学习和心理健康情况及父母、教师对其学习和心理健康水平的影响，揭示了中小学生学习与心理发展的规律及其影响因素。

书　　名：小学生心理学
编著者：胡志海，徐俊华
出版社：合肥工业大学出版社
推荐语：小学生是祖国的未来，他们的身心健康成长关系着千家万户的幸福与希望，对小学生心理的研究很有现实意义。本书由安徽省黄山学院教育系胡志海、徐俊华主编，全书分为小学生心理发展的生理基础；小学生的注意；小学生的情感和意志；小学生心理健康等数章内容。

※ 课后练习与思考

1. 小学生认知发展的基本特点有哪些？小学生情绪发展的丰富性主要体现在哪些方面？

2. 根据小学生意志力发展的特点，你认为家长可以从哪些方面来加以培养？如何克服小学生以自我为中心的不良性格特点？

※ 参考文献

[1] [美]谢弗，等. 发展心理学：儿童与青少年[M]. 邹泓，等，译. 8版. 北京：中国轻工业出版社，2009.

[2] 张颖. 小学生心理健康的结构和特点研究[M]. 北京：北京师范大学，2005.

[3] 孙应康，等. 中小学生心理特点与教育[M]. 郑州：河南人民出版社，1981.

[4] 张嘉玮. 小学生心理发展特点[M]. 长春：东北师范大学出版社，1999.

[5] 高雪梅. 中小学生心理学[M]. 重庆：西南师范大学出版社，2013.

[6] 佘双好. 毕生发展心理学[M]. 2版. 武汉市：武汉大学出版社，2013.

[7] 约翰·桑特洛克. 发展心理学——桑特洛克带你游历人的一生[M]. 2版. 北京：机械工业出版社，2014.

[8] 甄瑞，姚本先，周宵. 十年来我国小学生心理健康研究的计量学分析[J]. 中小学心理健康教育，2014（4）.

第四章 初中生心理发展的一般特点

导入案例

2011年5月3日晚11时许,×县S镇发生一起凶杀案,该镇"××电脑维修中心"老板史××及其8岁的女儿被人杀死在家中,尸体被肢解。起初许多人都猜测凶手不是与被害人有深仇大恨,就是因情杀人。5月8日此案告破,凶手竟然是一名年仅16岁的初中生,与被害人无冤无仇。在侦破类影视作品的影响下,犯罪嫌疑人抢劫几百元现金和一部手机后居然残忍地杀人碎尸。

近年来青少年犯罪的案例层出不穷,且表现出暴力化、低龄化、团体化等特点。一个个血淋淋的例子,让人在扼腕叹息的同时也越来越关注人生发展的多事之秋——青春期个体心理发展的一系列特点。

中学阶段,一般指11、12岁到17、18岁。其中,初中在11、12岁到14、15岁这段时间,又称为少年期、青春期;高中在15、16岁到17、18岁之间,为青年初期。中学阶段总称青少年期或青春发育期,又称人生的黄金时期。尤其是正值青春期的初中生,他们的身心发展正处于人生发育的第二次"生长高峰",也是各年龄发展阶段中的最佳时期,但与身体的加速发展并逐渐达到成熟水平相比,其心理的各个方面虽然也在发展但与生理发育速度并不相协调,因此造成青少年身心发展的各种特殊矛盾和表现,使他们面临一系列的心理危机。

第一节 初中生的身心发展

初中时期是个体身体发展的鼎盛时期以及性成熟期,生理上的成熟使青少年在心理上产生了成人感,他们渴望独立,渴望摆脱父母、老师对自己的约束,希望以一个独立个体的形象定位自己的社会角色。但是由于他们的心理发展还没成熟,当个体期望不能顺利实现时更容易产生各种负性情绪,甚至一度表现出各种心理及行为问题。

一、初中生生理发展的特点

一个人的一生要经历两次生长发育的高峰期,第一次是在出生后的第一年,第二次就是青春发育期。一般说来,女生从11、12岁到15、16岁,男生从13、14岁到17、18岁,正处于这一阶段。青春发育期的个体身体和生理机能都发生了急剧变化，除了表现为身体外形的剧变和内部生理机能的增强外，还体现在性的发育和成熟上。

1. 身体外形的变化

由于内分泌系统的发育，初中生身高、体重以及头面部都发生了显著变化。据教育部等相关部门做的调查显示，我国女孩大约从 9 岁开始就进入了生长发育的第二个高峰期，身高增长一直持续到 15 岁左右；男孩大约从 11 岁开始进入发育高峰期，身高增长一直持续到 16、17 岁。在此期间，青少年身高每年可长 6~11 厘米；体重迅速增加，每年可增 5~10 公斤。另外，青少年身高与体重的增长存在着性别差异，显著表现在快速增长时期开始的早晚上。一般情况下，女孩的发育早于男孩，但男孩开始发育后，其增长速度又高于女孩。当然，即使是同性别间，青少年身高、体重的增长也存在着"早熟""晚熟"等个体差异。此外，初中生的骨架、肌肉以及外貌也随之变化。

2. 体内机能增强

人体内各种器官和组织的各种机能在青春发育期迅速增强，逐步趋向成熟。中学生心脏的发育，从心脏形体、恒定性、血压、脉搏等指标变化来看，日渐接近成人，大致在 20 岁以后趋向稳定。进入青春期，肺的功能大大完善，男生到 17、18 岁，女生到 16、17 岁，肺活量可以达到或接近成人。肌肉发达，骨骼增粗。特别是脑和神经系统的发育最快，脑的重量和容积 12 岁时已经接近成人，13、14 岁时脑已基本成熟，大脑皮质的沟回组织已经完善、分明，神经元细胞也完善化和复杂化，神经系统的结构与机能几近成人，大脑兴奋与抑制过程逐步平衡，到 16、17 岁后则能协调一致，第二信号系统逐步占据优势，并在概括与调节作用上显著发展。

3. 性的发育成熟

人体内部发育成熟最晚的是性器官与机能，而性的成熟标志着人体全部器官接近全部发育成熟。中学时期是人的性成熟最快的关键期。进入青春期，青少年性的器官与机能便迅速发育、成熟，表现为"第二性征"逐步凸现，男生开始长胡须、毛发浓密、喉结突出、声音变低沉，女生则声音变得尖细、胸部开始发育，出现月经初潮。性的成熟给初中生的心理发展带来重大的变化，使他们感到自己长成大人了。有研究表明，青春发育期是性意识发展最快的时期，尤其是初中二年级，是性意识发展的一个关键转折期。同时，尽管女孩的身体比男孩成熟更早，但男孩的性意识发展却比女孩快。

二、青春期发育的心理适应

青春期身体和外貌的变化会对初中生的心理产生巨大的影响，但由于初中生成长经历的差异与所处环境的不同，在解释其生理变化时将产生不同的结论，导致了心理变化上的个体差异与性别差异。

1. 对青春期变化的反应

初中生体态的变化必然导致他们对自己的身体、容貌、风度等各方面的关注，表现出爱美之心日益加强。他们往往因为身体的健壮、美丽而沾沾自喜,而对体型、容貌等方面的缺陷十分敏感,并容易由此引起自卑、羞怯、焦虑。同时,体力与性意识萌发使少年开始产生成人感。由此,他们常常在举止上模仿成年人,并要求别人像对待成人一样对待他,给他们与成人一样的权利。但处于过渡期的青少年在经济上还不能独立,身心尤其是心理方面还没完全成熟,因此许多需要无法满足,从而易产生紧张感和过激行为。随着初中生生理成熟的逐渐提前,其与心理成熟的距离更加大了,与此同时少年的心理成熟又因环境的影响表现出相反的趋势,即心理成熟延后,这就使青少年身心失衡的现象随之加剧。

2. 早熟与晚熟的影响

初中生的生理发育存在着早熟与晚熟的现象,即他们在发育高峰出现的时间和发育的实际速度上的差异。初中生身体成熟的早晚往往导致成年人及同龄人对其行为的期望和评价的差异,这种差异对少年心理发展及其社会化的进程会产生很大的影响。

早熟的男生一般比同龄的男生早 1~2 年开始发育,由于他们身材较高大,体力和运动能力较强,在易成为受欢迎的人的同时更容易让周围人对自己抱有过高的期望,而他们在心理上并不像成人认为的那样成熟,这就易使其自尊心受到伤害。由于女生成熟本来就比男生要早两年左右,而早熟的女生又比其正常发育的女生提前了 1~2 年,这样就使她们面临着周围同伴未曾经历过的变化,有一种与同龄人不同步的感觉,因而易产生担心和焦虑。晚熟对男生的心理影响较之早熟对女生的心理影响更为明显。晚熟的男生通常缺乏同龄男性的身体魅力,仍表现出孩子气,因而在与同伴交往中往往处于被动和次要地位。另外,晚熟的男生由于极力寻求别人的注意,有时显得容易紧张,爱多嘴。这使他们在人际交往中常处于不利地位,从而不可避免地会对其自我评价产生消极的影响,进而产生自卑感。

3. 月经初潮和遗精对心理的影响

月经初潮是女性月经周期的开始。月经初潮会对女性的心理产生一定的影响,尤其对早熟的和对毫无此准备的女性的影响尤为明显。女生对于月经初潮的主要心理体验依次包括害羞、恐慌、好奇、无所谓等,这说明月经初潮给女性带来了一定的心理压力。同时,月经初潮由于能使大脑皮层的兴奋性降低而引起相当一部分女生产生疲倦、嗜睡、易怒、忧郁、头痛等全身性反应,身体上的不适也会加剧女生对月经初潮的厌烦、紧张等消极体验。少年首次遗精常出现于睡梦中,一般年龄在 14~15 岁之间。首次遗精最早发生在 12 岁左右,一般到 20 岁时几乎所有的青少年男性都经历了遗精。男生首次遗精的主要心理体验依次为害羞、新奇、恐慌、无所谓等。①

【知识之窗】

神经性厌食症(anorexia nervosa),又称厌食症,是患者自己有意造成的体重明显下降至正常生理标准体重以下,并极力维持这种状态的一种心理、生理障碍。多见于青少年,主要罹及女性,男性与女性患病之比约为 1:9.5。

---

① 雷雳. 发展心理学[M]. 北京:中国人民大学出版社,2009:216-217.

神经性厌食症是一种常见的进食障碍，患者往往对自己的体型、体重过分关注，生怕自己发胖，于是刻意限制自己的饮食，甚至服用催吐药和泻药来清除摄入的食物，导致体重严重低于正常标准。即使已经瘦得皮包骨头了，却还是认为自己太胖。这种疾病严重时可以导致营养不良、内分泌和代谢紊乱甚至死亡。它是比神经性贪食症更严重、危害也更大的一种摄食障碍。

神经性厌食症在青春期第二性征发育之后出现，性方面的冲突是其中一个核心问题。女孩发育中的身体要求他们进行女性性别认同，她们必须把自己新的身体映像与女性性别角色整合起来。如果不能接受自己的女性性别自我认同，她们就会设法压制自己的身体发育。

厌食者有一种普遍的不自在感和扭曲的身体映像，这常常会导致抑郁。她们自尊低、焦虑高，反映了她们对身体魅力的负面态度。在别人看来，厌食者爱发牢骚、自我怀疑、依赖、追求完美、焦虑。有些厌食者只会出现一次相应障碍，有些人则会反复，甚至有6%～10%的人会因此丧生。

三、初中生心理发展的特点

从初中到高中的整个中学阶段，青少年的心理具有过渡性、闭锁性、社会性和动荡性四个特点。尤其是从教育与发展的视角审察，中学生的心理发展主要表现为智力飞跃发展与个性逐步形成两大特征。就处于少年期的初中生而言，心理发展主要表现出如下特点：

1. 生理发展与心理发展之间的不平衡性

青春期是从幼稚的儿童向成熟的青年期过渡的时期，初中生的生理、心理与社会关系的发展是不同步的，具有显著的异时性和不平衡性。在这一阶段，初中生的生理迅速发育成熟，而心理的发展却落后于生理的发展，他们在对生理上的急剧变化感到兴奋的同时，与之相应的心理机能的成熟却没有同步发生。他们的价值观、交往能力和策略、思考问题的方式和水平、把握社会规范的能力和经验、应付自己的心理问题的知识和技巧等各个方面都依然停留在一个相对幼稚的阶段，需要逐渐累积、在探索中缓慢发展。这种身心不平衡性不仅会贯穿整个初中阶段，而且会在一定程度上延续到高中时期。

2. 成人感与幼稚性的矛盾性

生理上的急剧成熟，使初中生迅速意识到自己"已经"是一个成年人了，能够像成年人一样独立自主。由于这种成人感非常强烈，他们迫不及待地想要向周围的人证明自己已经是一个与众不同、有自己主见的"大人"。尽管他们急于让大家认识到他们新的"成人形象"，然而在生活和学习中表现出来的行为和心理发展水平却远远达不到成人的标准，依然带着浓厚的孩子气。即使是他们表达和理解成人感的方式，也具有明显的简单、片面和绝对化的特点，反映出明显的幼稚性。这些处在"心理断乳期"的孩子一边在断乳，一边也还是恋乳的。他们往往只是在生活照顾和情感依赖方面比小时候更独立、更希望成人放手，但同时，在精神理解、支持和保护方面却对成人更依赖，并且对父母的依恋态度呈先降后升趋势。

3. 性成熟带来性意识的萌发

性意识是关于性的心理因素的总称，具体包括：个体对自己和对他人性别的认识，即对两性生殖器官在发育过程中所产生各种变化的认识、对男女之间关系的认识；对自己向往和爱慕异性那种比较特殊的感受或体验的领会和理解。青少年性意识的萌发是随着他们性机能的成熟、第二性征的出现，并在社会环境因素的影响下产生的。性意识的萌发与觉醒是青少年心理发展的重要特征之一。处于性意识初步形成的爱慕期的少年，其性意识萌发具有明显的特点和表现，具体表现为渴望了解性知识、对异性的好奇与爱慕以及性冲动的产生。

4. 心理和行为偏差的普遍性

初中生感受着种种成长中特有的心理压力和烦恼，面临着各种心理矛盾的交织缠绕和重重包围，因此，这个阶段从心理发展的角度来讲，是一个容易出现行为问题和心理偏差的年龄。比如对自己的身体发育过度关注、对正常疾患有夸大的担忧，自杀这种在儿童期极为少见的念头和行为，从青春期开始直线上升；从15岁开始，青春期精神分裂症的患病率明显增加，其他一些如神经官能症、病态人格的发病率也在青春期这个阶段显著增多。因此，在心理学上，我们也常将这个"以不正常表现正常"的时期视为危险时期。

第二节　初中生的思维发展

脑和神经系统结构与机能的迅速发展，为心理的迅速发展提供了必要的生理基础。随着体内机能的增强和社会实践的增加，初中生的语言在小学学习的基础上获得了很大发展。言语（特别是内部言语）的发展，势必促进思维的发展。而思维是智力的核心，青少年的智力发展主要体现在其思维能力的发展上。青少年的思维开始从经验型走向理论型，发展了思维的深刻性，出现了思维的独立性和批判性。思维的发展促进观察力、记忆力和想象力的同步发展，使整个智力水平都得到飞跃式的提高。总体来说，初中生的思维品质显示出明显的矛盾性，主要表现在思维的创造性和批判性日益明显，思维的片面性和表面性依然存在以及思维活动中的自我中心的出现。

一、初中生思维发展的抽象逻辑性特点

大量研究表明，初中二年级到高中二年级是中学生智力发展的关键时期。按照皮亚杰（J. Piaget）关于个体智力发展年龄阶段的划分，初中阶段正处于"形式运算"时期（12～15岁）。这个阶段的主要思维特点是，在头脑中可以把事物的形式和内容分开，可以离开具体事物，根据假设来进行逻辑推演，能运用形式运算来解决诸如组合、包含、比例及因素分析等逻辑课题。林崇德也认为，初中生思维活动的基本特点是抽象逻辑思维已占主导地位，但有时思维中的具体形象成分还起作用。可见，初中生思维最主要的特点就是其思维的抽象逻辑性，这一特点体现于以下诸多方面：

1. 运用假设

皮亚杰认为，在形式运算阶段，个体具有一种"可能性"及"现实性"之间的逆向思维，这种逆向思维使"可能性"已不仅仅是个体行为或经验的一种延伸，相反，"现实性"却出

现于"可能性"之后了。事实和实验均表明，初中生在面临智力问题时，并不是直接去抓结论，而总是通过首先挖掘出隐含在问题材料情景中的各种可能性，再用逻辑分析和实验证明的方法对每一种可能性予以验证，最后确定哪一种可能性是事实。因此，对于初中生来说，已认识到了现实只是包含于由事实与假定构成的总体中的一个子集，它通常并不直接出现于我们面前，而需要用逻辑方法去搜寻。正是由于初中生已具有了这种建立假设及检验假设的能力，才使得他们的思想相对于童年期更具有深度、广度、精确性和灵活性。虽然处于具体运算阶段（7~11岁）的儿童在解决问题时，也能产生一些初步的、与实际经验密切相联系的假设，但初中生却常用十分怀疑的态度认真地检验每一个假设，甚至是那些看起来很怪异的假设也不放过，而绝不轻易地承认任何一种可能性。艾尔金德（Elkind，1970）所做的一个关于个体形成概念的实验就充分揭示了小学儿童与初中生在建立和检验假设过程的思维差异。

2. 逻辑推理

从初中一年级开始，初中生就开始具备各种逻辑推理能力。在一项关于中学生思维发展的研究中，调查者向初一、初三和高二的被试呈现25道关于"推理发展水平"及"推理运用水平"的测试题。结果发现，从初中一年级起，学生已具备了各种推理能力，但是不同年级间在推理发展水平和推理运用水平上具有明显差异，初一学生虽然已经开始具备各种推理能力，但还是初步的，特别是在假言、选言、复合、连锁等演绎推理方面的能力还比较差；初三学生的推理有了明显的发展，上述几项演绎推理的正确率已超过50%。

初中生的逻辑推理能力的发展是不平衡的，总体来讲，归纳推理的能力高于演绎推理的能力。在对各种演绎推理的掌握上，也有一个发展顺序，最先掌握的是直言推理，其次是复合推理和选言推理，最后是连锁推理；初中生推理运用水平的发展顺序是，最先掌握的是排除推理中的干扰，其次是改正错误，最后是运用推理去解决问题。

3. 逻辑法则

初中生对各类逻辑法则的掌握主要表现在对于矛盾律、排中律和同一律的认识上。朱智贤、林崇德的研究表明：在掌握上三类逻辑法则的总平均得分的正确率上，初一被试为68.26%，初三被试为72.78%。而且，初中生掌握不同逻辑法则的能力也存在着不平衡性，在三类逻辑法则中，对矛盾律和同一律的得分明显高于在排中律上的得分；他们对逻辑法则运用的水平也不一样，在正误判断问题上的成绩最高，在多重选择问题上的成绩次之，最差的是回答问题的总成绩。

初中生抽象逻辑思维的发展还体现在对概念的掌握上。进入青春期之后，初中生日益掌握了更多的抽象概念和更复杂的概念系统。当然，与上述抽象思维发展的三个侧面一样，对抽象概念及概念的系统掌握，在初中阶段也有一个逐渐发展的过程。

二、初中生思维品质的矛盾性特点

与初中生心理发展的矛盾性特点相呼应，在初中生的思维品质中也显示出明显的矛盾性，主要表现为在思维创造性和批判性得到明显增加的同时，思维中的片面性和表面性的表现依然突出。

1. 思维的创造性和批判性日益明显

思维的创造性，亦即思维的独创性，是指在问题情景面前，采取新颖、独特的对策去解决问题的一种思维品质。

初中生具有强烈的求知欲和探索精神，他们兴趣广泛、思想活跃、敏感，与成人相比较少有保守性，他们喜欢进行丰富的、奇特的幻想，喜欢别出心裁和标新立异，他们在许多方面都表现出强烈的创造欲望，例如迷恋各种富有创造性的科技制作活动。初中生的这种创造欲望，主要来自于他们心理上强烈的成人感及高涨的自我意识。他们要证实及展示自己的能力及才华，要摆脱过去那种"被动接受"式的学习方法以及对教师、父母及教科书的依赖，因而，在各个方面都表现出明显的创造意识和热情。另外，这种思维的创造性与求异思维有密切关系。求异思维和求同思维是主体思维的两个主要方面，有关研究表明，初中生的求异思维的发展非常明显，而求同思维的发展则比较缓慢，这也是初中生创造性思维发展的原因之一。杨小洋等人通过对中学生的创造性思维进行调查发现，初中生在创造性思维的流畅性上得分最高，而独特性得分最低，变通性得分居中。这说明被试的发散性思维能力在数量维度上的水平远大于其质量的水平。同时，沃建中等人从发散思维和聚合思维两大维度对我国青少年创造力的发展进行了研究发现，初中三年级为青少年创造了发展的高峰期，小学六年级到初中一年级为其发展的关键期。

在初中生创造性思维发展的同时，其思维的批判性也明显地发展起来。思维的批判性是指在思维活动中善于严格地分析思维材料并精细地检查思维过程的一种思维品质，它具有分析性、策略性、全面性、独立性以及正确性的特点。

初中生思维批判性的出现也是与其自我意识的发展密切相连的，由于自我意识水平的提高，使他们能通过控制自己的意识而调节自己的思维活动。初中生思维批判性的明显增长，首先表现在他们不愿轻易地接受别人的意见，对别人的思想、态度及意见，经常要做一番审查，甚至有时持过分怀疑和批评的态度；其次，表现在他们开始严肃认真地对待自己的思想和主张，能够有意识地调节、支配、检查和论证自己的思想；最后，还表现在对世界宇宙的看法上，开始热衷于探讨那些极为深奥而神秘的星辰运转、生命起源等问题，显露出一种不愿盲目生存的人生态度的萌芽。初中生思维中的这种日益增长的创造性和批判性，表明他们的思维正逐步走向成熟。

2. 思维的片面性和表面性依然存在

初中生思维发展的另一个明显的特点就是思维片面性和表面性非常明显。

初中生思维的片面性主要表现在其思想的偏激与极端，不能全面、辩证地分析问题、解决问题，而是抓住一点而不计其余。这种思想的片面性，首先反映在他们对人、对事的态度上，狂热的"明星崇拜"就出现在这个年龄阶段，少男少女们常搜集大量的、他们所崇拜的明星照片，甚至在发式、服装、姿态及言行举止上都去竭力模仿某位明星，从中获得心理上的满足感，而没有明确意识到自己在现实生活中的身份及所应追求的目标；其次，思维的片面性还使初中生在思考、分析问题时极易钻牛角尖，经常陷入思想的死潭而不能自拔，严重者会出现心理障碍；再者表现是，初中生在日常的学业活动中，在显示出很高的创造力的同时，又暴露出思想上缺乏严谨的逻辑性及全面性，所以，对问题的最后处理结果常常是虽很有新意，但并不准确。

初中生思维的表面性主要表现为他们在分析问题时经常被事物的个别特征或外部特征所困扰，难以深入到事物的本质中。如在陈英和[①]做的关于儿童青少年获得几何概念的实验中发现，在初中被试所归纳的各种几何概念的性质中，一般都能归纳出某几何概念的较为明显而重要的性质，但也容易遗漏一些隐蔽的、但却是事物本质的内涵。他们在对某种社会现象或某种道德行为进行评价时，往往也易失之表面化。

总之，初中生思维品质的发展也具有矛盾性，同样体现出半成熟、半幼稚的特点，随着他们各种相关能力的增强，其思维品质也将获得更全面的发展。

3. 思维中自我中心的再度出现

由于初中生已能区分开某事件的"可能性"和"现实性"，所以，常将自己的思想作为一种客体去审视和分析，他们会不自觉地被根植于快速的身心变化的、不可抗拒的自我意识所驱使，使思想带上更强烈的"内省性"和"分析性"的色彩。许多初中生都关心一些很奇怪的问题，诸如，被他们感知的这个世界是否是真实的存在？他们自己是真实的实体还是意识的产物等。美国心理学家戴维·艾尔金德引用了青春期少年这样一句话来表示他们过分的思想内省性，即"在我发现了自己对未来的想法之后，便开始思考我为什么会这样思考我的未来，接着我又思考我为什么思考我为什么这样思考我的未来"。正是这种对自己思想过分的关心与沉溺，导致了青春期自我中心的再度出现。

第三节 初中生个性和社会性的发展

【案例分析】

李某，女，15岁，市某中学初二学生。学习成绩较好，智商中上等。外向型性格，开朗，有个性，思维活跃，敢说敢做。但盛气凌人，自以为是，嫉妒心强；认为人与人之间无信任和善良可言，皆唯利是图；对他人缺乏真诚。虽然李某学习成绩好，但同学不太喜欢她。她与家长、老师说话也是咄咄逼人，因此与人沟通时总带着争吵的神态，难以心平气和地交流。她也认为自己是不太受人欢迎的人。她想交知心朋友，但同学敬而远之。所担任的班干工作常因同学的不合作而使她不能如愿。她因而情绪极受影响，气哭过几次，辞职几次，甚至想走绝路。在她的日记《推荐我自己》中，李某明确分析了自己的优劣势，并意识到自己的不足，但对改变自己无能为力，发出"还有人喜欢我吗？"的感叹，请求老师帮助她向同学推荐自己。

中学生正处在身心发育的高峰时期，独立意识和自信心逐渐增强。随着身体的发育和智力的发展，中学生的个性逐步形成。初中生的个性特点主要表现在自我意识、情绪情感以及人际交往等方面。由于青少年进入"心理断乳期"，力图摆脱成人的关照和约束，独立支配自己，从而出现心理的"闭锁性"和对朋友的"开放性"等特征。

[①] 陈英和. 关于儿童获得概念能力的培养研究[J]. 心理发展与教育，1992（3）：330-337.

一、初中生自我意识的发展特点

1. 自我意识高涨

一般认为，青春期是自我意识发展的第二飞跃期。

进入青春期后，由于生理上的变化发生得过于突然，初中生自觉或不自觉地将自己思想的很大一部分重新指向主观世界，使思想意识再一次进入自我，从而导致自我意识的第二次飞跃。其突出表现是，初中生的内心世界越发丰富起来，他们在日常生活和学习中，常常将很多心智用于内省，出现了假想观众的独特心理特点。日本心理学家的调查就表明，初中生的日记发生了明显的变化。首先，在内容上初中生的日记更侧重于阐发自己的体会和感受，这些体会和感受直接来自于自我观察、自我反省、自我批评以及自我期望等；其次，初中生记日记的态度也是自觉自愿的，真正出自于表达思想及宣泄情绪的内心需要；再次，他们开始将日记作为自己的绝对秘密，不许别人翻看。初中生日记特点的变化，表明他们的内心世界逐渐丰富，并经常沉浸在关于"我"的思考和感受中。也恰恰是由于这一点，导致了他们个性上的主观偏执性。

初中生个性上的主观偏执性表现为，一方面，他们总是认为自己正确，听不进别人的意见；另一方面，他们又感到别人似乎总是用尖刻挑剔的态度对待他们，总觉得周围人时时刻刻都在品评他，这种想法使初中生感到压抑、孤独而且神经过敏。

正是初中生这种突然高涨的自我意识，使得其个性出现了暂时的不平衡性。

2. 自我评价偏高

自我评价是与个体认识能力发展相关的一种自我意识的表现，是指个体对自身的思想、能力、水平等方面所做的评价，是自我调节机制的主要成分。与童年期缺少内省性的简单自我评价相比，初中生的自我评价一定程度上出自于实现理想自我的愿望或对失败、挫折的反省。但与青年后期相对客观的自我评价相比，此时的自我评价往往出现偏高的倾向，出现个人神话（Personal Fable，PF）观念，认为自己是特别的，是独一无二的，从而导致他们在行为上的自负表现，这也就有了生活中的"初生牛犊不怕虎"。

3. 自我同一性

形成自我同一性是埃里克森提出的青少年人格发展的主要任务。其中，自我同一性是指个体在特定环境中的自我整合与适应之感，是个体寻求内在一致性和连续性的能力。一般认为，自我同一性是个体对"我是谁""我将来的发展方向"以及"我如何适应社会"等问题的主观体验。按照玛西亚对青少年同一性的研究，初中生开始重新考虑童年期的价值观和身份，并不断调节这些变化以整合到不断完善的同一性中。

二、初中生反抗心理的发展特点

反抗心理是初中生普遍存在的一种个性心理特征。这种特征主要表现为对一切外在力量予以排斥的意识和行为倾向。

（一）反抗心理产生的原因

初中生反抗心理的产生是其身心发展共同导致的结果。首先，中枢神经系统的兴奋性过强是导致初中生反抗性出现的生理原因。生理学家指出，只有当中枢神经系统的功能与身体外周相应部分的活动达到协调时，个体的身心方能处于和谐状态。但处于青春期刚起步阶段的初中生，其有关性的中枢神经系统的活动性明显增强，但性腺的机能尚未成熟，两者尚不协调。这就导致初中生对于较弱的刺激也给予很强烈的反应，常因一些小事而暴跳如雷。

其次，自我意识的突然高涨是导致初中生反抗心理出现的第二个原因。随着初中生自我意识的高涨，他们更倾向于维护良好的自我形象，追求独立和自尊，但他们的某些想法及行为不能被现实所接受，屡遭挫折，于是就产生一种过于偏激的想法，认为其行动的障碍来自成人，便产生了反抗心理。

独立意识是初中生产生反抗心理的第三个原因。初中生迫切地要求享有独立的权利，将父母曾给予的生活上的关照及情感上的爱抚视为获得独立的障碍，将教师及社会其他成员的指导和教诲也看成是对自身发展的束缚。为了获得心理上独立的感觉，他们对任何一种外在力量都有不同程度的排斥倾向。所以，可以说初中生的反抗心理，在很大程度上是为了否认自己是儿童，而确认自己已是成熟的个体。

（二）反抗心理的表现

与幼儿期指向身体约束的心理反抗不同，初中阶段的反抗主要是针对某些心理内容的，他们的反抗方式相对也更多样。

1. 态度强硬、举止粗暴

有相当一部分初中生，是以一种"风暴式"的方式对抗某些外在力量的。这种反抗行为发生得十分迅速，常使对方措手不及。当时的任何劝导都无济于事，但事态平息之后，这种强烈的反抗情绪也将较快地随之消失。

2. 漠不关心，冷淡相对

初中生的另一种反抗不表现在外显的行为上，只存在于内隐的意识中。这种情况常出现于性格内向的初中生身上。他们不直接顶撞予以反抗的对象，但却采取一种漠不关心、冷淡相对的态度，对对方的意见置若罔闻。这种反抗态度和情绪不易随具体情景的变化而转移，具有固执性。

3. 反抗的迁移性

这是指当某一人物的某一方面的言行引起了他们的反感时，就倾向于将这种反感及排斥迁移到这一人物的方方面面，甚至将这个人全部否定，即晕轮效应；同样，当某一成人团体中的一个成员不能令他们满意时，他们就倾向于对该团体中的所有成员均予以排斥。这种反抗的迁移性，常使初中生在是非面前产生困惑，在情绪因素的左右下，他们常常将一些正确的东西排斥掉，这会给他们成长带来不利。

三、初中生情绪情感的发展特点

随着初中生心理能力的发展和生活经验的扩大，初中生的情绪体现出半成熟、半幼稚的矛盾性特点。其情绪的感受和表现形式也不再像以往那么单一，但又远不如成人的情绪体验那么稳定，表现出明确的两面性。情感发展则主要表现为自尊的需要迫切，情感有文饰、内隐和曲折性以及情感容易受挫、忍受能力差等特征。

（一）情绪活动的丰富性

随着自我意识的不断发展，初中生不断产生各种新的需要，而且需要的强度也在不断增加。由于新的需要不断涌现，中学生在自我认识的态度体验上，形成了如自尊、自信、自负以及友谊等方面的多种情绪体验。情绪活动的丰富性，也导致了中学生情绪更加趋于复杂化，其表现为情绪带上了文饰的、内隐的、曲折的性质，面部表情不再是内心世界的显示器。

（二）情绪体验的跌宕性

初中生情绪激荡，容易动感情，也容易激怒。这种冲动性与他们的生理发育，特别是神经活动的兴奋过程强、抑制过程弱有一定关系。他们喜欢感情用事，遇事好激动，对外部刺激反应迅速、敏感，高兴时欢呼雀跃，甚至唯我独尊，失败时则极端苦闷，悲观失望。在强烈的感情冲击下，他们可能会遇事武断，行为固执。正因为中学生的情绪起伏不定、动荡多变，所以，他们既可以表现出惊人的豪壮行为也能因为狂热愤怒和不冷静，而盲目做出一些追悔莫及的事，酿成不可挽回的后果。

（三）情绪活动的心境化

初中生的情绪在持续时间上比小学生有更长的延续性，一件事情引起的反应能够较长时间留在心头，这种拉长了的情绪状态则会转为较稳定的心境。在愉快的心境下，他们干什么事都有劲，甚至对平时不感兴趣的活动也津津乐道；相反，若心境不佳，则对什么事情都不感兴趣。他们在某一方面得到快乐和高兴的情绪，会延续成为良好的心境；由于挫折或失败引起的不快或苦恼的情绪，也会延续较长的时间而成为闷闷不乐的不良心境。并且李冬梅的研究发现，青少年的积极心境随年龄增长而下降，而消极心境则呈现出倒 U 型趋势。尤其是抑郁、孤独、烦恼等现患率较高的消极心理状态会经常影响到初中生的学习和生活。而文超等人的研究也提示，初中生的感恩心理与其学业成就呈正相关，且表现出性别差异。

（四）情绪变化的两极性

初中生情绪变化的两极性具体表现在以下几个方面：

1. 复杂与简单共存

进入中学以后，随着环境的改变，视野的扩大，知识的增多，中学生的情绪领域也在不断拓宽。情绪内容日趋复杂，其范围已经发展为对学习、生活、友谊等的体验，以及对一切所热衷的事物的体验。但是，由于诸多因素影响，中学生的所有情绪体验，尤其是高级情感体验尚存在一定的简单性，如有的中学生对理想的追求仅仅是因为兴趣深厚，对学习的热情仅仅是为了荣誉，把友谊理解为"义气"等。

2. 强与弱共存

中学生的情绪十分强烈，为一件小事或暴跳如雷，或欣喜若狂，或欢呼雀跃，或垂头丧气的现象屡见不鲜。与此同时，他们的情绪还有着温和细腻的一面，在与知心朋友、所敬重的师长交往时，他们也会表现出温文尔雅、和颜悦色的形象，即使有令人不快的事情发生，有时也会冷静理智地对待和处理。

3. 波动和稳定共存

中学生的情绪波动性表现为情绪的大起大落，往往从一个极端走上另一个极端，顺利时晴空万里，受挫时愁云满天，今天对某人佩服得五体投地，明天又觉得不屑一顾。与波动性相对的是稳定性，中学生在形成一种看法后，有时也会表现出一定的坚持性，不易改变。

4. 微妙的隐蔽性

中学生的情绪不再像儿童那样天真直露、心口如一，其表现具有文饰、内隐的性质，有时会把自己真实的内心情绪世界封闭起来，对自己内心的真实想法或真实情绪，是否予以表现也时常依时间、对象、场合而转移。但中学生毕竟阅历较浅，涉世未深，内心深处存在希望被理解的强烈愿望，依然比较坦露、率直，当意志不能完全控制情绪时，也会锋芒毕露，遇到知己时，也会倾诉真情，所以，情绪的隐蔽性是相对而言的。

四、初中生人际交往的发展特点

心理学上把青春期称作"第二反叛期"。处于青春期的初中生在与父母和老师的交流和沟通中表现出明显的反叛性和闭锁性，同时，与同年龄伙伴的交往则更为开放和密切，对异性同学既有好感又显紧张。一般来说，初中生人际交往的特点主要表现为以下几方面：

1. 与父母关系的变化

进入青春期以后，初中生与父母之间的关系发生了许多变化，他们试图在情感、行为和观点上脱离父母。具体来说，由于他们在情感上有了其他的依恋对象，与父母的情感便不如以前亲密了；随着其成人感的产生，初中生要求独立的愿望十分强烈，他们开始在行为上反对父母的干涉和控制；初中生对于任何事件都喜欢自己进行分析和判断，不愿意接受现成的观念和规范，因此，他们对于以前一贯信奉的父母的许多观点都要重新审视，而审视的结果与父母意见常常不一致。一方面，随着初中生生活范围的扩大，特别是在信息高度发达的信息化社会，其他成人形象会通过各种途径进入他们的心目中，这些人物又都是近乎理想水平的形象，相形之下，父母就黯然失色了；另一方面，随着初中生思维水平和认识能力的提高，会逐渐发现存在于父母身上的、过去未曾觉察的某些缺点，这些都削弱了父母在初中生心中的榜样作用。琚晓燕等人近年通过对 519 名初、高中生的研究后发现，初中生对父母依恋的发展呈先降后升的趋势，其中初一年级最高，初三年级最低，进入高中又逐渐增高。并且父亲依恋对青少年的心理弹性预测力最强，母亲依恋则有最强的心理优势感预测力。

2. 与教师关系的变化

初中生不再盲目接受并崇拜任何一位教师。他们开始品评教师，而且在每位学生的心目中都有一两位最钦佩的教师，比如知识渊博、授课水平高、热情和蔼、有朝气的老师更容易被初中生接受。在他们心目中，自己所喜爱的教师几乎是十全十美的，并能在行动上对这些教师做出最好的反应。同样，在初中生的心目中，也总有一两位他们最不喜爱的教师。在心理上，他们对于自己所不喜欢的教师的各种意见都持拒绝态度。张野等人也通过问卷调查发现，学业成绩高的初中生师生关系质量、成就目标定向水平都显著高于低分组学生；同时在人际归因方面，高质量师生关系的学生也更倾向于对成功做双重归因，而低水平学生更倾向于将成败归于外部因素。

3. 朋友关系在初中生的生活中日益重要

进入中学后，初中生将感情的重心逐渐偏向于关系密切的朋友。陈梅曾以我国小学生、初中生和大学生为被试，进行了一项调查，发现与父母、兄弟姐妹相比，朋友关系在初中生的心目中显得日益重要。琚晓燕等人的研究又提示，初中生的同伴依恋呈先升后降再升的趋势，他们对交朋友的意义也有了新的认识。他们认为：朋友之间应该能够同甘苦、共患难，能够从对方得到支持和帮助。因此，他们对朋友的质量产生了特殊的要求，认为朋友应该坦率、通情达理、关心别人、保守秘密。在初中生的日常交往中，好朋友之间往往彼此公开自己认为最重要、最秘密的事。这种交流对初中生心理的发展是有积极意义的，能够使他们通过别人更好地认识到自己内心世界所发生的一切，更好地了解自己，因而同伴依恋对青少年的人际适应性预测力最强。

初中阶段朋友之间的友谊比以后各年龄段朋友之间的友谊更直率，更易被观察到。男生之间的友情强度较大，而女生之间的友情却表现得更温和、更细腻。同时，结合初中生不安和焦躁情绪增多的特点，他们需要有一个能倾吐烦恼，交流思想并能保守秘密的地方，而交友的团伙形式是不具备这种功能的。因此，他们逐渐摆脱了团伙的交往方式，交友的范围逐渐缩小，初中生最要好的朋友一般是一至两个。现在由于网络的普及，越来越多的初中生通过网络结识朋友，这种隐蔽性很强的网上交友非常符合初中生的心理需要，但是其安全性是不容乐观的。初中生的朋友关系对于发展他们的各种心理水平和情绪的稳定性是非常重要的。有了朋友，他们会表现得更热情、更积极、更富有信心和勇气，更好地发展各种社会性能力。

4. 与异性朋友之间的关系

随着生理的成熟，进入初中以后，男女生之间的关系有了新的特点，双方都开始意识到了性别问题，并彼此对对方逐渐发生了兴趣。但是这种兴趣在最初常常是以相反的交往形式表现的：故意的冷漠、不理不睬、保持很远的距离，或者表现出对异性同学的轻视，甚至对抗。在初中阶段的后期，男女生之间逐渐开始融洽相处。而且，在一些男生与女生心中，会有一位自己所喜爱的异性朋友。但男女生一般都不将这种情感公开出来，在许多情况下，只是一个永久的秘密。因为，随着时间的流逝，随着他们各方面的发展与成熟，随着价值观念的不断变化和调整，产生于初中阶段的这种情感很可能就渐渐地淡化下去了，甚至完全消失。所以，初中阶段男女同学之间的爱慕之情是很稚嫩的，缺乏牢固的基础，很少有保持下来并最终发展为爱情和婚姻的。但是，只要处理得当，控制在相当有限的程度内，这种感情也有一定的意义。当一个初中生喜欢上一个异性同学时，他（她）自然也希望对方能接受自己，于是就能更加自觉地按照一个好少年的标准，尽可能地去完善自己，从而促进各方面的发展。然而，如果这种关系无限度的发展，就会妨碍初中生的正常进步。

※ 本章概要

初中生正值个体毕生发展的黄金时期和多事之秋。本章主要从初中生的身心发展、思维发展以及个性与社会性的发展三大方面进行了阐述。本章首先对初中生的生理变化进行了分析，在介绍了生理发展和心理发展两者关系的基础上详细介绍了初中生心理发展的一般特点，同时以思维品质的矛盾发展为重点概括了初中生认知发展的特征，在系统概括其自我意识发展和反抗心理表现过后，着重介绍了初中生的情绪特征和其人际关系发展的新变化。

※ 延伸阅读

书　　名：发展心理学（第 2 版）
编著者：雷雳
出版社：中国人民大学出版社
推荐语：本书结构安排主要以年龄为依据，旨在反映个体在各个年龄阶段发展的基本特点。书中反映了发展心理学的最新研究成果，包括具体发展特点的新成果以及理论上的新进展。本书的主体内容乃是个人"正常的"成长和发展，而对于各个年龄阶段可能出现的"异常"，本书中辅以专栏加以补充。在第 2 版的修订过程中，主要进行了"补新知、除旧知"的工作，力求使本书的内容更新、更适合一线教师的教学与学生学习的需要。本书可作为心理学/应用心理学专业的本科生以及从事心理学研究的专业人士使用。

书　　名：发展心理学：儿童与青少年（第八版）
编著者：谢弗，邹泓
出版社：中国轻工业出版社
推荐语：本书以其准确简洁的文字和生动详尽的内容，成为美国广受欢迎的发展心理学教材。书中系统地阐述了发展心理学领域的各种理论和重要研究，并着重介绍了儿童青少年时期的发展进程。作者预期到读者的疑问和关注点，把读者作为学习过程的积极参与者，和读者一起共同探索人类发展的过程。

※ 课后练习与思考

1. 在社会变迁环境下，你能感受到当代初中生哪些方面的新变化？
2. 情商对人发展的作用被看得越来越重要，请结合你对社会的感知和对情商相关内容的了解，谈谈你对开发初中生情商的看法。

※ 参考文献

[1] 林崇德，李庆安. 青少年期身心发展特点[J]. 北京师范大学学报（社会科学版），2005（1）.

[2] 琚晓燕，刘宣文，方晓义. 青少年父母、同伴依恋与社会适应性的关系[J]. 心理发展与教育，2011（2）：174-180.

[3] 杨小洋，李歆瑶，周晖. 中学生个人认识论对创造性思维的影响：自我提问的调节作用分析[J]. 心理发展与教育，2012（6）：603-610.

[4] 李敏玉，王吉玉，田峰溶，张静. 青少年创造性思维发展的研究综述[J]. 社会心理科学，2012（10）：16-19.

[5] 邓慧华，陈慧，钟萍，唐鑫，梁宗保. 青少年早期抑郁的自尊缓解假设的追踪研究[J]. 心理发展与教育，2013（2）：200-213.

[6] 罗伯特·费尔德曼. 发展心理学：人的毕生发展[M]. 6版. 北京：世界图书出版公司，2013.

[7] 黛安娜·帕帕拉，萨莉·奥尔茨，露丝·费尔德曼. 发展心理学：从生命早期到青春期[M]. 10版. 北京：人民邮电出版社，2013.

[8] 林崇德. 中学生心理学[M]. 北京：中国轻工业出版社，2013.

[9] 约翰·桑特洛克. 发展心理学：桑特洛克带你游历人的一生[M]. 2版. 北京：机械工业出版社，2014.

[10] 丹尼斯·博伊德. 发展心理学：孩子的成长[M]. 北京：机械工业出版社，2011.

第五章　高中生心理发展的一般特点

 导入案例

"现在的学生，是一届不如一届了！"很多高中老师经常发出这样的感慨，"特别是这些'95后'，真是让人大跌眼镜啊！"

生活能力差。洗个碗，洗洁精一倒就是半碗；有的学生把废弃的食品包装袋堆了一桌子，引来虫子乱爬；很多学生不洗衣服，把内衣、袜子装在塑料袋里准备"带回家让老妈洗"。

学习主动性差。网名"包包"的历史教师在微博上发出的感叹："孩子们，即使不会写王充的《论衡》，也别写成张居正的《灭神论》啊！不知道孝公是秦国的，也别填个楚国的秦始皇呀！孟子写《春秋》了吗？张衡发明的咋是地球仪啊？是'华佗'不是'化驼'！You know~历史老师~伤不起啊~~~"这些学生初中时都学过历史，而且会考成绩大多是"优"，但很多人连基本的历史知识都不知道，更别提朝代的基本顺序了。虽然学生中考考出了很高的成绩，但并没有学会主动学习，只是在老师和家长的"重压"和强化训练之下被动学习。到了高中之后，没人再为他们"嚼好喂到嘴里"，他们又不会自己"找食吃"，即使强吃下去也会"消化不良"。

情商不高。"95后"高中生大都以自我为中心，不会关心别人，不懂感恩，把老师和家长对他们的付出视为理所应当。某老师说，有一次，她在《读者》上看到一篇歌颂母爱的文章，就在班会上读给学生听，结果她自己读得热泪盈眶，几近哽咽，下面的学生却大多神情漠然、无动于衷。有一个女教师怀孕6个月，双手搬着一大摞书本走在楼道里，从她身边路过的学生却没有一个主动上去帮忙……

高中阶段是塑造人格的关键时期，也是自我意识和思想的形成时期，又是心理问题的易发期。这段时期被称为"心理性断乳期"。代沟、同一性危机、同龄人压力、升学压力会是很多高中生生活中遇到的问题。这些问题为什么往往出现在高中这个阶段呢？我们先从高中生的心理特点谈起。

第一节　认知能力全面发展

多数人都认可，与小学的儿童相比，高中生"更聪明"。他们掌握的信息更多，对信息的整合、加工得更深入。他们看问题的角度更多元，不再仅仅局限于是什么？还会去探索为什么会这样？我希望如何？怎样能达成等问题。他们喜欢独立思考，喜欢点评时事。

林崇德先生在《发展心理学》中阐述，童年期儿童主要通过概念形成来获得概念，需要借助大量直观、生动的材料，青少年则主要通过概念的同化来获得概念，通常只需要给出适当的定义，并加上一两个必要的例证即可获得新概念。所以，高中生的理解力更强，学习能力较小学和初中出现了质的飞跃，高中三年学到的知识总量将远超过小学和初中的知识总量的和。高中生思维很少被禁锢，对新事物的接受更容易。微博、微信这东西，一看就会。这时候的学生行为，很容易被家长誉为"瞎鼓捣"，还往往鼓捣出点名堂来。例如，某校一名高二女生，因为对电子设备感兴趣，自己发明了一种防作弊神器，只要有电子信号在考场内出现，在监考老师的接收器那里，马上会显示明确的方位，直接定位是哪个考号作弊。

高中生在注意力上较以前有所进步，能够把注意力指向并保持在复杂的任务之上。如阅读并理解难度较高的材料。

高中生做事更有"计划性"，他们会使用大脑中合适的信息加工策略来处理问题，针对不同情境，会使用不同策略。

全面增长，飞速发展的智慧，也可能给高中生带来麻烦，尤其是他们还没有适应如此强大的认知能力的时候。比如自省的能力会导致一段极端的自恋时期，这段时期又被叫做青少年的"自我中心性"。即从自己的观点和立场去认识事物，而不能从他人的、客观的立场去认识事物。戴维·艾尔金德（David Elkind）于1967年在研究青少年自我中心主义的现象时明确提出，青少年的"自我中心性"会给他们带来两种不同的思维问题："假想的观众"和"个人神话"。

"假想的观众"是青少年"生长爆发期"特有的心理，他们认为自己的行为是所有其他人注意和关注的焦点。这样的信念导致了其对自我意识的强调、对他人想法的过度关注和对于现实和想象情境中他人反应的预期。假想的观众使得青少年们必须时刻保持警觉以避免做出任何可能导致尴尬、嘲笑或拒绝的行为。如他们非常注意自己的形象，为了应付这些假想的观众，他们往往要在镜子前花费大量的时间和精力。女生越来越注意的是脸蛋和身材，男生越来越注意的是身高和肌肉。有证据表明，大部分少女对自己体重的估计超过实际水平，而大部分少男对自己肌肉发达水平的估计也和实际水平有偏差。女孩渴望自己苗条漂亮一点，男孩希望自己强壮高大一点，高中阶段的许多男孩女孩为自己的外表苦恼，这是众人皆知的现象。当自己"露脸"的时候，他们会认为别人都注意到了他所做的一切，并对他投以赞扬和敬佩的目光。他们会因此而获得一种成就感和自豪感。相反，如果他做了错事，他就觉得所有的人都在批评他、唾弃他，为此他会更加内疚。当在一些公共场合时，他们会感觉到有千万双眼睛在注视着他，于是变得手足无措，有时连话都讲不出来。实际上，关注他们的都只不过是他们自己，因为别人也都在关注着自己而无暇顾及别人。所以，他们既是自己的演员也是自己的观众。

"个人神话"指青少年过度强调自己的情感与独特性，或是过度区分自己的思想与情感和相信自己的与众不同。青少年个人神话产生的原因首先是由于他们认为自己就站在"想象的观众"前面、舞台的中央——即假想的观众，其次因为他们在思考上仍无法辨别个人的思想与情感是他人共有的体验。"个人神话"是每个人都会经历过的青春期情结。青少年常常会有这样的想法："别人不能理解我正经历的一切"、"那种事不会发生在我身上"或"我能应付一切"这些观念反映出青少年认为自己的情感和体验是与众不同的，他们相信自己是独特的、无懈可击的、无所不能的。例如，一位班主任想安慰一个刚刚失恋的高中生，他/她会告诉这位班主任，他/她是不可能理解与心爱的人分手的滋味的，而事实上，现阶段，分手对于大多数青年晚期和成年早期的人来说是很平常的事了[①]。

第二节 高中生的情绪情感发展

一、高中生情绪特点

1. 热情而富有激情

霍尔将青年期形容为不可避免的"疾风怒涛"的时期。高中生的情绪以积极的情绪体验为主,热情饱满,富有朝气,高亢强烈,充满激情,开始更多地考虑未来并充满美好的憧憬和幻想。但也最容易受到外界影响,且反应强烈。他们可能因为一场球赛而激动得几天睡不着觉,也可能因为一句玩笑而几个人打成一团……总之,他们会因为一件小事就产生强烈的情绪反应。例如,昨晚刚看完球赛,第二天一早碰见第一位同学就马上眉飞色舞地说:"嘿,昨儿晚上我看中超比赛去了,七点钟开赛,我三点半就到了体育馆!比赛太精彩了,国安队排出四三三阵容,全攻全守,上半场愣没让全兴队踢着球……"还会继续向其他同学绘声绘色地描述昨晚比赛盛况,激动之时,还会徒手画示意图。要是有人听得不认真,就会加大嗓门:"哎,哎,听见没有?"

2. 稳定性和波动性并存,情绪多变

经常听高中的学生说:"我发现自己很容易发火,每当同学开玩笑稍稍过点儿头,我就会怒火中烧,忍不住变脸,厉声指责对方不够尊重我,甚至有时候还因此大打出手。我也知道这么做不好,可我就是控制不了。"高中生一方面具有冲动性和爆发性,"血气方刚",容易为周围同学的情绪所感染。例如为了班上同学或朋友可以两肋插刀、同仇敌忾。因此,情绪的波动性很大。同时,随着年龄的递增,知识的积累与经验的丰富,情绪将渐趋稳定。除了少数同学心智不够成熟外,大多数高中生已不会盲目从众,能用理智来思考情绪冲动的后果。

高中生的情绪容易从一个极端走向另一个极端。容易狂喜、暴怒,也容易极度悲伤和恐惧,情绪来得骤然,去得迅速;顺利时得意忘形,受挫时垂头丧气;意外的打击会使他们丧失信心,甚至会走上轻生的绝路。

3. 内心感受丰富,显性和内隐性并存

随着视野的开阔以及自我意识的迅猛发展,高中生发展出多样性的情感。看到摔倒的老太太无人敢扶时,会油然而生忧国忧民的爱国情怀;呼吸着有毒的雾霾,不耽误他们义愤填膺地大谈经济发展与环境保护的关系;面对刚刚发下的试卷,开始对一个月后的期末考试忧心忡忡,却能对高考还比较乐观;面对天天一起摸爬滚打的战友,友谊感迅速增强,不小心就拉帮结派或者混进某一帮派之中了,爱讲哥们义气。而异性之间很容易打着"哥们"的幌

[①] 劳伦斯·斯滕伯格. 青春期[M]. 上海: 上海社会科学院出版社, 2007: 67.

子出现爱情的小火苗。这都使他们有了体验更高层次的人际交往的感受。

高中生对外界刺激反应迅速敏感，喜怒哀乐常可从面部表情进行判断，具有外显性的特点。但与初中生相比，高中生情绪的自我调节方法和情绪的表达方式得到了发展，他们的情感表露越来越带有文饰、内隐和曲折的性质。在特定的场合下，会考虑到自己的形象和价值观，从而支配和控制自我的情感，出现外部表情与内心体验的不一致。

4. 社会性情感明显增长

高中生特别重视自己在集体中的地位。能够掌握一定的原则，按照一定的思想、目标去形成集体。在友谊感形成中，比较注意共同的心理基础，有一定的选择性。往往容易选择兴趣相投、性格相近，在理想、信念、世界观上比较接近的人。交友比较理智，友谊存留时间比较长。总之，高中生已能用一定的道德准则去评价自己和他人的行为。道德行为更加自觉、深刻，初步形成了道德观点、道德行为和道德情感相联系的道德信念。

随着学习生活范围的扩大以及自我意识的高度发展，高中生发展出多样性的情感。例如对民族前途和祖国发展情怀的情绪体验，个人前途和社会变革关系的情绪体验，对升学与就业的情绪体验等。

二、高中生常见的情绪困扰

处于青春期的高中生面临着双重的压力，他们不仅要在快速的社会变革中选择合适的自我角色，而且要调适青春期生理、心理发展所带来的种种压力。如果这些压力过多、过大、过强，很容易使高中生产生消极情绪，造成情绪困扰，严重的会导致情绪障碍。

高中生常见的情绪困扰有：

1. 情绪不稳

情绪不稳是指在外界轻微的刺激影响下，甚至没有明显外界因素刺激时，情绪易产生波动，时而悲伤，时而又喜笑颜开，令人难以捉摸。

情绪不稳的高中生比较多，这与他们的年龄特点有关。身心发展失衡导致心智能力无法控制身体从而产生冲动，使一些高中生闯下大祸，事后常常后悔不迭。

2. 孤独情绪

孤独是指个人的交往动机、合群需要未得到满足而产生的一种失落的内心体验。其原因一方面是对自身过于敏感，对自己缺乏了解，自大，以自我为中心，不能很好地理解别人，只会抱怨别人；另一方面人际关系不融洽，家庭气氛淡漠，教师的人格缺陷都可能使高中生产生孤独感。

3. 敌对情绪

敌对是指在个人遭受挫折而引起强烈不满时表现出来的一种强烈对抗态度。分析产生敌对的原因，一方面是不良的家庭和学校的教育方式所致，如父母教育方式粗暴简单；另一方面是高中生的心理发展正处于突变期，他们的成人感和独立意识增强，不想事事依赖别人，但由于他们的思维简单，情感不稳，调节能力不强，容易与家长、老师发生矛盾冲突。一些人可能会以敌对情绪来表达不满,一些人则以反抗、敌对来显示自己的独立和坚强。

4. 愤怒情绪

愤怒常伴随着悲伤、羞耻一起出现。大多数人在感到愤怒时,其原始的感受是悲伤、伤害和痛苦。

高中生往往在自己被冤枉、误会、欺骗或者因他人的出言不逊、自尊心受损时特别容易愤怒。同时,在与父母的关系中,高中生常因为个人自由受限制而烦恼,为了摆脱父母的干涉而不惜与父母争执。这些愤怒的情绪容易使高中生过于冲动,做出不合适的行为,过后又非常后悔。

5. 抑郁

四川凉山州教育科学研究所谌业锋指出,高中学生的抑郁是指他们对日常学习和生活真难过的一些不良情景或事件的一种消极的情绪体验,是一种不愉快、悲伤或精神痛苦的情形。

这种状态可能是暂时的也可能是持久的、相对稳定的,高中生的抑郁多半是由于学习和生活中各种各样的烦恼造成的,抑郁情绪是五种情绪当中表现程度最高的一种不良情绪,这与国内外研究相一致。但随着年级的升高,学生对自己的学习及能力的认识越来越客观,因此抑郁状态呈下降趋势。

6. 焦虑

由于高中生在初中期间均为各校成绩优秀者,而到了高中后却只有少数学生学习成绩优秀,这种反差使得学生产生了失落感。课程学习对学生的思维要求较高,部分学生不能适应这一变化。学生面临测验、会考、高考等压力,容易引起内心的紧张、忧虑、恐惧等情绪,从而导致了学生的焦虑。

第三节　高中生的自我意识发展

著名的发展心理学家埃里克·埃里克森把人生全程的发展任务分为八个阶段,青春期是八大阶段之一。国内外很多心理学家、教育家都认为,青春期是人的自我意识发展的第二个飞跃阶段,其主要任务就是探索自我,建立自我同一性。"自我同一性是指个体在特定环境中的自我整合与适应之感,是个体寻求内在一致性和连续性的能力,是对'我是谁''我将来的发展方向'以及'我如何适应社会'等问题的主观感受和意识。"在西方国家,有间隔年,允许青少年通过暂停学业等常态生活,去探索自我;而在我国,这个阶段恰恰也是学业非常紧张的阶段,高中生要应对高考和繁重的学习。面对学生产生的"我为什么要学这个?""某某知识对我有什么意义?"等问题,有些教师可能产生学生厌学、不乖等错误评价,不能很好地对学生进行理解和帮助。其实,这是学生自我探索中的一部分,这个问题想明白了,学习目标和学习动机的问题就都解决了。高中生自我意识的发展有如下几个特点:

一、独立意识的发展

高中生已完全意识到自己是一个独立的个体,因此要求独立的愿望日趋强烈。他们在很多事情上都希望自己为自己做主。小到吃、穿、用的购置，大到学校的选择和志愿的填报。如果身边的长辈，把他们当作成人一样商量问题，他们会积极又热情。不过，并没有多少家长针对孩子的成长及时做出了相应的调整，于是，亲子之间仍然存在着很多高高低低的堡坎。不过，与初中生不同的是，高中生这时独立性的要求不再是大吵大闹等直接、激烈的对抗，而是建立在与成人和睦相处前提下的对话和沟通。虽然有时候情绪和用词不免激烈和极端了一些，希望通过沟通去达成彼此共识的态度，还是让家长们长舒了一口气，"集中的叛逆期，总算是快过去了"，"总算能听进去一些话了"。

二、意识成分的分化

高中生已经完全能够清晰地意识到，现实和理想是有距离的，于是，在心理上把自我分成了"理想的自我"和"现实的自我"两个部分，他们希望自己能够自如地按照"理想的自我"去要求、调控"现实中的自我"。动画片《灌篮高手》中有一幕：男主角樱木花道是个刚学打篮球的高中生，突击进行一个星期训练后开始一场正式的比赛，在投出一球后，他眼神迷离地看着那道优美的弧线开始幻想，自己投篮成功后兴高采烈地庆祝的情形。结果，当他信心满满地等待球准确命中时，谁知篮球不但没进，反而直奔栏板后面的观众，并砸倒了一位观众。周围的人捧腹大笑。

"理想的自己很丰满，现实的能力很骨感"，这是当下很多高中生理想自我和现实自我之间矛盾的真实写照。由于高中生对自己在时间上的连续性和稳定性的意识，高中生比以往任何时候都更经常地考虑自己的未来，理想自我相对发展较快，一般有超过现实自我发展水平的倾向。一般说来，抱负水平越高，对自己各方面要求越严的高中生，其理想自我与现实自我的矛盾往往也越明显。理想自我与现实自我之间的矛盾并非坏事，处理得好，它可成为激励学生发奋图强，向理想自我的目标迈进的动力。当然，处理不好，也可能导致学生放弃对理想自我的追求，破罐子破摔。

三、对个性独特性的关注

"就是要跟别人不一样"，这是很多高中生灵魂深处的呐喊，不论是服饰、打扮，还是举止、言行，都力求彰显个性。高中生十分关心自己在个性方面的优缺点，对别人或自己进行评价时，也特别重视个性方面的特点。"你的想法很独特，很少有人能想到这点啊"要比"这个想法很正确，能得满分了"的说法，更乐于被高中生接受。

四、自尊心很强

高中生自尊心敏感而脆弱。他们最不能忍受被轻视、侮辱，既希望得到父母的支持，更在乎同伴的赞许和重视。他们会以各种方式表现自己，争强好胜，以求获得赞赏和满足。如果不能通过正当的途径满足这种要求，他们有可能用不符合社会角色的方式去寻求满足，如寻衅滋事、玩世不恭、打架斗殴、搞恶作剧等。自尊心长期得不到满足时会导致低自尊、抑郁情绪以及普遍的失望甚至绝望。

五、道德意识高度发展

美国教育心理学家柯尔伯格用道德两难问题研究儿童的道德判断发展过程，提出了"三水平六阶段"品德发展理论。学龄期儿童已经初步懂得了一些道德准则与道德观念。进入高中以后，由于接触的范围和自我道德实践经验的不断扩大，他们所掌握的道德准则不仅数量上增加，而且越来越深刻。高中生的道德判断大致处于"后习俗水平"中的"社会契约定向"阶段。他们不仅仅自觉遵守某些行为公则，还认识到法律的人为性及社会公则的灵活性。在道德情感中直觉式情感减少，伦理道德式情感体验开始占优势。道德理想更为现实，道德意识在道德行为中的作用日益加强。

第四节 高中生的人际交往

一、高中生人际交往的意义

"人际关系是指人与人之间通过直接交往形成的相互之间的情感联系。这种联系是交往所产生的情感的积淀，是人与人之间相对稳定的情感纽带。人际交往最大的特点是具有情感基础，而非由外力撮合而成，靠心理力建构，即认知上的共识、感情共鸣、需求互补、态度上的诚意及人际信任与责任。"中学生主要的人际交往包括与同伴的关系、与教师的关系，以及与父母的关系。

1. 建立和发展人际交往是人的本能需要

有部分家长甚至教师认为高中生的主要任务是学习，应尽量减少学习之外的人际交往。尽管时代发展了，但这样的观点仍然颇有市场。殊不知，人际交往是个体满足心理需求，获得归属感和爱的本能需要。根据人本主义心理学家马斯洛的需求层次金字塔理论，个体在满足了基本生理需求、对安全的需求之后，就开始寻求爱和归属的需要，建立人际交往就是为了满足这种需要。同时，人是社会性动物，人际交往是人的社会属性的本质体现。

因此，即使生活的空间局限于家庭和学校，但建立和发展人际交往仍然是高中学生的本能需求。家长和教师不能忽视甚至漠视这种需求，而应重视、理解其需求特点，帮助其运用较为成熟的方法技巧，建立良好的人际交往。

2. 人际交往影响高中生的心理健康和身心发展

国内外许多研究都表明，人际交往的质量对青少年的心理健康和身心发展有重要的影响。根据一项涵盖 4 所高中（重点/非重点，城区/农村）的高一至高三共 1 368 名高中生的调查："19.9%的高中生存在着各种轻度的不良心理反应，有3.8%的高中生存在着各种明显的心理健康问题；而高中生的心理健康问题主要表现为强迫、敌对、偏执、人际交往敏感和抑郁等症状。"在中学的心理咨询室里，困扰学生的问题主要是学业和人际交往两大类，而人际交往又影响着学业成绩。

高中生处于身心快速发展的青春期，此时他们的人际敏感性相较于初中阶段已有了极大提高，他们在意自己在同学心中的形象；在老师和父母面前则想摆脱小孩子的角色，释放出"我长大了，我自己做主"的信号。与此同时，他们往往欠缺人际交往的技巧，因此常常被人际交往中的矛盾、冲突所困扰，甚至一点点小事，也可能在本就不平静的心湖中触发一片片涟漪甚至引发狂风暴雨。高中阶段，良好的人际交往不仅能带来学业成绩、社会技能的提高，更重要的是，它有利于高中生的心理健康、身心和谐发展，它影响着生命的意义感。因此帮助高中学生建立良好的人际交往十分重要。

3. 高中生在人际交往中探索自我，建立自我同一性

人际交往是高中生探索自我的主要途径之一。例如，高中生会选择加入各种社团，一个加入金融社的学生会倾向于认为自己对金融感兴趣并以拥有这方面的知识和技能为要务；一个主观上不愿意加入任何社团、不愿意参加任何课余活动的学生，他必定认为抓紧时间学习是唯一重要的；一个常常参加团体活动的学生，更倾向于建立起"合作者"的自我形象；"我是一个可以信托的朋友""我性格温和却不乏主见""我能很好地理解和体贴他人"等对自己的定义和描述，往往都可以从人际交往中获得。

二、高中生人际交往的特点

对高中生人际交往的特点，国内外的众多研究表明：进入高中，青少年的人际交往产生了明显的变化，他们对父母和教师的心理和情感依赖日益减少，而更依赖于与同伴建立良好的人际交往。

1. 高中生与师长的关系：脱离又依赖

Birch 等人的研究指出，"良好的师生关系有利于学生形成对学校积极的情感态度，积极参与班级、学校活动，与同学形成积极的情感关系，发展良好的个性品质和较高的社会适应能力，进而促进心理健康的发展；不良的师生关系可能使学生产生孤独的情感，对学校的消极情感，在学校环境中表现出退缩、与老师和同学关系疏远，以及攻击性等不良的态度和行为，从而影响其学业成就，进而造成辍学、心理障碍等现象。"高中阶段，和家长一样，教师在学生心目中属于"我们"之外的成人，学生一方面会提防老师过多干涉其思想和生活，另一方面又在学业上依赖老师的指点。高中生不再盲目接受任何一位教师，而开始品评教师，他们所喜爱的教师一般具有以下特点：知识渊博、授课水平高、热情和蔼、关心学生成长、有朝气等。由于思想的不成熟，高中生往往是喜欢某位老师，那位老师就成了完美的典范，他们会认真学习该教师授课的科目；而如果不喜欢某位老师，往往就全盘否定，对其各种意见都持拒绝态度，甚至不认真对待其授课学科。对此，教师应努力走入学生的心灵世界，尊重他们的个性发展和所思所想，了解学生心目中喜爱的教师形象；并对每个学生平等关怀，让学生始终感觉到老师的尊重和关爱。

2. 高中生与同伴的关系：寻求朋友、渴望知己

高中阶段，人的发展进入一个充满矛盾的时期。生理上的迅速成熟，使高中生产生了强

烈的成人感，他们希望自己像成年人那样举止行为，有自己的独立思考和主见，把握自己的生活；然而在师长眼中，高中生仍然是孩子，师长往往并不考虑和接受其要求独立自主的需求。高中生要求独立和师长仍然监管过多之间，产生了矛盾。这一矛盾所导致的各种情绪最容易在同伴之间获得共鸣，于是，在高中生的心中就形成了"我们"（青少年）和"他们"（成人）截然分别的世界。于是，高中生逐渐将感情的重心偏向同伴，朋友关系在其生活中变得日益重要。

就交友的方式来说，小学时代是团伙的时代，进入青春期后团伙解体，高中时代是寻觅三五知己的时代，因为青春期的高中生对朋友的需求是能倾吐烦恼、交流思想并能保守秘密。因此，有共同的志趣和追求，有相似的苦闷和烦恼，性格相近又能彼此理解的同学或朋友之间，就会逐渐发展成为高中时代的知己。

与此同时，随着第二性征的发展，男女生之间的关系有了新的特点。在高中阶段，高中男女生彼此对对方发生了兴趣，并发展起了对理想异性的模糊的观点。如果在某人身上发现了这些特点，哪怕只有一部分，也可能会对其产生好感。不过，对大多数学生而言，这种好感一般不会公开出来，随着时间的流逝，随着各方面的发展和成熟，这种好感很可能慢慢淡化下去，甚至消失，成为一个青春期永久的小秘密。

3. 高中生与父母的关系：有所改善、追求独立

根据北京师范大学发展心理研究所的研究："到了高中阶段，学生心理发展日趋稳定，多数学生基本上能与父母保持一种肯定和尊重的关系，相较于初中阶段，反抗性成分逐渐减少，与父母的关系有所改善；但高中生的自我意识和独立意识也迅速发展，因此他们与父母的关系也就不可能恢复到青春期之前的水平了。"高中生一方面能看到并肯定父母对自己的关心和付出，但另一方面又感觉到与父母思想上有代沟，认为自己的所思所想并不会得到父母衷心的理解，转而在同伴中发展知己，彼此分享青春期的困惑和秘密。这时候，家长会发现，孩子似乎比初中时听话、乖顺，但同时与父母交流的时间和频率也减少了。此时，家长应尊重学生的个人空间，唠叨和过分关切只会招致孩子的反感，应在尊重的基础上增进交流，多给建议而少些强迫，从而让孩子打开心扉。这样，家长才可能将自己人生的经验融入孩子的生活中，引导他们的成长，并教给孩子正确的人际交往方法。

※ 本章概要

本章主要从认知、情绪、自我意识及人际关系等四个方面来阐述高中生的心理发展。首先阐述了高中生的认知发展特点。其次对高中生的情绪情感的发展进行阐述，主要对高中生情绪情感的特点及其困扰进行阐述，指出了高中生情绪情感发展的四大特点和六大困扰。再次，对高中生自我意识的发展进行阐述，分别从五个方面对之进行较为全面的叙述。青春期是人的自我意识发展的第二个飞跃阶段，其主要任务就是探索自我，建立自我同一性，高中生已完全意识到自己是一个独立的个体，因此要求独立的愿望日趋强烈，他们自尊心敏感而脆弱，在道德情感中直觉式情感减少，伦理道德式情感体验开始占优势。最后，对高中生的人际关系进行阐述，主要阐述其意义和特点。指出高中生对父母和教师的心理和情感依赖日

益减少，而更依赖于与同伴建立良好的人际交往，对朋友的需求是能倾吐烦恼、交流思想并能保守秘密，男女生彼此对对方发生了兴趣，并发展起了对理想异性的模糊的观点。

※ 延伸阅读

书　　名：高中生心理成长读本
编著者：徐学俊，赵厚勰
出版社：华中科技大学出版社
推荐语：该书是高中心理健康教育的学习材料。读本依据教育部《中小学心理健康教育指导纲要》的要求，结合高中生心理成长的需要编写的，是目前国内编写质量较好、水平较高的高中生心理健康教育读本之一。《高中生心理成长读本》的主要内容包括生活适应、情绪行为、人际交往、学习辅导、自我超越、生涯指导等六个方面，适合高中学生学习，形式以活动和体验为主，可作为高中生心理健康教育活动课的教材。

书　　名：高中生常见心理问题及疏导（第二版）
编著者：王玲
出版社：暨南大学出版社
推荐语：该书属于"当代学生心理问题疏导系列"，作者在原版基础上增加了部分内容，全书共分十章，包括概述和九大心理问题，并针对每个心理问题都从表现及原因、疏导方式、个案举例三方面来讲解。该书专门针对高中生常见的心理问题提出疏导方案。对学生常见的心理问题进行详细的描述，对问题产生的原因做出中肯的分析，然后提出有效的解决对策，并通过具体的案例来说明疏导的过程与要求。这些内容对心理咨询与辅导的初入道者无疑具有较大参考和借鉴价值。

※ 课后练习与思考

1. 你曾经经历过埃里克森所描述的同一性危机吗？如果经历过的话，它是何时发生，你对此的感受又如何呢？它是由某些特殊的事件所引发的吗？

2. 虽然没有做过系统的课题研究，但是最近人们经常谈论起，与前几代人相比，当今的高中生与异性同龄人有着并非恋爱的朋友关系的人数要多得多。你觉得为什么会是这样呢？

※ 参考文献

[1] 林崇德. 发展心理学[M]. 2版. 北京：人民教育出版社，2012.

[2] 劳伦斯·斯滕伯格. 青春期[M]. 上海：上海社会科学院出版社，2007.

[3] 金盛华. 社会心理学[M]. 2版. 北京：高等教育出版社，2011.

[4] 唐小丽. 高中生心理健康水平及其影响因素研究[D]. 苏州：苏州大学，2005.

[5] 沃建中，林崇德，马红中，李峰. 中学生人际关系发展特点的研究[J]. 心理发展与教育，2001（3）：9-15.

[6] 程乐华，曾细花. 青少年学生自我意识发展的研究[J]. 心理发展与教育，2000（1）：12-18.

第六章　中小学心理健康教育课程

　导入案例

在学校开始心理健康课程，开展心理健康教育对于学生的影响无疑是巨大的。在世界著名高等学府哈佛大学排名第一的课程，不是时髦的经济学课程，也不是实用的法律课程，而是泰勒·本—沙哈尔博士的幸福课。泰勒博士被誉为哈佛大学"最受欢迎的讲师"，他的幸福课引起了前所未有的轰动。他所开设的"积极心理学"和"领袖心理学"被哈佛学生们推选为最受欢迎率排名第一和第三的课程，选修这两门的课程的哈佛学生超过了总人数的20%，其中23%的听课者向学校教学委员会反映：这两门课程"改变了他们的一生"。

在当今社会，大多数人的基本物质需求已得到满足但仍然感到不幸福，那个看似合理的理由已无法解释人们的不满。越来越多的人想搞清楚一个悖论——"财富带给我们的似乎是不幸福"，并且他们开始在积极心理学中寻找答案。为什么积极心理学能带来幸福？积极心理学通常被称为"研究人类最佳潜力的科学"。1998年，时任美国心理学会会长的马丁·塞利格曼（Martin Seligman）将其作为一个新的心理学领域正式提出。它将学术成果与日常生活相联系，所提供的方法无论是通过何种形式（书籍、讲座或是网络），有时候可能跟那些激励大师的建议听起来很像，简单而且易行，但是这种简单易行与自我激励运动有着本质的区别。

而现今我国的心理健康课程就是建立在积极心理学的理论基础之上，它以哈佛大学的幸福课为楷模。关注的不是有心理问题的学生，而是普普通通的正常人，如何激发出他们内在的潜力，使他们成为更好的自己，以便在未来的学习工作生活中获得更多的幸福感。

心理健康课程是心理健康教育的一种最主要的形式，这种以班级团体活动为载体、以班级全体学生为辅导对象、以发展和预防为主要功能的心理健康教育形式在我国还处在探索、尝试的初始阶段。它在我国不同的地区又分别被称为"班级辅导""班级团体辅导""心理辅导活动课程""心理辅导课""心理教育课""心理健康教育课""心理健康教育活动""心理辅导活动课"等。从20世纪90年代初开始，心理健康课在我国一些沿海大中城市悄然兴起，短短十几年时间，心理健康课已经从局部的试点逐步推广到大江南北，成为各地中小学心理健康教育发挥其发展性、预防性功能的重要形式。

第一节　中小学心理健康课的教学设计

由于心理健康课是一门新兴的课程，因此在进行心理健康课的教学设计之前，我们先要弄清两个问题，一个是心理健康课的性质，以便在认识上对其准确地定位，二是心理健康课与一些相关教育辅导形式的区别，以便更好地把握进行心理健康课教学设计的方向，避免在设计理念上出现偏差。

一、心理健康课的性质

（一）心理健康课是一种"活动课程"

心理健康课以学生的情意活动为主要内容，拒绝系统地向学生传授心理学的学科知识。"活动"为学生提供了各种社会生活的模拟场景，成为学生自我体验、自我发展、自我超越、自我实现的重要学习方式。因此，心理健康课既没有作业，也不需要考试。它是充满弹性的，完全可以根据学校自己的教育思想自主进行开发，重在体现学校的办学思想和培养目标，体现学生对课程的多元化和个性化的需求。学校以及心理教师完全有权根据本校、本班学生身心发展的实际情况，在辅导的目标、内容、策略及课时的安排上做出灵活的调整。

（二）心理健康课是一种"发展性团体辅导"

1. 心理健康课的功能是发展和预防

同一年龄段的中小学生的心理发展基本上处于同一水平上，他们在学习、生活、人际交往、自我意识及情感活动的发展过程中遇到的问题和困惑，大体呈现出一种普遍性和规律性。

如果我们能够根据学生的这些成长规律，运用心理健康课的形式将引领、诱导、防范工作做在偏差和危机出现之前或初露端倪之时，往往就能较快地扭转某些不良倾向的演变趋势，使问题不至于继续发展或蔓延开来。

2. 对象是全班学生

心理健康课是以全班学生作为辅导对象，整个过程充满了生生之间的团体互动。

3. 目的在于激发潜能

心理健康课之所以能成为学校心理健康教育的重要载体，是由于它建立在积极心理学的理念之上，那就是：相信每一个学生都有其向上发展、向善发展的需要，相信每一个学生都有解决其成长中出现的各种问题的潜能。它的最终目的是使学生觉察到自己在班级团体中的尊严与平等地位，感受到自己向善之心的有力搏动，体验到教师、同学对自己的真诚关爱，从而激发起上进的欲望，寻找到面对生活的积极策略，增进自己战胜各种困难局面的能力，鼓起勇气去迎接生活和学习中的各种考验。

4. 效果取决于全体动力

心理健康课能否达到目标、取得实效，取决于学生主体的自主参与和真情流露，也取决于学生同伴的积极倾听、分享与互助，这就需要在心理健康课上给学生提供足够的安全感，使大家都能去除防卫心理，营造出温情脉脉的人际氛围，确保他们能自由表达思想的思维空间，容许各种不同见解的充分争鸣，各种观点交错互动，才会出现学生心灵的真正触动与感悟，才会有实质意义上的自我成长。

5. 对辅导老师的要求是"态度第一"

由于心理健康课的效果取决于学生的主动参与和真情流露，为了使学生去除防卫心理，这就要求辅导教师对学生抱有充分的尊重、理解、真诚、接纳、支持、鼓励、关爱等基本的辅导态度，尤其是班主任老师要避免出现角色的冲突，对学生进行道德的批判。

二、心理健康课的"四个区别"

1. 心理健康课与思想品德课的区别

从课程功能上看，思想品德课主要关注学生的世界观、人生观、方法论问题，关注政治立场、观点、方向问题，关注法制意识、道德意识、社会规范等问题；而心理健康课则旨在关注学生的个性发展、人格完善以及社会适应性的问题，预防学生在日常学习、生活中可能出现的心理不适应或心理困扰问题。

从课程内容上看，思想品德课往往注重"高、大、全、远"的人物、事件、理念、原则、规范等，特别是为学生树立的榜样往往是盖棺定论的英雄模范，事迹虽然感人，却离学生的生活实际较远；而心理健康课则比较注重"真、实、小、近"的人物、事件、心态、理念及价值判断等，往往从学生身边的具体人物、具体时间切入，引发学生的思考，化解他们遇到的具体矛盾与困惑。

从实施形式上看，思想品德课侧重由外向内的理论灌输和道德教育；而心理健康课则侧重由内向外的自我体验、自我感悟、情绪的释放和个性的张扬。

从操作技巧上看，思想品德课依据教学规律来进行运作，讲究的是教学常规、教学技巧、教学方法和教学艺术；而心理健康课则是依据团体动力学规律，讲究的是运用倾听、关注、理解、同感、回馈、重述、引导、面质、具体化及行为训练等辅导技巧与辅导艺术。

但思想品德课与心理健康课在具体的内容上有许多的交叉，在注意心理健康课与思想品德课的区别的同时，也没有必要非得把心育和德育两件事搞得"泾渭分明"。

2. 心理健康课与主题班会课的区别

从实施过程来看，两者都可以采用某些相同的活动形式来组织，例如都可以采用小品、讨论、辩论、游戏等；但从实质上去分析，这些活动载体的内涵是完全不同的。因为主题班会课重在解决班集体的建设问题，如班风班纪、班级形象、达标创优、维护集体利益等，或者是组织一些有时代色彩、政治意义的主题活动，如学雷锋做好事、绿化祖国、纪念香港回归及其他爱国主义、革命英雄主义、革命传统教育活动等，它重在发挥德育的教育作用；而心理健康课则重在解决同一年龄段学生共同关心的自身成长的问题，它注重的是个体的人格发展问题。

从实施形式上看，主题班会课往往是班主任幕后导演或前台主持的，而且师生间缺少一种完全融于一体的互动状态和心灵的感应；学生的发言也往往追求完美与正统，尽量与主流社会的道德标准、政治标准和纪律规范保持一致，或者有意识地向这些权威的标准靠拢。所以，活动的形式总会给人一种事先已设置答案的程序化的感觉。而在心理健康课上，学生完全处于开放状态，是和教师平等对话的，是可以自由表达个人内心感受的，而且不必担心受到正统观念的指责和批评；教师也不必充当"卫道士"的角色或扮演完人的形象，他在整个活动过程中和学生一样，也可以敞开自己的心灵。

在使用的技术与方法上，主题班会课更多地运用规范、示范和权威影响力，心理健康课更强调教师要自觉运用团体动力学原理，并且尽可能学习使用一些初级的辅导技术，如倾听、关注、理解、同感等。

3. 心理健康课与媒体谈话节目的区别

谈话节目的内容常常是社会热点或焦点问题，圈内人士通常是站在旁观立场上发表自己的看法，一般情况下不必袒露自己的内心世界；而心理健康课涵盖的内容，却是青少年学生的成长发展问题，有时候就会触及比较敏感、比较脆弱的心灵深处的问题。

谈话节目时以主持人为中心来调度、控制谈话主题、内容和实践的。从运作形式上看，基本上是由主持人与嘉宾或来宾之间的单向交流。而心理健康课主要是同龄人之间的横向交流和多向交流。

从主持人的角色看。主持人是谈话节目的中心，而教师在心理健康课上，只能是"配角"和"辅助者"，他不应该取代学生的中心地位。

从现场氛围看，主持人为了调节气氛常用幽默和调侃，而心理健康课的氛围应该是"真诚"和"理解"，幽默和调侃只能偶尔为之，不可形成风气。

4. 心理健康课与小组团体辅导的区别

小组团体辅导的对象是在自愿报名的基础上经过筛选的，成员参与活动的主动性比较强；它的小组成员不一定是同一个班级或同一个年级的，但是却都有性质相似的成长困惑，人数一般控制在 6~12 人。而心理健康课的对象是同一个班级的学生，无法筛选学生，人数一般在 30~50 人。尽管同一个班的学生年龄相仿，都面临着基本相同的发展性问题，但个体与个体之间又有着较大的差异性。因此，这些成员对参与心理辅导活动课的主动性不一定很高，有的甚至会带着某种无奈情绪。这样，辅导教师在活动中就必须由衷地接纳每一个班级成员。

中小学里的团体一般持续历程为几周至数月，由于人数少、历程短、成员新，成员之间的亲密度高、凝聚力强，所以比较容易认同辅导教师提出的团体规范，辅导教师在组织工作上的难度会小很多。而心理健康课是以固有班级为团体基础的，原有班级的日常经营状况及风气氛围会对每一次心理辅导活动课的现场效果有着直接的影响。

小组团体辅导一般不受时间和场地的严格限制，辅导教师围绕一个成长主题，可以安排多次辅导活动，每次辅导活动的时间也相当有弹性。而心理健康课必须严格遵循上下课的作息时间，对辅导教师在活动设计和操作实施上提出了比较高的要求。

小组团体辅导的过程中，辅导教师关注的焦点在于每一个成员以及成员行为的改变，而心理健康课教师关注的焦点在于发展性主题，促进团体成员的共同成长。

总之，作为"小团体"的小组团体辅导与作为"大团体"的心理健康课有着各自不同的性质、特点、功能、对象和内在运作规律。我们可以借鉴，但不能完全采用小组团体辅导的模式与规律去实施班级心理健康课；反之亦然。

三、心理健康课的发展心理学分析

心理健康课的功能是发展和预防。辅导教师只有了解并熟悉儿童与青少年发展心理学，方可把握学生成长过程中不同阶段的发展主题，引领学生走过充满曲折与坎坷的人生道路。中小学心理健康课的发展心理学理论依据主要是埃里克森的"心理社会期"发展理论。

（一）埃里克森的"心理社会期"理论

埃里克森认为，个体在出生之后依靠与环境的接触和互动而发展成长，人的一生就是一个连续不断的人格发展过程。但是，这个成长的过程充满了种种矛盾和困境。一方面是个体有自我成长的需求，另一方面是社会环境不允许个体按其本性而毫无限制地自然发展，于是便形成自我需求与社会限制之间的矛盾冲突。这种矛盾冲突必然使个体在心理上产生适应困难的感觉，埃里克森称之为"发展危机"。当个体出现发展危机时，如果个体能够适当地调试自我，使自我能够符合社会对他的要求，那么，"危机"就得以化解，并进一步变为个体成长的发展转机；如果个体调试不良，那么也可能因危机不能化解而趋向消极的方向发展，成为个体成长的发展障碍。

埃里克森还强调，个体的自我发展，在不同的年龄阶段会产生不同性质的心理危机，以及在不同的年龄阶段会遇到不同性质的社会适应问题。只有前一阶段的危机得以化解之后，才能顺利发展到第二阶段。他将人生全程按照危机性质的不同划分为八个阶段（见表 6.1），个体在不同的时期学习适应不同的困难，化解不同的危机，而后逐期上升，最终完成整体性的自我。

表 6.1 埃里克森的心理—社会八阶段发展理论

阶段	年龄（岁）	心理—社会矛盾	积极解决矛盾形成的品质	矛盾解决失败形成的品质
婴儿期	0~1.5	信任感—不信任感	对人信任、对外界有安全感	恐惧、对外界害怕和不信任
童年期	1.5~4	自主感—羞愧与怀疑感	能按社会要求表现目的性行为，发展自主能力	缺乏信心，畏首畏尾，感到羞愧、怀疑自己的能力
学前期	4~6	自主感—内疚感	主动，表现出积极性和进取心	畏惧、退缩，产生内疚感和失败感
学龄期	6~12	勤奋感—自卑感	勤奋，掌握求学、做事、待人的各种基本能力	缺乏生活的基本能力，充满自卑和无价值感
青春期	12~18	自我同一性—同一性混乱	有明确的自我观念，达到自我内部与外部环境的协调	对于自我与他人的角色混乱，充满不确定感
成年早期	18~30	亲密感—孤独感	建立友情和爱情，发展爱的能力	与社会疏离，孤独寂寞
壮年期	30~65	创造力感—自我专注	热爱家庭，关心社会，追求事业成功	只顾及自我和"小家"，缺乏社会责任
老年期	≥65	自我整合感—失望感	回顾一生，感到生活有意义	悔恨旧事、消极失望

个体发展过程中环境影响能起最大作用的时期被称为关键期，如果在这一时期失去发展或学习的机会，以后该种行为即不易建立，甚至是一生都无法弥补的。因此，心理健康课就需要在某种行为特征发展的关键期内，引导学生去主动适应发展危机、提升社会适应能力，使学生顺利度过危机，发展到下一个阶段。

（二）中小学学生发展的重要主题

1. 小学阶段学生发展的重要主题

根据埃里克森的心理社会期理论，在整个小学阶段，小学生最重要的发展性主题是能否养成和保持一种勤奋、积极、进取的学习与生活的态度。如何使小学生在六个学年期间，无论其分数高低或名次先后，始终能保持一种旺盛的求知欲和上进心，始终能对生活充满了乐趣和自信，是整个小学阶段最终要的发展性任务。

在实施心理健康课时，这样一个发展主题在小学六年当中又大致可以分为三段加以把握：

（1）在小学低段（一二年级）要突出的主要发展性任务：一是帮助孩子们尽快完成从幼儿园到小学的转变与适应；二是在入学之初就注意培养他们良好的行为习惯、学习习惯和生活习惯，使孩子们能受益终身。

（2）在小学中段（三四年级）要突出的主要发展性任务：一是抓住孩子们"智力发展"的第二个高峰期，抓好学习辅导，努力促进孩子智力（特别是思维能力和想象能力）的发展；二是满足孩子们正在迅速扩大的交友和被同伴接受的社会性需求，并帮助他们处理好已经出现微妙变化的师生关系和亲子关系，使他们获得成长中必不可少的亲密感和安全感。

（3）在小学高段（五六年级）要突出的主要发展性任务：一是依据高年级孩子在以往知识经验的积累、智力活动的锻炼和大脑功能的发展等方面的良好基础，进一步培养他们对事物本质属性和内部联系进行初步抽象概括和归纳记忆的能力，以便为今后适应初中学习做好平稳过渡的准备；二是高度关注这个年龄段孩子们的性格发展，使他们面临这样一个非常矛盾、变化无常和严重失衡的性格发展关键期时，能够得到正确的引导和帮助，以促进他们的性格朝着积极的方向发展。

2. 中学阶段学生发展的重要主题

个体进入青春期之后接受初中和高中教育的阶段，是埃里克森心理社会发展期理论中所说的第五个时期，也是人生全程八段中最重要的时期，这个时期的个体所面临的发展性危机主要是"自我同一性"和"同一性混乱"。"自我同一性"是一种个人自我一致的心理感受，是一种关于"我是谁""我在社会上应占什么样的地位""我将来准备成为什么样的人"以及"我怎样努力成为理想中的人"等一连串的感觉。如果一个人对自我的认识和评价不能达到基本的一致，缺乏一个清晰和完整的自我概念，他就会失去生活的自信心、价值感和充实感，迷失自己前进的方向和明确的目标，就会经常莫名其妙地感到"空虚""困惑""迷茫""烦恼"。

初中一年级应该把握的重点有二：一是入学适应性辅导，要帮助学生完成从小学业已形成的学习习惯、学习方法、学习策略向适应初中学习特点、学习规律的转变；二是根据初一学生进入青春期后独立意识和成人感的迅速发展所带来的诸多人际矛盾，开展自我意识辅导，正确处理好亲子关系、师生关系和同伴关系。

初中二年级应该把握的重点有二：一是根据初二学习难度加大、学习成绩出现"两极分化"趋势的严峻现实，大力开展学习心理的辅导和学习方法、学习策略的指导，尽可能减少由于学习障碍和学业失败给学生带来的困惑、迷茫、自卑和自我挫败感；二是根据初二学生在性生理发育上已经基本达到成人水平以及在性心理上普遍出现的相关特征，突出青春期心理辅导特别是异性交往辅导，满足这个年龄段普遍出现的渴望与异性交往的正当需要，并预防由于异性"交往过密"、失却分寸而带来的与社会期望之间发生的尖锐冲突及其引发的消极情绪体验。

初中三年级应该把握的重点有二：一是开展抗挫折辅导，以帮助学生用更强的耐挫力和更切合实际的目标期望来面对人生发展道路上即将到来的第一次更大考验；二是有计划、分步骤地抓好考前心理辅导与报考志愿的指导。

高中一年级应该把握的重点有二：一是入学适应性辅导，主要是指自我定位的调整；二是引导学生在一个新的、充满竞争的人际环境中，学会与人合作、和谐共处的交往技巧，处理好因学习竞争、情感纠葛、自尊水平降低带来的种种人际矛盾问题。

高中二年级应该把握的重点有二：一是因"文理分科"以及按学习成绩"分班"所形成的"两极分化"现象，会给相当一部分学业落后学生造成严重的挫败感、厌学情绪及自我的迷失，其中一部分人会采取逃避态度，或逃避到"卿卿我我"的情感世界中聊以相慰，或逃避到"电玩游戏"的虚拟世界中自我麻痹，或逃离学校躲到家中一方小天地里与世隔绝、"自我放逐"，违心去做一只"痛苦的鸵鸟"。因此，在高二年级应特别注意学习心理的调试和理性情绪的辅导，帮助学生矫正不合理的认知，调整学习情绪，制定适度的学习目标，增强学习计划性及自我控制能力，进一步发掘学生的学习潜能，努力实现人生价值。二是对学生进行爱情、婚姻问题的价值引导，帮助他们树立正确的爱情观、择偶观、婚姻观，引导他们处理好青春期恋情与完成学业目标之间难以完全协调平衡的矛盾，并预防学生在这一敏感问题上与家长、学校、社会的期望发生激烈的碰撞、对抗以及可能出现的危急性事件。

高中三年级应该把握的重点有二：一是面对即将临近的升学和就业的人生十字路口，协助学生能清楚地认识自我，明了自己的特质、需求、背景与价值感，用整体的观念来做出自己生涯的选择，以确认何种层次的学校或何种方向的人生道路是真正适合自己并能实现自我的。二是抓好考前心理辅导，调整考前、考中、考后的心态，防止考试焦虑和其他负面情绪体验的产生。

（三）心理健康课的课程内容

1. 自我意识辅导——学会自尊

自我意识辅导可从三个层面进行：① 自我认识辅导，可从自我知觉、自我概念、自我评价等角度展开；② 自我意识辅导，自我体验辅导，可从自尊、自信、自强、自立、战胜自卑、克服焦虑、对抗挫折等角度展开；③ 自我监控辅导，可从自我监督、自我完善、自我调控等角度展开。

2. 学习心理辅导——学会学习

学习心理辅导可以从两方面进行：

（1）智力因素发展性辅导，包括智力各要素的发展和训练。对于小学生而言，特别重要的是注意力、观察力、想象力、记忆力、思维能力、感觉统合能力和言语能力的训练；对于中学生而言，特别重要的是记忆方法的训练和逻辑思维能力、空间想象能力、创造性思维能力的训练。

（2）非智力因素发展性辅导，包括学习需要、学习动机、学习意志、学习情绪、学习习惯、学习方法、学习策略、学习自我监控等方面的辅导。

3. 人际关系辅导——学会交往

中小学生的人际关系辅导可以从同伴交往辅导、异性交往辅导、师生交往辅导、亲子交往辅导、社会交往辅导等方面展开。

4. 生活适应辅导——学会适应

这包括青春期适应性辅导、环境适应性辅导、升学就业适应性辅导和消费休闲适应性辅导等内容。

5. 生涯发展辅导——学会生存

主要包括四个部分的内容：学会如何去生活、学会如何终身学习、学会如何谋生、学会如何"爱"，即学会如何爱人与如何接受别人的爱。

四、心理健康课的设计流程

根据学术界对团体辅导流程的共识，我们一般将一节有具体课时限制的心理健康课划分为四个阶段：团体暖身阶段——团体转换阶段——团体工作阶段——团体动力结束。

（一）团体暖身阶段

由于心理健康课面对的团体是原有的班级，班级成员彼此之间早已认识，但在心理健康课正式开始之前，学生还没有充分的情绪和精神准备，对这节课要探索的主题和达成的目标茫然无知，团体内开展互动、交流、分享的氛围也尚未形成，因此，这一阶段工作的重点是"情绪接纳"。具体来说包括：

1. 通过热身游戏或其他媒体手段，促成团体成员初步的互动

教师要充分运用各种热身游戏、音乐、影视等手段，营造一种轻松和温暖的氛围，帮助团体在当下形成一个具有凝聚力的实体，这一过程就是通常所说的"暖身"或"破冰"。它的目的就是让全体学生既没有心理压力，感到轻松愉快，又能够集中学生注意力，调动起学生积极参与活动的情绪，增进学生之间、师生之间的信任感和凝聚力。

2. 充分展现教师的"尊重、接纳、关爱"的辅导态度

在团体暖身期，教师必须以笑容、点头等恰到好处的肢体语言，来传递自己对学生的关怀、倾听、真诚、鼓励的辅导态度，以解除学生的心理防卫，营造轻松的氛围，方便后续活

动的开展。

3. 必要时，明确告知团体基本规范及辅导活动的注意事项

由于某些辅导主题可能涉及比较敏感的话题，教师应预计到辅导进程中可能出现的某些消极因素，例如封闭态度、防卫心理、调侃、攻击、起哄等，这就需要在团体初期就与学生商定必要的团体规范，以求全体师生共同遵守，做到防患于未然。

（二）团体转换阶段

这一阶段主要的任务是由"团体凝聚力初步形成"向"运用团体动力解决团体共同关心的某一发展问题"转移，是一个创设情境、提出问题、激发成员探索成长困惑的欲求、逐步催化团体动力的过渡时期。这一阶段的工作重点是"展开主题"。

以形象具体的方式，提出某一个被团体成员共同关心的问题，引出团体成员中不同观点和不同的认知方式、行为方式的碰撞和冲突，催化团体动力。当学生的参与热情，通过热身活动被调动起来之后，辅导教师就要围绕辅导活动的主题，选择某一种形式（例如案例、游戏、歌曲、影视片段、小品表演等），将问题情境呈现在学生面前，借助学生的情绪和团体的气氛，切入辅导主题，而同时，此次活动的辅导目标，也会以直接或间接的方式被学生所感知。鼓励全体学生参与互动讨论，积极对他人的意见予以反馈。这一阶段应将全体成员主动介入团体活动作为工作重点之一。因此，提出的问题，应该是学生比较熟悉和共同关心的；同时，要鼓励学生对其他同学的意见积极作出回馈，其基本形式是缩小团体规模，让学生在小组内充分发表意见。团体转换期，应尽可能少用全班分享的发言方式，因为它不利于让更多的学生参与到主题活动中来。

（三）团体工作阶段

团体工作阶段是团体基本成熟后进入解决实质性问题的关键时期。这一时期在一节心理健康课所占的比例最大，大约需占用20分钟左右的时间。这一阶段的工作重点是"问题探索"，具体说来包括：

1. 设置合适的活动或情境，引导学生感受、体验、思考

教师要针对团体目标，继续设置为达到目标、满足学生成长和行为改变的较为深层的活动，以帮助学生发现内心的矛盾和冲突。当学生进入了师生共同创设的具体情境时，会通过换位思考等方式，体验到具体角色的情感，或者引发他们对自身经历的回忆，由此对自己在成长中遇到的困惑有了新的体验和感悟，并理清了自己的问题及其相关心态的来龙去脉，或者引发了他们改变自己的动机与愿望。

2. 催化正向的团体动力，促进学生的自我开放

这个时期，团体中已经呈现出一种让学生感到心理上比较安全、比较温暖的氛围。可以设置一些比较深入的、密切联系学生实际生活和学习情况的讨论话题，以促进团体成员的进一步自我开放，让学生更能表达自己内心想披露的感想，更为接近内在的自我，更能自由地给予他人回馈,并且可以没有防卫地接受回馈。

3. 鼓励团体成员之间交流,在支持和面质之间取得平衡

到了团体工作期,通过持续不断的回馈、相互的协助和真诚的面质,每个人都在帮助别人,每个人也在被别人所帮助,共同分享彼此的经验、知识与技能。即使团体成员之间出现意见的冲突,也会被团体内部所了解、讨论和解决。

4. 注重团体的组织调控,共同探讨有效策略

在这个阶段,教师要注意调控局面,引导学生关注团体目标,时时提醒学生把握讨论的方向,关注于探讨"此时此地"的事情与感受,不要旁生枝节;同时要鼓励学生认真倾听他人意见,共同研究解决问题的思路与策略。

(四)团体结束阶段

这一时期的工作重点是"问题解决"。

1. 引导学生总结本次活动的收获,澄清团体经验的意义

它不仅可以再次明确团体活动的主题、目标和意义,帮助学生达成共识,而且可以提升学生的认识层次,使学生从中得到新的感悟。

2. 鼓励学生将认知、经验加以生活化与行动化,使自己的收获向课外延伸

教师可以启发学生,在团体内做出"承诺"或者订立某种"契约",这对于他们履行诺言、身体力行,将团体经验实践于个人生活,会具有正向的效果。

3. 设置富有新意的团体结束活动,为本次主题探索画上一个圆满的句号

教师也可以在团体结束阶段设计一个简单而富有创意的活动,一方面加深学生对这堂课的印象,另一方面也可以促使学生将这堂课的感悟进行内化,达到震撼学生心灵的目的。

第二节　中小学心理健康课的实施

一节精心设计的心理健康课,如果在实施中没有注意到其运作的规律,就会使实施的效果大打折扣。在心理健康课的实施过程中,需要注意以下几点:

一、重在活动

学生活动是心理健康课的基本环节,根据学生的年龄特点以及要探讨的主题精心设计好活动形式是一节成功的心理健康课的关键。在心理健康课的实施过程中一定要让学生动起来,切忌以"讲"代"动",学生的发展不是外力强加的,而是通过主体的活动主动实现的。只有活动才能有效地调动学生的参与性,改善他们的自我意识和情绪状态,使他们集中精力专注于辅导主题的开

展，从而降低心理防御水平，以更好地敞开自我的心理世界。也只有通过活动，学生才可能在活动中获取经验，反思自己和他人在活动中的表现，在与他人的讨论谈话中获得自身的成长。

二、重在感受

心理健康课的目的不是要让学生懂得几条心理学的原理，或者掌握几种调整心态的方法技巧，而是要促使学生在团体的助力下，审视自己的内心，反思自我的成长，思考学习，思考人生，思考自我与外界的关系，以推动自我的完美发展。在这样的活动过程中，学生只要能在某一个问题的某一个方面真正有所感悟，有所触动，有所体验，那就是一种成长，一种发展。反之，如果学生只是记住了几个心理学的概念术语，能说出心理健康的一些基本常识，但却没有活动的介入，没有情感体验作为其认知的强化、迁移以及感染、疏导自我的动力，那么，这个过程依然不能说是个体成长发展的过程。

三、重在引导

心理健康课主要应该是"非指示性"的，辅导过程应该以学生为中心，但也不能排除辅导教师某些必要的指示、暗示和忠告。因为中小学生年龄尚小，许多方面还需要成年人的辅助。教师要善于抓住时机，及时提出引导性的问题，问题提出后，教师要进行倾听（掌握更多准确的信息）、同感（设身处地地予以理解）、判断（理出头绪，找到一个"切入点"）、商量（在团体讨论中提出3~5种方案和思路，供学生自行选择，而且不存在"唯一"或"最佳"）。但引导既要注意契机还要注意分寸。教师不应该对学生作强制的说理和武断的解释，即使是必需的暗示、忠告、说服等"指示性"的手段，也只能最低限度地使用，即力求"随风潜入夜，润物细无声"。

四、重口头交流

在心理健康课上，学生是通过群体交流产生的影响力来调整自己的认知、态度、情感和行为的。心理健康课的重点应放在学生与学生的交互作用上，主要通过学生之间的相互影响力来达到辅导的目标。学生之间的口头交流使学生能发现别人也有跟自己相同的问题，通过交流，自己理解和支持了别人，也得到了别人的理解和支持，而同龄人的理解和支持往往比老师的评价与支持更为重要，因此可以大大增强学生的自信心以及安全感。同时，情绪得到了宣泄，并可重塑自我形象，获得社会性发展的经验，但不能确定自己应持有的态度时，可以倾听并综合大家的意见，以得到最大的收获。

但在心理健康课上也不是不可以进行书面活动，只是书面活动不可过多，时间不可过长，以免冲淡团体氛围。

五、重讲真话

在心理健康课上，教师应鼓励学生讲真话，因为只有彼此信任才可能讲真话，但是讲真话难免会有错话，当学生出现价值观明显错误的时候，教师应遵循价值中立原则，不要直接否定学生，以免说错话的同学当众蒙受伤害。但这也不意味着认同学生的错误观念，放弃对学生的价值引导，而应该以中立的态度征求大家的意见，通过学生之间的激烈讨论，得出正确的结论。

六、重在生成

　　心理健康课面对的是充满动感的学生个体和交互影响的班级群体，辅导现场的团体心态千变万化，教师必须灵活把握活动的发展势头，不可刻板地按照原定设计行事。教师的"教"与学生的"学"在课堂上最理想的进程是完成教学设计的预先设定，而不是突发的"节外生枝"。一些教师最希望学生回答问题时能达到教案预想的水平，如果不是这样，就会循循善诱，努力引导，直到让教师满意为止。但心理健康课的实施过程是充满动感的，它的发展和推动往往是随机的、高度动态的，在师生的交互作用下，学生的潜在能力会随时随地被激发出来，各种奇思妙想以及生动的生活经历会奔涌而出。当有的同学的发言涉及多数同学关心的共性问题时，教师一定要及时抓住，充分展开，而不要死守原定的教学设计。实践表明，在心理健康课上，真正能够震撼学生心灵、引导学生深入思考、激发学生强烈的情感体验、进一步发掘主题内涵的辅导素材，往往不是教师实现预设的，而是在辅导活动的现场即时性生成的。

七、重自我升华

　　心理健康课的结束部分，应该是学生借助自己的内省、同学的回馈和辅导教师的建议等，对自己的认知体系进行整理和重建的重要环节，这个环节也应该让学生主动参与来完成。即使学生的自我领悟还比较幼稚，辅导教师也不可越俎代庖。

第三节　中小学心理健康课的效果评价

　　现在的心理健康课还处于探索阶段，对心理健康课的效果的评价也处于百家争鸣阶段，但近二十多年来已经有一些很值得我们借鉴的经验。
　　心理健康课的评价，其内容可以说是包罗万象。从评价对象来说，可以包括教师和学生两个方面。其中，教师的部分，可评价其活动内容、活动设计、活动准备、活动组织、辅导技巧等，所以不难看出，对教师的评价其实主要是对辅导活动本身的评价，反之亦然。学生的部分，可评价其自我概念的改善，自信心和自控能力的提高，个人行为的增加、减少或者消失，认知的改变或者情感的体验、升华，班级风气的转变等，不难看出，对学生的评价其实是对辅导活动效果的评价。从评价的时间来说，可包括活动结束后的即时性评价、单元结束后评价、期中评价、期末评价或学年评价等；从评价的主体来说，可包括教师评价、学生评价、学生团体评价、领导评价和督导评价等；从评价的性质来说，可包括形成性评价和终结性评价。

一、心理健康课的形成性评价

　　根据我国开展心理健康课的实际水平，国内学者更多地把关注点放在心理健康课的形成性评价上。但由于在学校教育的具体环境中,心理健康课的评价经常是即时的,学校各项工作的运作节奏非常紧凑,常常是辅导活动已结束,听课的老师们就要聚集在一起,辅导教师要立即进行反思总结,而同道们也要即兴发表评价意见,因此我们需要一些简洁明了的即时性评价工具。钟志农老师在参考了很多相关研究的基础上,提出将心理健康课的活动评价标准简化为五条:辅导理念基本正确;设计思路比较清晰;活动过程氛围和谐;辅导技巧运用得当;辅导目标基本达成。将五个评价指标加以统整,得出了中小学心理健康课形成性评价表,见表6.2。

表6.2 中小学心理健康课形成性评价表

评价标准	具体要求	权重	评价			
			A/1.0	B/0.8	C/0.6	D/0.4
辅导理念基本正确	选题有针对性,符合学生年龄特点,并非盲目模仿	5				
	对辅导主题及核心概念理解正确,把握无重要偏误	10				
	能对学生偏离主题的发言进行妥善的引导	5				
活动设计思路清晰	整体设计有创意,不照搬教学参考资料	5				
	活动形式活泼生动,具有较强动感	10				
	活动线索清晰有序,每一步骤紧紧围绕主题需要	5				
活动过程氛围和谐	催化团体动力,气氛和谐活跃,学生参与积极性高	10				
	小组认真互动,全班分享有启发性,发言有真情实感	10				
	自觉遵守团体规范,现场活而不乱	5				
辅导技巧运用得当	辅导教师高度尊重学生,教态、语言有亲和力	5				
	注重倾听、关注、同感、重述、具体化等技巧的使用	10				
	注意适时引导,对学生发言的回应简洁又比较到位	10				
辅导效果比较明显	学生在活动中有感悟、有体验,情感投入度比较高	5				
	能自主提出解决自身困惑问题的对策,促进自我成长	5				

在心理健康课的评价过程中,除了正确使用相关的评价工具以保证评价过程和评价结论真实可信之外,在操作中还要注意以下四个方面的问题:

1. 不论成败,只讲得失

在实施评价的过程中,要把握一个"不论成败、只讲得失"的原则,对具体问题做具体分析,做到有根有据、以理服人,而不是简单草率地对一次辅导活动得出一个是"成功的"或是"失败的"结论。要做到这一点,评价者就要认真、全面地做好辅导现场的观察实录,对其中的重点环节甚至要一个步骤一个步骤、一句话一句话地进行记录和分析,认真倾听辅导教师对自己辅导设计的及辅导过程的说明和反思,然后从团体辅导理论的高度对整个活动历程的"得失是非"做出高屋建瓴的分析、概括和提炼,这样才有可能帮助辅导教师看到自己专业视野中的"盲区",心悦诚服地接受督导人员和同道们提出的改进意见,并能较快地促进自己的专业成长。

2. 抓大放小,突出重点

心理健康课除了重要的终结性评价应该对活动本身进行全面、系统、细致的评量之外,对平时常规性、探讨性、示范性的辅导活动的评价无需做得面面俱到、滴水不漏。在实施评价时,应该"抓大放小、突出重点",对导向性的问题要抓紧不放、评深析透;而无关大局、铺垫性的枝节问题可以一带而过,甚至忽略不计。

3. 多元互动,集思广益

心理健康课现场的形成性评价一定要发动各方力量共同参与,广泛听取各种不同的意见,允许辅导教师对评价意见做出必要的说明、解释和回馈,做到"多元互动、集思广益",切忌"一言堂"式的单向评价,以免阻塞言路,误导方向。

4. 重视过程,再观后效

心理健康课的实施效果在很多时候都是延迟反映的,而且学生认知与行为的改变如同春风化雨,大多数情况下是"润物细无声"的。因此,评价重在辅导的形成过程,重在对每一步骤的实施情况进行科学的分析,而不要求一定要见到立竿见影的效果。

二、心理健康课的效果评价

尽管心理健康课的实施效果很多时候是延迟反映的,对心理健康课的实施可以不要求立竿见影的效果,但并不是说不进行效果的评价。对心理健康课效果的评价还是应该在实践中努力加以探索并积累经验。比如从学生的主观感受层面加以评价可采用"班级团体性辅导学生满意度评量表"(见表 6.3),而对学生参与辅导活动后的市级表现层面则可采用"学生行为改变问卷"(见表 6.4),具体的评价指标可根据班级情况和辅导主题适当加以调整。

三、辅导效果的评价方法

心理健康课的效果评价主要采样于受辅导学生的信息反馈,其具体方法不外乎问卷法、观察法、访谈法、叙述法等。

1. 问卷法

问卷法包括当堂辅导效果问卷调查、单元辅导效果问卷调查、学期辅导效果问卷调查、学年辅导效果问卷调查等多种形式。问卷法的好处是评价指标灵活,可以根据不同的辅导目标和不同的辅导对象做出调整,统计分析也比较简便,评价结果比较明确;其不足之处是指标的确有一定的主观随意性,评价工具的信度和效度难以判定。

表 6.3　班级团体辅导学生满意度测评量表

第_____册　第_____单元　　　　　　_____年_____月____日填

亲爱的同学：

　　今天的课程又接近尾声了，你是不是觉得意犹未尽呢？我们很想了解你对今天活动的一些感受和意见，好作为我们下一课程的参考。请就下列每个题目的叙述考虑你的想法或感受的程度，在符合你实际情况的数字上面打"√"表示出来。谢谢你的合作！

1. 我能在这次课程中向别人表达我的看法。

　　很不符合　1　2　3　4　5　6　7　8　9　10　很符合

2. 我喜欢这次课程的内容。

　　很不符合　1　2　3　4　5　6　7　8　9　10　很符合

3. 我觉得在这次活动中学会了要去关怀别人。

　　很不符合　1　2　3　4　5　6　7　8　9　10　很符合

4. 我觉得对自己越来越了解。

　　很不符合　1　2　3　4　5　6　7　8　9　10　很符合

5. 这一次的课程使我对自己越来越有信心。

　　很不符合　1　2　3　4　5　6　7　8　9　10　很符合

6. 在这次团体辅导中我乐意和其他人分享我的经验。

　　很不符合　1　2　3　4　5　6　7　8　9　10　很符合

7. 我觉得这次团体辅导经历很有意义。

　　很不符合　1　2　3　4　5　6　7　8　9　10　很符合

8. 我觉得这一次团体活动中大家都是相互信任而且坦诚的。

　　很不符合　1　2　3　4　5　6　7　8　9　10　很符合

9. 我喜欢辅导老师的上课方式。

　　很不符合　1　2　3　4　5　6　7　8　9　10　很符合

10. 我认为下一次可以改进的地方是：

　　_____

　　请签名：_____

表 6.4 学生行为改变问卷

亲爱的同学：

　　这份问卷是希望知道你在上过这几次课后，在日常行为方面是不是带来了一些改变？这份资料是供老师总结经验时作参考用的，内容绝对保密。请你据实表明你的看法，并且依据符合程度在右边量尺的数字上打"√"即可，谢谢你的合作！

	很符合	符合	不确定	不符合	很不符合
1. 比较能尊重别人所有的东西。	1	2	3	4	5
2. 更能控制自己的行为了。	1	2	3	4	5
3. 比较能指导如何与老师相处了。	1	2	3	4	5
4. 初步了解了性知识。	1	2	3	4	5
5. 比较能有计划地使用自己的金钱。	1	2	3	4	5
6. 比较能了解如何与异性相处。	1	2	3	4	5
7. 不太会和同学发生肢体上的一些冲突了。	1	2	3	4	5
8. 比较有耐心地听别人和我不同的意见。	1	2	3	4	5
9. 朋友邀我时，会先考虑这些活动是否适合我参加。	1	2	3	4	5
10. 比较不会和爸爸妈妈顶嘴了。	1	2	3	4	5
11. 比较能指导毕业以后大概要做什么事情。	1	2	3	4	5
12. 比较能控制自己的情绪了。	1	2	3	4	5
13. 比较不会和老师顶嘴了。	1	2	3	4	5
14. 了解了以前自己并不知道的别人对我的看法。	1	2	3	4	5
15. 比较愿意参加班级的活动了，并能带头。	1	2	3	4	5
16. 双休日和假日中，比较会安排自己的活动了。	1	2	3	4	5
17. 和同学相处时争吵的事情少多了。	1	2	3	4	5
18. 放学后如果不能按时回家，会事先打电话回家。	1	2	3	4	5
19. 假如父母不答应我的要求，我也不会和他们怄气。	1	2	3	4	5
20. 有些不良习惯已经改过来了。	1	2	3	4	5
21. 比较能静下心来读书了。	1	2	3	4	5
22. 比较能规劝别人不要欺负弱小。	1	2	3	4	5
23. 在批评别人之前，会先想想用什么方式比较恰当。	1	2	3	4	5
24. 比较主动关心别人了。	1	2	3	4	5
25. 当自己有心理困惑时，愿意主动去向老师求助了。	1	2	3	4	5

　　请签名：＿＿＿＿＿＿＿＿

2. 观察法

观察法包括辅导现场对学生情绪变化、态度表现、行为训练改变程度的现场观察，也包括在课后对学生生活、学习、行为习惯、人际关系、处事方式、自我认同等方法改变程度地跟踪观察。观察法的好处是形象直观、一目了然；其不足之处是受观察时空条件的局限，观察结果受主观意识、客观环境及多种教育形式交叉干预的影响较大，不可能立竿见影得到急需的反馈信息。

3. 访谈法

访谈法包括教师座谈会、行政人员座谈会、学生座谈会、家长座谈会、社区代表座谈会，以及教师对学生家庭及其所在社区的访问了解等。访谈法的好处是信息宽泛、细节生动、案例典型，由此得出的心理健康课的效果反馈比较真实可信；不足之处在于工作量比较大，信息的采集与整理所需时间比较长。

4. 叙述法

叙述法包括口头报告叙述与书面总结叙述。教师可在学期或学年结束之时，抽出专门的时间让学生以口头或书面的形式在班级中与同学共同分享自己参与心理健康课的心得与体会，以帮助他们统合自己的成长经验，增进对自我的认识。叙述法的好处是综合性、统合性强，有利于帮助学生完成认识层面的提升和飞跃，也有利于学生之间的相互启发、相互学习和教师对班级团体的发展水平做出整体性评价；不足之处在于受学生年龄特点特别是抽象思维水平的影响较大，因此比较适用于中学生，而不适用于年龄偏低的小学生。

※ 本章概要

心理健康课是一种"发展性团体辅导"，是一种活动课程，它面对的对象是全班学生。要把握好心理健康课的理念，就要把心理健康课和思想品德课、主题班会课、媒体谈话节目和小组团体辅导的区别。心理健康课的主题选择是以埃里克森的"心理社会期"发展理论为依据，每个年龄阶段的学生应根据其发展主题进行有针对性的辅导。我们一般将一节有具体课时限制的心理健康课划分为四个阶段：团体暖身阶段——团体转换阶段——团体工作阶段——团体动力结束。实施心理健康课要重在活动、重感受、重引导、重口头交流、重讲真话、重在生成、重自我升华。心理健康课的评价以形成性评价为主，辅之以通过问卷法、观察法、访谈法、叙述法等方法得到的学生反馈信息进行心理健康课的效果评价。

※ 延伸阅读

书　　名：探寻学生心灵成长"路线图"：中小学心育活动课程开发指南
编著者：钟志农

出版社：教育科学出版社

推荐语：钟志农在国内第一次完整地提出了中小学心育活动课程的目标体系和主题架构，为中小学心育活动课程的开发与实施提供了一套颇具实用价值的解决方案，书中对中小学心育课程的理论取向、各阶段心育课程的主题架构、180个心育活动主题的设计理念与目标体系、心育课程的设计要领、干预手段、专业技术与评价标准……都有非常翔实的解读。

书　名：中学班级心理团体活动142：为学生创造积极的心灵成长体验

编著者：袁章奎

出版社：中国轻工业出版社

推荐语：本书介绍了142个适合中学班级的团体心理活动，全部活动都经过优秀的心理教师的反复实践锤炼，活动环节的介绍详细、准确，读者可以直接在学校工作中实践书中的各个活动。心理教师或班主任可以根据活动设计及实操步骤在自己的班级中开展符合学生成长特点的心理活动。这些心理活动是从上千个活动中，经过优秀的教师实践后精选出来，并按照不同主题编排的，有很强的实用性和趣味性，是学生们喜爱和从中有收获的心理活动。

※ 课后练习与思考

1. 如何使学生对设计的活动感兴趣？
2. 在学生积极参与活动的同时，如何保障课堂的有序性？

※ 参考文献

[1] 钟志农. 心理辅导活动课操作实务[M]. 宁波：宁波出版社，2007.

[2] 阳志平，等. 积极心理学团体活动课操作指南[M]. 北京：机械工业出版社，2010.

[3] 杨敏毅，鞠瑞利. 团体心理游戏设计与案例[M]. 太原：希望出版社，2010.

[4] 黄喜珊，王瑞明. 灾后中小学生心理援助与活动课程设计[M]. 广州：暨南大学出版社，2009.

[5] 尹晓军. 中小学心理辅导活动课：课例与评析[M]. 宁波：宁波出版社，2012.

[6] 司家栋，张付山. 班级团体心理辅导课程主题方案[M]. 北京：蓝天出版社，2012.

[7] 樊富珉，何瑾. 团体心理辅导[M]. 上海：华东师范大学出版社，2010.

[8] 林甲针. 班级团体辅导活动课[M]. 福州：福建教育出版社，2012.

[9] 徐岳敏. 学生心理拓展训练教师实用手册[M]. 重庆：西南师范大学出版社，2010.

[10] 毛振明，王长权. 学校心理拓展训练[M]. 北京：北京体育大学出版社，2004.

第七章 中小学心理健康教育氛围营造

 导入案例

先后被评为区规范心理咨询室、市心理健康促进工程试点学校、省心理辅导一级站的××学校,不仅开设了团体心理辅导课、分别启动了学生与教师的个别咨询工作,还设有心理专刊、心理广播、心理讲座、心理社团、大型心理主题活动等,心理辅导工作在全校范围内全面有序地开展,解决了不少学生存在的心理、生理问题,效果显著。如每周一晚间的《心灵鸡汤》广播,内容涉及心育新闻、哲理小故事、心理常识、心灵保健、趣味测试、有奖竞猜等,每期均有彩色宣传单送达各个班级,由于内容的丰富多彩,《心灵鸡汤》广播深受学生好评,广播站还经常收到学生粉丝的来信,鼓励学校将工作做得更好。

学校还利用黑板报、宣传栏、网络等多种媒体和途径进行心理健康教育。辅导站定期出版心理健康知识读物,发给每位学生。此外,在学校的网站上有专门的心理健康网页,宣传心理健康知识,公布心理健康活动的最新消息,还收录了学生的一些来稿。网页能做到及时更新。心理专题黑板报内容涉及心理常识、考试心态、感恩父母、和谐心理、H1N1危机干预等,成为学校一道靓丽的风景线。心理专题宣传栏的内容包括"心理社活动成果展""新生适应性心理""心理常识图片展""心灵哲理小故事""成就一生的好性格""如何应对挫折""考试心理大剖析""危机应对"等。

对于很多未将心理健康教育课程设为必修课或选修课的中小学而言,语数外等文化课的时间要求以及升学的压力使中小学生不能有效地接受学校心理健康教育。为此,覆盖面大、参与度高的心理健康主题活动,渠道多样、载体丰富的心理健康教育宣传,形式灵动、互动深入的心理社团活动就成为中小学心理健康教育的有效补充,并成为营造学校心理健康教育良好氛围不可或缺的方法和途径。

第一节 中小学心理活动的策划与实施

中小学心理活动与课堂教学的心理健康课程相比,它具有不受教室空间限制,不受课程规定时间束缚等特点,可以让不同类型不同需求的学生选择适当的时间去参与。学校心理活动的重要特征是互动性很强,可促进群体和个人之间的互动,从活动设计、宣传推进、过程实施和成果总结,都可以让学生全程参与其中,专业教师起指导和引领的作用。从学校心理活动组织方传达出来的理念会潜移默化地影响到参与活动的学生，而活动参与者在过程中的体验感受与自我成长的变化也会反馈给活动的组织方，帮助组织方有效调整活动的内容与形式，使之达到最佳效果。

参与活动的学生之间的互动，可以使学生体会人与人的共性与个性，感受到不同的经历和观点，学习和借鉴他人有效的经验，也可以积极地将自己的思想表达出来，体验被他人接纳的满足感。正因为存在这种互动性价值，中小学心理活动已成为学生朋辈教育的有效方式，是对学校心理健康课程的重要补充。

不少中小学通过心理活动来提升学校的知名度，心理健康教育主题活动已经成为和心理咨询、团体辅导、心理宣传、心理社团并行的第五种学校心理健康教育力量，在中小学心理健康教育中发挥起越来越重要的作用了。心理活动本身，可以看作是学校心理健康教育大旗下的一个分支，它应当为整体的学校心理健康教育工作服务，是补充，是强化，而不是另立山头、孤军深入。同时，心理活动的开展和其他心理健康教育途径一样，必须有独特且有效的定位，才有可能取得良好的效果，并具有不可替代的地位。

一、中小学心理活动的策划

中小学心理活动作为学校开展心理健康教育的一种重要方式，通常以某一心理主题为中心，安排多层次、多侧面的相互关联的分主题，由学校心理健康教育中心策划、发起一系列活动，组织学生、教师、家长参与，给参加者以多样的、全面的心理影响的系列性主题活动。主题活动的重要特点之一是其互动性很强。从活动设计、宣传推进、过程实施和成果总结，都可以让学生全程参与其中，而专业教师更多只是指导和引导的作用。心理活动策划为学校提供整合社会力量的平台，学校心理健康教育的力量不仅来自于学校本身，还来自于对各种社会资源的整合与对各种社会力量的间接利用，换一句话说，就是"借力使力"。有效利用这一功能，会大大地拓展中小学心理健康教育的发展空间。

学校心理活动的策划一般分为以下几个环节：

1. 制定机制

要保证心理活动能够顺利地开展，就必须有一套良好的运作机制。活动的编排方案应该是具有一定柔性空间的执行方案，也就是说在执行上具有一定的弹性，而不是过于拘泥于文本上的条条框框。执行要落到实处，责任和权利的落实是关键所在。策划活动要考虑到活动的公信力和参与者的感受。

2. 动员准备

心理活动的构想虽然把主体活动集中在"活动周"或"活动月"展开，但其完整的思路同时也包括了活动前的准备和活动后的延伸。心理活动的准备过程，既是活动获得成功的决定因素，也是学校常规心理辅导工作的有机组成部分。学校心理活动是一个全校性的活动，可通过宣传画、广播等形式向全体师生宣传心理活动的目的、内容、形式和方法，再由班级心理委员向班级同学宣传和讲解，使全校学生都可以接收到相关的资讯，促使同学们积极关注主题活动，让更多的人能投入活动中来。

3. 选好主题

主题是活动的灵魂。"心理健康教育"是笼统的总主题，学校可以围绕这一核心主题设计若干分主题。对于每一个分主题，要切合学生的心理实际，符合学生的心理需求；要有典型性，能代表困扰多数或部分学生带有共性的心理问题；要有可操作性，能以学生的活动为主，在活动中体验和思考；要有启迪性，能启发学生对可能遇到的心理问题预先进行调适。每一个分主题要分别从一个侧面阐释总主题，互相之间又能相辅相成、形成有机统一体。

心理健康状况和环境是密切相关的，大到社会潮流，小到校园事件，都可能使学生受到震荡和感染。主题活动要与学生学习生活中发生的事件相呼应，显现出"时效感"，只有贴近学生生活，了解学生的所思所感，才能有效聚焦，把握主题，使得心理活动真正服务于当下。中小学心理活动总主题内涵可以包括学习辅导、人际交往、职业规划、青春期教育、危机干预、生命教育等。比如围绕5月的学生心理健康节开展的系列活动"我爱我，给心理一片晴空！"、改善人际沟通能力的"走出心灵孤岛"、以危机干预为主题的"真爱无限，生命如歌"、以生涯规划为主题的"放飞理想、规划人生"、以青春健康为主题的"认识两性，微笑你我他"，或是在新生入学或岁末年初开展系列主题活动等，其核心内容都是学生心理健康教育。

多样化的主题不但有利于调动学生的参与积极性，还可以满足不同需求的学生。选择主题需要进行必要的调查研究。可通过问卷、访谈等方法发现问题、提炼主题。围绕主题展开的不同分主题设计的侧重点应有所不同，要将学生的心理水平、时间、地点、人力、经费等因素进行综合考虑。这样丰富的内涵仅靠零散的单个专题活动是难以体现完整的，所以学校往往采用"心理活动周"或"心理活动月"的方式，组织系列活动，在不同侧面或不同点上展开和深化，时间延续性大，达到充分揭示总主题、深入阐明主题思想的效果。

4. 活动编排

心理活动可分为情境设置与知晓、认知调整与思辨、行动促进与达成等环节，活动步骤可根据相应分主题进行拟定。一般来说，活动的编排由学校心理健康教育中心担任指导工作，心理社团成员或各班心理委员参与编排，指导教师可以提出专业性、针对性强的建议给参与组织的学生，并且将管理与组织的观念与能力在言传身教的过程中传递给学生。编排的学生根据自己的立场和理解给予教师积极的反馈，对指导教师的意见和建议做必要的补充。

心理活动的形式可以有知识竞赛、拓展训练、主题讲座、电影展播、知识展板、宣传刊物、故事分享会、心理剧大赛等，同学们可以在多样的活动中选择自己擅长或爱好的活动参与，发挥优势，有选择地补充自己缺少的心理知识。

【他山之石】

××中学的第二届心理文化月活动以"我爱我，携手同伴，共成长"为主题开展了系列活动。
- 系列活动之一——了解自我

全校学生参加心理测试，促进学生更好地了解自我，同时为每个同学建立了网络心理档案，有利于班主任、任课教师、心理教师及时了解学生心理现状，便于早发现、早帮助。

• 系列活动之二——悦纳自我

学校心理辅导站专程邀请咨询经验丰富的老师给初一的孩子送上有意义的儿童节礼物，帮助孩子能愉快地接纳自我，健康地成长。

• 系列活动之三——推荐自我

学校的心理辅导站和HEO心理社张贴海报进行积极有效的宣传，招募首批同伴互助者，学生踊跃报名，原定的20个的名额，结果有38名同学报名，给学校的同伴互助活动注入了青春的正能量。

• 系列活动之四——提升自我

经过心理老师的集中培训、同伴合作备课试教、兄弟学校同伴教育者的同伴辅导示范等系列同伴辅导的培训，优秀学员收到了同伴互助者的聘任书。他们将在各个班级进行青春期性教育、艾滋病预防等同伴辅导。

5. 场景设计

活动应考虑环境的布置、座位的安排、音响的烘托等。比如，在不同的分主题会场播放不同的音乐，或通过醒目的宣传语、咨询专栏、黑板报、张贴画等营造氛围。通过精心创设的物质环境、文化环境、人际环境，令参与者有耳目一新的感觉。

6. 时间安排

可利用班会课、选修课、自习和课外活动时间，鼓励学生选择感兴趣的分主题参加活动，通过讨论、练习、表演、分享、交流等，体验喜怒哀乐，思考是非得失，提高相关的心理素质。在这个过程中，教师观察、理解、引导学生，与学生形成合力，产生整体效应。

二、中小学心理活动的实施

心理活动独特功能的充分实现，需要科学有效、富有创造性的实施来保证。把学校心理活动的构想落实为具体操作，必须抓住若干关键环节。

（一）宣传造势

心理活动的宣传力度应相对较大，可以通过宣传海报、心灵广播、心理委员组织的班级讨论、同学们的口口相传等途径，使一些对心理活动不了解、积极性不高的同学也能被带动起来，对活动所涉及的心理知识、健康观念直接或间接地吸收接纳，调整认知，增长知识，提升观念，产生参加活动的兴趣和激情。

（二）总结提升

一周或一个月的集中活动告一段落并不等于"心理活动周"或"心理活动月"的结束。活动后的总结和评价、追踪和反馈、拓展和强化，也是学校心理活动必不可少的一个环节，可以使整个活动的意义得以升华。总结提升可以从以下几方面着手：

1. 时间上的延续

学校心理健康教育工作既要讲求广度，也要考虑深度。学生的心理问题不可能在活动期间完全解决，心理品质不可能在活动期间得到显著提升，一周或一个月的活动时间只是一个开始，一个新的起点。因此，心理活动后的回顾与总结的显得尤为必要，可以采取征文、广播、优秀作品评选、出版成果集等方式，将学校心理健康教育工作向更广泛、更深层、更常态的方向推进。

2. 空间上的拓展

学校可以将心理活动作为课程体系的一部分，与课堂内容有效结合，开展小型的连续性的主题活动，发挥其受益面广、内容形式多样、互动性强、紧密结合实际的特点。通过对学校心理活动的总结和提升，将活动的经验总结迁移到校外，进一步推动学校、家庭、社会多方位结合的心理辅导网络构建。

【他山之石】

如A职高的三位同学代表该校同伴教育者的团队参加B中学心理健康主题活动，为学弟学妹们介绍了同伴教育工作的开展情况，并展示了一堂同伴教育课。

活动首先由B中学的心理社团社长介绍了学校历年来开展的形式多样的心理教育活动，起到了很好的交流作用。随后，A职高的学生代表就同伴教育工作的相关情况作了详细介绍，从团队组建到课程设置，从教案课件的制定练习到前期培训和团内试讲，从班级授课到公开课展示。同时，他也谈了自身的感受，对于同伴教育的活动，从刚开始的害怕讲、害怕讲不好，渐渐地敢讲，但讲不多，到最终的能讲，并能讲全，这个过程收获的是心灵和能力的成长，是智慧和勇气的提升。

随后，另两位职高学生共同展示了主题为"预防艾滋病"的同伴教育课。考虑到授课对象的年级段，同伴教育者们事先将教案和课件进行了改动，教学环节设计更符合初中段的学情。课堂上，B中学的学弟学妹们表现出高度的热情，积极参与课堂互动。"职高小老师"从艾滋病和艾滋病病毒的概念入手，到艾滋病病程介绍，再到艾滋病的危害性、它的传播途径以及构成传播的条件，用其机智活泼的谈吐将原先枯燥的理论知识生动自然地进行了传播。其中的辨识风险行为的"红黄绿灯"游戏和感受传染速度的"换水"游戏更是将课堂气氛推向高潮。"职高小老师"还呼吁同学们要正确看待艾滋病，懂得洁身自好，保护自己，并要关心帮助艾滋病人。最后，B中学心理辅导站负责老师给同伴互助者布置了同伴互助的实践作业——艾滋病的预防和青春期的性教育。从模仿到创作，从试讲到正式辅导，这是一次有挑战、有收获的成长之旅。

（三）媒体报道

新闻资源、网络资源的整合，是扩大学校心理活动影响力的有效途径。媒体即信息，通过媒体进行活动宣传和报道同样也是一次信息的制作和传播。学校不仅可以在自己的网站、校刊上刊登宣传心理活动，同时还可以通过投稿、邀请新闻媒体等方式在其他媒体上打造自己的先锋形象。另一方面，通过新闻策划也有助于加强学校与媒体间的互动。学校在把握师生及家长需求的前提下，通过整合自身的资源，聚焦目前教育关注的热点，策划各种富有创意的心理活动，并寻求报道资源的支持，这个过程所聚集的能量、获得的注意力与关注度，远远高于其他学校心理健康教育的常规途径。它既能将各种资源进行整合，拓展学校心理健康教育的空间，又能有效提高学校心理健康教育的水平。通过心理活动的媒体宣传，学校可以有效突破自己的资源边界，通过与外部资源的多重联系，为学生提供更多的延伸服务，以实现对心理健康教育资源的深度开发，对学校心理健康教育的推动和发展有着不可忽视的意义。

三、可能存在的几个误区

1. 盲目从众

每一次心理活动策划和实施都有着时间、精力和经费上的成本，必须三思而后行，不能盲目跟风。学校心理活动的组织者要考虑通过心理活动，需要在师生及家长心目中树立怎样的形象、达成怎样的目标、具体的操作步骤如何、每一步骤会指向怎样的意义等。否则，任何一个疏漏都可能被放大扩散，造成心理活动本身和学校形象在受众群体心目中的负面影响。

2. 脱离实际

与学生的实际相脱离，难以与学生形成共鸣，这样的心理活动是达不到预期效果的。中小学的心理活动就其本质来说依然是学校健康教育课程的延伸，依托内容建立起来的认同、信任和影响力是学校心理活动策划的根本立足点。因此，学校在活动内容的选择设计、活动内容的编排角度上必须与学生的需求相吻合。

总之，心理活动不应只是学校心理健康教育工作的锦上添花之举，而应是心理健康教育工作实现创新发展、全面提高学生心理健康水平、扩大学校知名度和社会影响的途径之一。通过开展心理活动，学生不再只是单纯的教育接受者、旁观者，更是心理健康教育的参与者，双向、互动的沟通机制就此形成。当学校心理活动越做越深入之时，又会回过头来对学校心理咨询、团体辅导、社团建设等工作给予强有力的推进，实现多赢格局。因此，心理活动不要仅局限于眼前，而要有长远的考虑，要为学校整体心理健康教育的发展预留充分的空间，埋下可以发挥的伏笔。

第二节　中小学心理健康教育宣传与推广

学校心理健康教育宣传工作如果做得精彩，关注与参与心育工作的人数就会增多。而要做好心理健康教育宣传与推广工作，学校应对此给予足够的重视、优化宣传途径并创新宣传方式。具体操作过程及注意点如下：

一、建立组织机构

学校心理健康教育的内容靠宣传，心理健康教育的方式也靠宣传，做好心理健康宣传工作不仅能推动心理健康教育工作，也能扩大学校心理健康教育工作的影响与辐射面。学校可以成立心理健康宣传工作领导小组（一般与学校心理健康教育工作领导小组相统一），并由学校心理辅导站具体负责心理健康宣传与推广工作的统筹、协调和管理。

二、健全工作制度

学校可以制定一系列规章制度，推进心理健康宣传工作的制度化和规范化，完善心理健康宣传工作运行机制。同时，学校心理健康宣传工作领导小组可以根据建立的宣传工作运行机制优化、固化工作流程，并采取积分制的办法，对各心理健康宣传工作情况进行有效地量化评分。

【他山之石】

××学校心理健康教育宣传与推广工作制度

学校心理健康教育宣传与推广工作不仅着重在学校心理健康教育工作常规宣传报道上，更应内练素质。根据学校规范化、精细化管理的精神，特制定本学期学校心理健康教育宣传与推广工作方案。

一、组织机构

1. 由学校的心理健康教育宣传工作小组负责相关宣传与推广工作。
2. 日常宣传工作归口于学校心理辅导站管理，由心理辅导站站长联络各处室共同开展相关宣传与推广工作。
3. 学校各班级均设置一位心理宣传员（可由各班心理委员兼任）负责本班的心理健康宣传工作。

二、目标任务

1. 每学期力争在市级以上刊物发表一至两篇有影响力的宣传学校心理健康教育工作的文章，力争在省市媒体上有两次以上有关学校心理健康教育工作的宣传报道。
2. 各班的心理宣传员每月要求交一篇以上反映本班心理活动及动态方面的文章或新闻。
3. 全方位打造独具本校特色的心育文化，制作体现学校心育理念和心育特色的专题视频。

三、宣传载体

1. 校园网：及时发布学校心理健康教育工作的有关决定、通知公告、心育动态、师生心理主题活动等。宣传员要积极及时撰写新闻，全校师生积极提供网站素材。
2. 校园电视台：关注学校心育动态，做好相关人物及活动的专访，向校园网提供影像资料。
3. 广播站：及时报道相关心育新闻，心理健康知识，解答学生的心理问题。
4. 宣传橱窗、展板、横幅、海报、通知等。
5. 新闻媒体：对外发布心理健康教育工作的宣传稿件，经校办公室、学校心理健康教育宣传小组审定，校长审批后发稿；或联络新闻媒体对本校的心理活动进行专访和报道。

××学校

三、注重专业化、形象化和具体化

心理健康宣传和推广，首先要保证宣传内容的科学性及专业化，这是学校心育宣传工作的前提。专业化强调的是经过实证研究、科学方法检验所得出的结论，宣传要有理有据，有证可查，而不是简单的主观臆断。

其次，心理健康宣传要尽量做到形象、生活化。心理健康教育的专业术语往往都是抽象而枯燥的，所以，学校可以尽可能用形象化、生活化、贴近学生实际和理解水平的语言，或用图片来表达心理健康的专业内容，选择心理健康对生活有用的内容，则更容易被学生接受，也更能引起学生的共鸣。

再次，心理健康宣传可以通过故事、问题使心理知识具体化。故事是人类文明传承的基本方式，容易记忆，也容易打动人，将心理知识用故事的形式表述出来，会更有吸引力。同时，宣传组织者可以将心理知识设置成问题抛给受众，或者在故事中夹带若干问题，经过思考后再给以答案。这样，引发思考的问题及相关的心理知识就会被记忆得更深刻。

四、创新宣传模式

心理健康宣传和推广的内容、载体、方法不能千篇一律、多年如一、脱离时代。宣传和推广工作本来就是吸引别人来看来听的，所以，学校应在创新心理健康宣传和推广工作的模式上下功夫。主要包括心理健康宣传工作内容、载体、阵地方面的创新。

1. 聚焦热点难点

心理健康教育的宣传和推广应围绕心理健康热点、焦点、难点问题深入开展，向学生提供权威便捷的信息，结合学校的具体情况增强宣传的针对性，有层次、有重点、分年级展开心理健康宣传。

针对一部分学生对心理健康存在误解，学校可以发挥心理委员、心理社团中学生骨干的带头作用，通过榜样来感染周围的学生；针对学生普遍关心的心理热点问题，如新生适应、人际关系、学习压力、考试焦虑、青春期困惑等问题可以开辟专场宣传；对学生不容易理解、接受的心理健康知识难点，学校可以通过多渠道的宣传形式，多次进行宣传，务必使每个知识难点都被深刻理解。

2. 形式新颖灵活

首先，学校心理健康教育宣传小组可针对学生的身体发展规律及普遍关心的心理问题，每月举行专场宣传。同时，也可以根据心理健康工作的进展情况适时开展宣传，如遇到开学、"5·25"心理健康日、重阳节、中高考等特殊的时间节点都可灵活安排宣传专场。

其次，学校不仅要围绕学生普遍关心的心理问题进行专场宣传，还要根据教育部印发的《中小学心理健康教育指导纲要（2012年修订）》的要求，对其他必要的心理健康知识进行宣传，确保学生对心理健康知识有全面系统的了解。

再次，学校单纯地通过广播、海报、宣传栏、讲座等传统形式的宣传已不能满足学生日益增长的需要，在网络化的"E时代"，学校需在原有宣传形式的基础上大力拓展多种媒介的网络宣传，如心理健康网站、心理健康论坛、心理微信群、电子杂志、QQ心理助力、网络课堂等途径，扩大学校心理健康宣传和推广的影响力，使师生和家长对心理健康教育知识有更深刻的理解。

【他山之石】

××市××区的心理教育沙龙，就设置了微信互动，现场嘉宾交流和网络微信互动同时进行，一百多名现场观众参与微信互动话题。两个小时的活动结束后，微信互动群里还是热闹非凡，家长询问、专家支招、嘉宾解答……两小时累计发言一千多条，真正实现了观点的及时传送。

又如××市开设了假期空中课堂，每一位学生都拥有一个指定的账号和密码，通过账号和密码登录网站，可以观看本市各个学科的名师讲授的课程，包括系列心理及青春期辅导课程，有效弥补了一些学校无法正常开设心理辅导活动课所带来的缺憾。更让人惊喜的是，在课程直播的时段（课程为事先录制完毕，根据课程播放时间表进行直播），听课的同学可以通过公共留言版与授课教师及其助理教师进行现场网络答疑和视频互动。

3. 构建立体阵地

中小学心理健康教育宣传与推广不能固守老阵地，应努力构建特色鲜明、功能全面、辐射广泛的立体宣传阵地。

首先，学校心理健康教育宣传小组要主动加强与电台、电视台、报纸、杂志、网站等媒体的沟通联系，共同策划各种心理健康宣传活动，让媒体深度参与其中。如果是长期系列的心理活动，则最好有固定的媒体宣传班底蹲点常驻，不仅活动有系列性和延续性，宣传也具有连续性和传承性。

其次，学校心理健康教育宣传领导小组应联系劳技、信息技术教研组，做好学校心理健康教育网站的建设工作。

【他山之石】

××学校将心理健康网站分为内网和外网两个版块，在外网上组织开展内容丰富、形式多样的心理健康专题宣传，对学校心育工作做及时的预告、报道和总结，让师生、家长及关注学校心理健康教育工作的社会各界人士都能及时了解相关信息和资讯。在内网提供在线心理咨询、网上下载心理资料视频等服务。同时，内网还与学校心理辅导站的心理测评软件相关联，师生通过账号和密码进入测评版块，可以在线实时测评并得到结果和报告，教师还可以根据管理员给予自己的权限查看相关学生的测评结果，得到个别及总体的心理测评数据。此外，学校以此为阵地，鼓励各班心理宣传负责人及时上传班级心理通告及新闻，并将此作为学校班级管理评分的考核标准之一。

再次，学校心理健康教育宣传领导小组可以与社区联手，打造心理健康知识宣传的拓展阵营。

第三节　中小学心理社团建设与管理

学校心理社团不仅日益成为学校心理健康教育工作的重要组成部分，而且成为培养中小学生良好的心理素质、促进学生身心健康发展的重要渠道。

丰富多彩的心理社团生活已成为中小学心理健康教育工作的一道亮丽风景线，学生的心理社团生活具有独特的育人功能，作为连接学校心理健康教育与社会的桥梁和纽带，心理社团生活在引导学生走向社会人的过程中扮演着不可替代的重要角色。

一、中小学心理社团的建设

1. 组建心理社团

不同社团的活动性质决定了社团规模的大小。有一些社团活动的开展需要较多的成员参与效果会比较好，而像心理社团则是较小规模活动的效率会大大提高。一般情况下，心理社团的成员以 10～20 人为宜。同时，社团必须有一名专业的指导教师。一般来说，学校的专职心理教师或心理健康教育负责人担任指导教师较为适宜。

2. 制定社团章程

心理社团单靠学生自身，很难达到严谨有效的自我管理，学校需要加以规范管理，形成严密、有序的管理体制。为确保心理社团活动的有效开展，社团在成立之初有必要与社员一起制订社团章程。章程可以包括以下内容中的几项或全部：宗旨与目的、日常管理、成员人数、出勤要求及规定、活动经费、奖励办法等。

心理社团是培养学生创造力、提升学生心理素质的地方，而不是将学生往一个模子里放、机械化生产的地方。因此，心理社团的规章制度不需要面面俱到，要有利于社团的发展，如避免使用"必须""不准"等词汇，可以使用更多的正面词汇积极鼓励。心理社团的规章制度其主要目的在于培养学生之间互助、合作、自治以及治人的精神品质，创设宽松、和谐、有序的环境和氛围。

【案例分析】

该学校的心理社团章程没有社团活动目标，没有社团成员入社的程序和要求，没有社团的组织机构以及社长产生办法，更没有社团活动经费的筹集、使用和管理，而这些充其量只能算是社团日常开展活动的基本要求。但这就是如今许多心理社团的真实现状。

××学校心理社章程具体文本内容如下：

1. 心理社团是心理爱好者的天地，每一位社员都是因爱好心理而加入，不应带有任何功利色彩。
2. 社团的建立与发展本着"自愿、自主、自觉"的原则，社员是社团的主人。
3. 社员在退出社团前对社团的各类活动要积极参加。
4. 如有作业，需按时按质按量完成。
5. 定期阅读心理期刊。

3. 选举心理社团社长

心理社团的成功与否，社长将起非常关键的作用。心理社团的社长是保证一个社团正常运作的基本条件，社长在社团成员的选举下产生，这是自由民主的体现。可以通过本社团成员酝酿、社团负责人自荐、指导教师把关，经过民主选举产生心理社团社长，并实行一段时间的观察和考验，最后确定心理社长的人选。当然，由心理社团指导教师直接认定或由上一届社长直接指定社长人选，而其他社员无异议的情况下，也是可行的。

4. 社团定期纳新

一般在新学年开学初，心理社团需要进行纳新活动。纳新离不开对心理社团的宣传，指导教师可以组织老社员一起，在学校校报、走廊两侧的展示区域、宣传栏中刊登和张贴宣传广告，内容包括心理社团的宗旨、纳新的要求以及以往社员在心理社团生活中的喜怒哀乐……如果经过精心组织和策划，学校的广播和电视节目也可以为心理社团的宣传做出不可估量的贡献。对于报名参加心理社团的学生，指导教师与老社员还需对其进行考试筛选，经过考试入选的社员更符合心理社团的精神，同时，社员对来之不易的机会也会更珍惜，对后继顺利开展社团活动有着积极的作用。

【他山之石】

××学校的心理社团人数控制在20人左右，每年新初三同学退出社团的同时，也是新初一学生加入的时机。一般一年招收新社员10人左右。但由于报名人数众多，一度甚至达到录取与报名人员1∶10的比例，心理社团指导老师和社长、副社长等学生社团骨干就必须组织相关的笔试和面试。

笔试题目一般是了解学生的个体情况，请学生谈一谈自己对心理社团的认识，以及愿意为社团做哪些贡献。对于笔试试题的批改和筛选，也是由指导教师与社团学生干部一起完成的。经过第一轮笔试的选拔，去除大约三分之二左右的学生，只保留三分之一的候选人进入复试，也就是面试。

面试的评委同样由指导教师与社团学生干部一起担任，有时也邀请其他兼职心理教师共同参与。面试的题目一般是设置某些情景，然后让学生做出即兴的回答，主要考察学生的应变能力、遇事分析处理能力以及对心理社团性质的理解。

5. 制订活动计划

心理社团的活力体现为丰富多彩的社团活动，社团活动的组织水平也往往标志着心理社团的发展水平和管理水平。好的制度和计划才可能为社团的发展带来前进的动力并保证发展的方向与效果。

一般情况下，心理社团活动计划要由社员和指导老师一起共同制订。在制订社团活动计划时，应考虑以往的经验教训、其他学校心理社团的先进经验、学校其他社团的经验与做法，以及社团和学生的现实状况等。心理社团活动内容不能一成不变，应给予学生创造性的机会，多鼓励学生创新，制订新的计划，尝试开展新的活动。对于社员提出的创新意见，指导教师要积极鼓励和支持，不能一棍子打死。

活动计划中还应包括时间、场地的安排。关于心理社团活动时间的安排，可以是放学后、中午或团体活动课时间；如果是住宿制的学校也可以安排在晚上。

心理社团活动的地点一般选择在团体心理辅导室为宜，因为团体心理辅导室比较温馨，有些辅导室还可以席地而坐，不受课桌的限定，灵活多变，有利于拉近社员的心理距离。当然，也可以根据活动的性质安排在礼堂、餐厅、图书馆或体育馆。

二、中小学心理社团的管理

学校心理辅导站要承担起对心理社团的指导和日常管理工作。但对于心理社团，最有发言权的是学生自己。管理者只是一个观众，只要做一个有欣赏和鉴别品位的观众就足够了。指导教师要给心理社团的社员适当的发展空间，让学生逐渐养成对自己负责的态度，培养学生的责任心和义务感，而不是什么都大包大揽。但这并不意味着指导教师对社团撒手不管，教师对心理社团的管理体现在各方面的支持和无形的鼓励，进而转化成心理社团前进的强大动力。指导教师在适当放手的同时要注意避免出现虎头蛇尾、有始无终、热衷于娱乐消遣等负面的现象。管理过程中，统而不僵、放而不乱，给心理社团成员充分自主的发展空间，让青春激昂的学生在海阔天空中纵横驰骋，才是心理社团管理的最终追求。

具体来讲，心理社团的管理需要做到以下几点：

1. "不越位"与"到位"

在对心理社团的指导和管理上，往往存在着两种偏差。一种是认为学生还小，教师不能放开手，心理社团活动必须由教师认真组织，学生只要按照要求认真参与就可以了；另一种就是对心理社团活动甩手不管。这两种情况都是在心理社团管理中所应该注意的。

心理社团的管理应做"不越位"。社团指导教师要充分认识"学生是心理社团的主人"，改变"自上而下"的工作模式，将心理社团开放为学生活动的天地和乐园。

心理社团的管理还应做到"到位"。指导教师应与学生共同配合，以心理社团本身的独立自主和开拓创新为主，变过度干预为适度引导，给予支持，提供必要的指导。教师还应与学校后勤等相关部门联系，为心理社团开展活动提供必要的支持和帮助，形成学校领导、行政支持、心理辅导站具体管理，各部门共同关心的管理格局。

2. "有意义"与"有价值"

参与心理社团活动对于学生而言，是件愉快和充满乐趣的事情，但是心理社团活动不能单纯地停留在娱乐的层面。

首先，活动的设计和安排要"有意义"与"有价值"。心理社团活动必须有利于学生成长，充分为学生提供各种机会与平台，加深学生活动的参与度，培养和发展学生的心理素质，通过同辈群体间的交往，培养学生的计划、组织和实施能力。在这个过程中让学生体会到心理社团活动的意义和价值，在"有意义"与"有价值"的基础上，再考虑娱乐休闲的功能。

3. "等拨款"和"拉赞助"

中小学心理社团的经费来源，还是应以学校支持为主，社会赞助为辅，不建议向社团成员征收会费。如果社员能主动去拉赞助，则是非常有利于成员成长的一个环节。常见的做法有：为对方提供劳动，获得报酬或活动资助；与对方共同承办活动，对方出钱，学校做好全方位的活动服务；通过义卖、募捐等其他手段筹措活动经费等。如在一些学校，人们时常会看到学生在校园里摆摊卖一些糖果或者鲜花什么的，原来他们都是在为自己的社团筹集活动经费。社团活动本身就是一个教育过程，解决社团经费的过程同样也可以起到教育意义。像这样的适当放手，可发动社团成员的积极性，也让学生有接触社会的良好机会。

经费的使用一般包括购买器材、邀请校外人士讲课或表演、组织各种比赛、参观、联谊会、印刷刊物、颁发奖状纪念品等。

4. "计划性"与"生成性"

心理社团活动需要有长远和具体的活动计划，而不是脚踩西瓜皮，滑到哪里算哪里，不是自由活动，不是随心所欲地"扯"或"玩"。不过，心理社团活动的"计划性"与社团活动应具有的"生成性"的特点并不矛盾。

心理社团活动本质的特性是生成性，这意味着每一次社团活动都是一个有机整体，而不是根据预定目标的机械装配过程。随着心理社团活动的不断展开，新的活动目标不断生成，新的活动主题不断产生，社员在活动的过程中，对心理知识的认识和体验不断加深，创造性的火花不断迸发，这是心理社团活动生成性特点的集中体现。因此，对心理社团活动的整体规划和周密设计不是限制其生成性，而是为了使其生成性发挥得更具有方向感、更富有成效。

5. "巧展示"与"重体验"

为丰富学生的课余生活，展示各社团的活动成果，调动学生参加社团的积极性，不少学校每年都会举办社团展示活动，对近一年来社团活动进行一个总结性的汇总和展示。心理社团展示的不是吸引眼球的表演，也不是自卖自夸的宣传和推销，而更应该关注学生是如何开展心理社团活动，在开展社团活动中遇到了哪些困难和问题，社员合作解决问题的情况如何，采取什么方法解决了困难，其中的情感体验如何……

因此，心理社团的展示应重在情感体验，重在过程评价。如果不能触动学生的情感体验，不能引起学生的情感共鸣，不能反映学生的主观心理世界和内在心理素质，就没有意义。

三、开展心理社团活动的意义

1. 同辈影响

身在同一心理社团里的学生不仅有共同的心理感受和需求，而且有相近的爱好、兴趣和共同的行为倾向，他们之间容易相互认同并影响对方。通过心理社团中同辈群体间的互动交往，学生能够更加真实地认识自我、了解自我。

心理社团中的同辈群体不是由教师指定或者强加给学生的，而是在平等的基础上进行交往。随着他们对心理社团内部群体的认同感的发展，就会维护心理社团的荣誉和利益，关心同伴。这种对交往、对集体活动的需求是吸引学生参加社团活动的强大动力。例如××学校的心理社团，在组织"开心连连看"的活动中，教师引导学生在"连连看"之后畅谈自己的决策以及决策背后的原因。不少社员在活动结束阶段，谈到了自己的收获："我发现社团里有很多高手啊!""原来联系是无所不在的,人与人之间的想法可以差好多呢!""让我开了眼界,以前没有想到的思路在大家的讨论中纷纷呈现,收获太大了。"

可见,心理社团活动中,才华横溢的学生可以得到充分的展示和发挥,其他成员则会感受到来自同辈群体的那种压力以及在此基础上前进的动力。

2. 交往互动

心理社团成员间的交往可以为彼此带来心理上的满足,各成员在"付出"与"回报"的过程中维持他们的相互吸引和继续交往。作为指导教师,要多组织有利于心理社团成员互动的活动,扩大参与面和交往面,增进社团成员的感情,加强了解和沟通,增进心理社团成员的认同和默契。

如果社团能营造出家的气氛,让学生拥有社团情感愿意参加,便能维持社团向心力。所以,心理社团活动要更多为社团成员提供接触、沟通和交流的机会,这种非正式的集体活动为社员提供了一种宽松的情感氛围,不但有利于社团成员之间的互助合作,而且也有利于拓展人际关系。

※ 本章要点

本章主要从覆盖面大、参与度高的心理健康主题活动,渠道多样、载体丰富的心理健康教育宣传,形式灵动、互动深入的心理社团活动三方面着手,就它们对营造中小学心理健康教育工作的良好氛围所起的作用做了详细的阐述。第一节主要阐述了中小学心理活动的策划、实施以及可能存在的几个误区;第二节主要从组织机构、工作制度、专业化水平和宣传模式四方面来阐明中小学心理健康教育工作宣传与推广的要点和注意点;第三节从心理社团的建设、管理和开展心理社团活动的意义三方面来阐述心理社团活动在中小学心理健康教育工作中的重要性。

※ 延伸阅读

书　名:学校心理教师工作指南(第三版)

编著者:[美]John J. Schmidt 著;孙菲菲,刘亚茵,喻莉译

出版社:中国轻工业出版社

推荐语:我们可能很难有机会去美国真实地观察美国中小学心理教师的工作,这本书仿佛一个对话的节目,这位有着丰富经验的美国学校心理工作专家就坐在我们面前为我们答疑解惑。如果你想了解如何更好地发挥自己作为心理老师的独特作用,从而助力学生的发展,本书将会成为你的得力助手。

书　　名：中小学心理健康教育指导纲要解读（2012年修订）
编著者：林崇德，俞国良
出版社：北京师范大学出版社
推荐语：本书共十一章，总体框架由教育部基础教育一司领导和主编共同讨论确定，由纲要起草人进行全面解读。第一、二章分别阐述了纲要修订的背景和基本思路，第三至十一章针对新纲要的内容，按文件各部分的顺序，采取分别对应的方式逐一解读。参加本书编写的既有高等院校从事中小学心理健康教育研究的理论工作者，也有从事中小学心理健康教育实际工作的实践工作者。

※ 课后练习与思考

1. 营造良好的学校心理健康教育氛围可以从哪些方面着手？
2. 在开展心理社团活动中，怎样把握好学校调控与发挥学生主观能动性之间的关系？
3. 根据本校的实际情况，提出若干条扩大心理健康教育宣传影响力的新途径。
4. 请你设计一份心理主题活动周的方案，主题自拟。
5. 请你设计一份心理活动的活动方案，主题自拟。

※ 参考文献

[1] 李晓文. 学生自我发展之心理学研究[M]. 北京：教育科学出版社，2001.

[2] 叶澜. 二十世纪中国社会科学·教育学卷[M]. 上海：上海人民出版社，2005.

[3] 张天宝. 走向交往实践的主体性教育[M]. 北京：教育科学出版社，2005.

[4] 丁水木等. 社会角色论[M]. 上海：上海社会科学院出版社，1992.

[5] 董小苹. 不同世界的中学生——中日美三国中学生价值观比较研究[M]. 上海：上海社会科学院出版社，1996.

[6] 孙云晓. 青春社会场——当代中学生社团生活纪实[M]. 成都：四川少年儿童出版，1992.

[7] 刘华山. 学校心理辅导[M]. 合肥：安徽人民出版社，1998.

[8] 班葆奎，吴慧珠，蒋晓. 教育学文集·课外校外活动[M]. 北京：人民教育出版社，1991.

[9] 申荷永. 充满张力的生活空间：勒温的动力心理学[M]. 武汉：湖北教育出版社，1999.

[10] 吴忠泽，陈金罗. 社团管理工作[M]. 北京：中国社会出版社，1996.

第八章 中小学团体心理辅导

 导入案例

这是一次"盲人与拐杖"团体心理咨询活动后组员的体验和分享。

组员1:在活动进行的第一轮中,当我被蒙上眼睛时,耳边开始响起一些孤单、无助的音乐,这时内心真的感觉自己好孤单、好害怕,一方面不知道自己前面是什么障碍,又害怕会碰到其他人,总是不敢挪动自己的脚步,伸着双手在眼前摸索着前进,心情真的还挺紧张的。那时候,我还想到平时在街上看到的那些盲人,以前的时候没觉得他们很可怜,可能也是没有真正体验过他们那种看不见的感觉吧,现在我真的觉得他们很不容易,以后要是再遇到盲人,我一定会帮助他们一把。还有,就是我觉得眼睛真的很重要,以后我也一定要好好爱护自己的眼睛。

组员2:给我感受最深的是第二轮活动。在这轮活动中,我扮演的是盲人,小慧和我一组扮演"拐杖"。刚开始的时候,因为要穿越室外的障碍,又蒙着眼睛,还感觉蛮害怕的,但是一路上小慧都很照顾我,因为不能说话,她一会儿拉我胳膊,一会儿摁我头,一会儿又扯我裤脚,有时在上、下台阶的时候,还特意在台阶上蹬蹬,好让我知道是要上下了,所以我们这一组完成得特别顺利。我真的很感谢小慧,因为她让我在这个活动中感觉到很温暖、很贴心,她那些细小的举动是最让人感动的,因为她都是在为我着想,到后来我也很信任她,我想只要有她在,我肯定不会摔着、磕着的。其实这种信任别人的感觉很好,自己的神态也变得很放松了。

组员3:在第三轮活动中,我开始的时候觉得真的有点不敢走,因为我们两个都是盲人,两个都看不见,又要穿越一些障碍,我觉得难以完成。刚开始的时候,我就一直拽着我的搭档小怡,她就一直在前摸着走,我就跟着他。当穿越前面第一个障碍时,他一不小心碰到头了,但是当时他完全不管自己,赶忙转过身把我头往下摁摁,示意我要低头穿过。他的这个举动让我一下子被触动了,我想这是我们两个人的事情,我不能让他一个人往前冲,我在后面坐享其成,觉得这样做太不好了。所以在接下来的路上,我就让小怡跟在我后面,我往前穿越障碍,然后再配合一起走完了全程。尤其到后来的时候,我一点儿都不害怕了,我觉得自己一下子变得有勇气了,而且觉得自己很有力量了①。

《中小学心理健康教育指导纲要》(2012年修订)中规定了中小学心理健康教育的途径和

---

① 田国秀. 团体心理游戏实用解析[M]. 北京:学苑出版社,2010:52.

方法，明确指出中小学心理健康教育课应以活动为主，可以采取多种形式，包括团体辅导、心理训练、问题辨析、情境设计、角色扮演、游戏辅导、心理情景剧、专题讲座等。心理健康教育要防止学科化的倾向，避免将其仅仅为心理学知识的普及和心理学理论的教育，要注重引导学生心理、人格积极健康发展，最大限度地预防学生发展过程中可能出现的心理行为问题。由此可见，中小学团体心理辅导是进行心理辅导的一种重要形式。

第一节　中小学团体心理辅导的基础

人们内心的困扰均源于人际关系的冲突，最好的解决之道就是利用团体的动力去化解。

——欧文·亚隆

一、什么是团体心理辅导

团体对一个人的成长和发展有着重要的影响。人是社会性动物，从出生开始就从属于最重要的团体——家庭，并从这个团体中获得大部分需要的满足。之后进入社区团体、学校团体、同辈团体、朋友团体、工作团体，等等，人的一生中都是在团体中度过的。离开了团体，人的很多需要——安全感、归属和爱、尊重——无法满足，从而导致各种身心疾病；但是，当我们处于不健康的团体中，也会导致各种身心疾病——冲突的家庭易导致孩子对亲密关系的恐惧，有虐待问题的家庭易导致孩子自虐或虐待他人，等等。美国团体心理治疗大师欧文·亚隆说："人们内心的困扰均源于人际关系的冲突，最好的解决之道就是利用团体的动力去化解。"团体心理辅导，就是通过一种具有治疗性的人际关系，疗愈我们内心因人际关系问题带来的创伤。

（一）团体心理辅导的定义

团体心理辅导是在团体情境下进行的一种心理辅导形式，它是通过团体内人际交互作用，促使个体在交往中通过观察、学习、体验，认识自我、探讨自我、接纳自我，调整改善与他人的关系，学习新的态度与行为方式[1]。中小学学生心理发展阶段较一致，成长的困惑、心理问题相似，开展团体心理辅导是中小学心理健康工作的很好形式。

中小学团体心理辅导一般由一位或两位心理老师带领，称为团体领导者，几个到十几个有心理问题的学生参加，称为团体成员。

（二）团体辅导、团体辅导与团体心理治疗

在中小学开展团体心理辅导，我们需要将其与两个相近的概念——团体辅导、团体心理治疗——区分开来。

1. 团体辅导（Group Counseling）

学校团体辅导的对象主要是人格健康的学生，他们在人际关系、学习中存在一些问题，目

---

[1] 樊富珉. 团体心理辅导. 北京：高等教育出版社，2005：4.

标是改善或提升他们的情绪、观念、态度或行为；其功能具有预防性、发展性和矫治性。因其介入较深，有大量情感卷入，因此人数不宜太多，一般在 5~10 人之间；团体辅导需在专业设置下开展，一般持续多次。团体辅导师必须接受过专业训练、具备团体辅导的能力和资质。

2. 团体心理治疗（Group Psychotherapy）

按照我国现行《中华人民共和国精神卫生法》规定，心理辅导人员不得从事心理治疗或者精神障碍的诊断、治疗。因此，当学校心理辅导老师发现学生可能患有严重心理问题或精神障碍时，应当建议其到符合法律规定的医疗机构就诊。团体心理治疗一般在医疗性机构进行，对象是诊断为精神疾病的患者，其采用的理论和技术和团体辅导类似，但是其干预的深度和持续时间更长，由心理治疗师主持治疗。

二、团体心理辅导与个体心理辅导

国内许多中小学都开设有个体心理辅导，但是鲜有学校开设团体心理辅导。团体心理辅导与个体心理辅导是两种重要的心理辅导形式，两者有相似之处，也有不同的地方，各有优势，也各有不足，实践中两者配合使用可以达到更好的心理辅导效果。

（一）团体辅导与个别咨询联系

1. 目标相似

两者都是帮助学生自我了解，自我接纳，增强自信，解决心理行为问题。

2. 氛围相似

两者都强调为学生提供接纳、自由、尊重、包容、温暖的氛围，帮助学生去除心理防卫，探索内心的心理冲突，增强自我选择和自我负责的能力。

3. 采用的咨询技术相似

两者通过接纳、共情、情感反射、澄清等技术帮助学生自我觉察和领悟。

4. 针对对象相似

两者目的都在于帮助他们进行自我认识和心理调适。

5. 对咨询师都有一定要求

两者的咨询师都需接受专业的训练，同时对解决中小学生心理问题有较丰富的经验。

（二）团体辅导与个别咨询的区别

1. 疗效因子的来源不同

个别咨询中只有咨询师和来访学生两个人互动，对来访学生的影响主要来自咨询师。而团体辅导由咨询师和多位组员组成,每位组员都会受到其他人的影响,成员之间的互动变得很复杂,团体、咨询师及组员都可能对成员产生疗愈作用。

2. 适用对象不完全相同

个别咨询具有保密性好、个体受关注时间长、安全性高等特点,对于具有性创伤(尤其是不正常的性行为)、过于自闭、恐惧在团体中说话、需要急性情绪处理及其他一些深度情绪困扰问题的学生,适合个别咨询而不适合团体辅导。团体辅导能够提供充分的人际学习和反馈的机会,对有人际关系困扰、需要学习社交技巧的学生比较适合。

3. 咨询技术不完全一样

团体辅导会采用大部分个体咨询的技术,但是团体辅导有一些独特的技术。因为在团体辅导情境中,人际互动复杂多变,咨询师必须对整个团体的运作、成员内在的想法感受、成员之间的关系互动进行观察分析,运用团体的动力在多个层面进行干预,如联结、促动、保护、调停等技术是团体辅导独有的。团体辅导相对个体咨询来说,对咨询师的要求更高。

三、团体心理辅导的特点

相对于个别咨询的咨访两人关系,团体辅导中呈现多种关系,成员之间通过交流、暗示、模仿、感染、相互影响、人际学习,从而达到对自我的认识和心理的调节。团体心理辅导相对个体咨询有其显著的优势,也有不足的地方。

(一)中小学开展团体心理辅导的优势

1. 感染力强,影响源广

个体咨询的过程是咨询师和来访者之间的双向沟通过程,团体辅导是多向沟通过程。每一个成员都受到多个影响源的影响,看到与自己有相似困扰的同学会让当事人感到并不孤单;听到自己不喜欢的同学也有其苦衷,会更好地学会换位思考;与不同性格的成员相处可以学会尊重不同的观点;团体良好的凝聚力会让成员产生强烈的被接纳和归属感,提升自我价值。[1]

2. 效率高,省时省力

个体咨询是一对一的心理帮助,每次 50 分钟,每个个案持续多次。对于当今中小学欠缺专职心理老师的学校来说,无疑是开展心理辅导工作的一大阻碍。团体辅导是一个领导者面对多个团体成员,可以同时帮助到多个学生,成倍地提高了咨询的效率。团体辅导并不因其一对多的模式而降低咨询效果,许多研究发现,团体辅导的效果与个体咨询效果相当。

---

[1] 田国秀. 团体心理游戏实用解析[M]. 北京:学苑出版社,2010:52.

3. 尤其适用于人际关系适应不良的学生

团体辅导提供了一个安全的、丰富的人际关系试验场，成员在日常生活中言行及人际互动会在团体中重现，在安全信任的团体气氛中，参加者可以通过其他成员的反馈、示范，发现和识别自己适应不良的心理行为方式，练习新的方式。团体辅导创设了同龄人自由互动的情境，比个体咨询情境更接近于学生的实际生活，团体中学会的心理行为能力更容易迁移到生活中去。美国团体治疗大师杰拉尔德·柯瑞说过："团体辅导的基本原理是它提供了一种生活经验，参加者能将之应用于日常与他人的互动中。"

（二）中小学开展团体心理辅导的局限

1. 不是所有学生都适合团体辅导

团体辅导要求参与学生具有基本的社交能力，对自己的心理有一定的反省能力，能耐受团体焦虑和缓慢开放的特点，对团体及其他成员的安全和发展不会带来严重的影响。因此，极端自闭、害羞、自我封闭、焦虑过高、依赖过强，过于以自我中心、偏执，私密问题不敢在团体中呈现，出现急性创伤事件，不愿意参加团体辅导的学生不适合参加团体辅导。

2. 个体差异难以照顾周全

团体领导者关注点会放在团体整体运行、成员间关系以及成员内心的困扰等多个层面，借用团体动力达成疗愈效果，这样就难免减少对每个成员的关注和交流。而且，不同成员的个性不同，心理问题不同，参与度不同，咨询师也难以一一照顾周全。

3. 个体可能在团体中受到伤害

团体中不可控因素很多，成员之间不恰当的互动——如攻击、嘲笑、排斥——可能会带来伤害；在没有做好准备情况下，成员迫于团体压力做出的自我暴露会造成不安甚至伤害；保密原则作为安全感重要的来源，部分团体成员也难以严格遵守，造成其他成员受伤。

4. 团体辅导对领导者要求高

除了掌握个别咨询的技术外，团体领导者还需要掌握团体动力学、团体辅导相关技术，对领导者的人格、专业训练、洞察力等要求比个别咨询师更为严格。不称职的领导者可能会对团体和成员带来负面影响。

5. 团体辅导管理难度较大

团体心理辅导从制订计划、招募筛选组员，到运作管理、效果评估，均需要带领者投入较多的精力，甚至需要相关领导、同事协作完成，管理难度较大。这也是中国中小学较少开展团体辅导的主要原因。

团体辅导有其独特的优势，也有其不足之处，并不是每位咨询师都适合开展团体辅导，也不是每个有心理问题的学生都适合参加团体，我们应当根据需要适当选择个体咨询和团体辅导。

第二节 中小学团体心理辅导的过程

团体心理辅导诞生一百多年以来，形成了众多的流派和形式，如根据不同的理论流派，团体辅导可以分为精神分析团体、心理动力学团体、行为主义团体、认知—行为团体、会心团体、心理剧团体、亚隆团体等；根据对象不同，团体辅导又可以分为儿童团体辅导、青少年团体辅导、大学生团体辅导、中老年团体辅导。不管是哪种团体，都涉及结构式和非结构式的分类。

一、结构式团体辅导和非结构式团体辅导

按照团体的计划程度，可以分为结构式团体辅导和非结构式团体辅导，见表 8.1。

表 8.1 结构式团体辅导与非结构式团体辅导的比较[①]

项目	结构式团体	非结构式团体
成员学习	成员在参与过程中根据自己的需要及价值观来自由地吸收、学习；但学习的范围和方向容易被团体领导者设计的结构、主题所限制	成员学习的内容比较无限制，随着成员彼此互动，引发出任何可能的学习材料及方向
领导者角色	团体领导者清楚地运用其领导者的角色来引导团体的进行；有时为了配合成员更有效地学习，会进行简短的演讲或引发学习材料	团体的学习有赖于成员彼此在团体过程中自然产生的情绪和行为；领导者适度参与团体，促进成员的沟通、了解和分享；领导角色不明显
团体氛围	团体安全的氛围是被刻意制造的，如开始时运用热身活动来培养团体氛围，酝酿学习情绪；为避免不安全和威胁的氛围，通常由容易或较浅的主题进行到较难或较深的主题，以帮助成员在安全的氛围中针对学习主题获得最有效的成长	因为成员的学习资源来自于成员彼此感情与行为的投入，成员自然地出现他自己被期待和鼓励的行为；团体初期因目标不明确而带来暧昧不清的团体气氛是有其作用的，因为它所提升的成员焦虑压力反而是促进、引发成员真实行为的力量

结构式团体辅导在事先做好计划和准备，制定团体方案，根据方案来开展团体活动。这种团体辅导有明确的目标和操作步骤，领导者角色比较清晰，采用较多的引导技巧促进团体发展。结构式团体可以设计成员比较感兴趣的活动，循序渐进引导学生自我探索，减少了不确定性带来的焦虑，这类团体很适合中小学生，也能够引起他们参与的兴趣。

非结构式团体辅导事先不安排团体活动和具体目标，没有团体方案，在团体进行中根据团体动力的发展、成员彼此的互动来决定团体的目标、过程及干预措施，领导者的角色不是很清晰，主要任务是催化、支持和阐述。非结构式团体在开始运行阶段，成员因不确定性容易产生焦虑，但是它可以在自由互动中呈现更多信息，一般适合年龄较长、心智成熟、表达

---

① 资料来源：徐西森. 团体动力与团体辅导[M]. 北京：世界图书出版公司，2003：27.

能力和自我觉察力较好的成年人。

因此，针对中小学学生喜欢活动、希望给予引导、自我反省觉察力偏弱等心理特点，我们建议采用结构式团体辅导。

二、结构式团体的发展阶段

任何事物的发展都有开始、发展和结束的过程，结构式团体辅导也不例外。团体心理辅导的运作是动态的、复杂的变化过程，各个阶段是连续的，每个阶段都有其独特的形态、发展任务和挑战，作为团体领导者必须对团体各个发展阶段及其特征有清晰的了解，才能够把握团体的发展方向，制定恰当的目标，进行适当的干预。

团体辅导专家对团体发展阶段众说纷纭：罗杰斯根据会心团体的经验，提出"十四阶段说"，但是因其过于精细而未被广泛采用；加伦、琼斯及哥朗尼提出的"五阶段说"受到很多关注，其包括组合前期、权力与控制期、亲密期、分别期、分离期五个阶段；欧文·亚隆也将团体发展分为形成、暴风雨、规范、操作、结束等五个阶段；斯科特·鲁坦和瓦尔特·斯特恩提出"四阶段说"：形成期、反应期、成熟期、结束期；柯里提出了类似的"四阶段说"：初期阶段、转换阶段、工作阶段、结束阶段。多数团体辅导专家认为团体发展包括四到五个阶段，而且表述也近似，在此我们借用柯里的四阶段说进行简要介绍。

1. 初期阶段

初期阶段也称为创始阶段，团体刚开始形成，成员之间彼此不熟悉，对接下来团体要发生的事情不清楚，担心自己是否被其他成员接受，交往常常是比较谨慎的、试探性的、不会轻易暴露自己，这一阶段成员最重要的心理需求是获得安全感。因此，领导者应该围绕以下目标设计团体活动：促进成员彼此熟悉，帮助确立目标，建立团体规范，帮助成员表达情绪、建立安全信任的团体氛围。

2. 转换阶段

转换阶段也常被称为过渡阶段。经过了新奇、试探和忐忑不安的初期阶段，团体进入了转换阶段。团体中会出现各种不同的抗拒心理，成员的焦虑程度和防卫都比较强，一方面希望通过自我暴露解决自己的问题，另一方面担心不被他人接纳而把自己包裹起来。成员会通过审视、试探、挑战等各种方式试探团体是否安全，其他成员能否接纳自己，领导者能否处理团体的冲突。领导者在这个阶段应该理解成员的矛盾心理，真诚、热情地关心成员，协助他们表达自己的矛盾心理，鼓励他们谈论此时此地的感受想法，学习接纳自我和他人，建立支持和接纳的气氛。活动设计上应进一步增强安全感和凝聚力，鼓励成员表达此时此刻的感受，同时初步呈现团体主题。

3. 工作阶段

经过前面两个阶段的磨合、冲突，团体迎来了最重要的工作阶段。这个阶段的任务是成员利用团体来解决自己的问题。此时，团体凝聚力和信任已经达到很高程度，沟通顺畅，成员自由、坦诚、积极互动，愿意开放自我，表露更多的个人资料及生活中的问题，能够比较真诚地回应其他成员，从自我探索及他人反馈中尝试理解和改变自己。这一阶段领导者通过示范、面质、解释、鼓励、引发讨论等方式促进成员学习。活动设计上紧扣团体目标，层层推进。

4. 结束阶段

经过一段时间的团体工作，多数成员已经达成或初步达成其目标，团体迎来了结束阶段。在此阶段，成员练习、巩固和总结其在团体中学到的经验，进行自我评估，准备好分离，同时处理分离带来的离愁别绪，表达彼此的支持和祝愿。领导者在这个阶段不再进行深入的心理探索，转而关注成员的分离情绪和想法，帮助成员将团体中的收获带到生活中去，并评估团体辅导效果。

三、结构式团体练习活动

团体各阶段特点不一样，任务也不同，相应采用的练习活动也有区别。下面列举一些不同目的的团体练习活动供参考。

（一）促进成员相识的练习

适用阶段：团体初期的第一次团体活动。

使用目的：帮助成员尽快彼此熟悉，建立安全感，建立轻松愉快的团体氛围。

1. 寻找我的另一半

适合对象：小学生。

时间：约 30 分钟。

准备：将彩色纸剪成三角形或正方形并一分为二，胶水，硬纸板。

过程：裁好的彩色纸由团体成员自由抽取。然后，成员必须在团体内找到与自己同色且形状相匹配的另一半。找到后，将色纸贴在硬纸板上，并在彩色纸上写上两个人的名字，两个人自由交谈 5 分钟，互相认识。然后全体成员围圈坐下，每一对轮流向大家介绍对方，使团体中每个人都能认识。

2. 知你识我

适合对象：小学高年级、初高中生。

时间：约 30 分钟。

过程：请成员在房间自由漫步，见到其他成员，微笑着握握手。给一定的时间让成员自然相遇，鼓励成员尽可能多地与他人握手。当领导者说"停"时，每个成员面对或正在握手的人就成了朋友，两人一组形成搭档，面对面坐下，相互自我介绍。介绍内容包括：姓名、班级、性格特点、个人兴趣爱好、家庭情况及其他愿意让对方了解自己的情况。每人 3 分钟，然后漫谈几分钟。当对方自我介绍时，倾听者要全身心投入，通过语言与非语言观察，尽可能多地了解对方。

两人一组介绍完后，两个组合并，形成 4 人一组，每位组员都向另外两位新组员介绍自己的搭档，每人 2 分钟。

最后，所有成员合并成一个大组，每位组员都向全组成员介绍刚才四人组中的一位新组员，要求每位组员都被介绍一次，不要重复，每人 1 分钟。

3. 连环自我介绍

适合对象：初高中生。

时间：约 8～10 分钟。

过程：成员围圈坐，从其中一个人开始，每人用一句话介绍自己，包含三项内容：姓名、班级、自己与众不同的特征。当第一名成员说完后，下一名成员需将前面同学的信息重述一遍，后面成员都要重述前面成员的信息。例如：

A 说：我是六二班，喜欢打篮球的王某。

B 说：我是坐在六二班，喜欢打篮球的王某旁边的，来自六四班，性格文静的李某。

C 说：我是坐在来自六二班，喜欢打篮球的王林旁边的，来自六四班，性格文静的李某旁边的，来自六一班的，喜欢读书的张某。

……

（二）建立相互信任与接纳的练习

适用阶段：初期阶段、转换阶段。

目的：促进成员相互沟通，建立信任，彼此接纳，增进团体凝聚力。

1. 戴高帽子（也称优点轰炸）

适合对象：小学、初高中学生。

时间：约 50 分钟。

准备：一顶高帽子。

操作：成员围圈坐，请一位成员戴着高帽子坐或站在团体中央，其他人轮流说出他的优点及欣赏之处（如性格、相貌、处事……）。然后被称赞的组员说出哪些优点是自己以前觉察到的，哪些是不知道的。每位成员都要戴一次高帽。要求只能说优点，态度要真诚，努力去发现对方的长处，不能毫无根据吹捧。

2. 信任之旅

适合对象：小学高年级、初高中生。

时间：约 60 分钟。

准备：事先选择好具有各种障碍的盲行路线，有一定阻碍，如上下楼，拐弯，钻桌子，绕过障碍物等。每人一个眼罩。

操作：成员两人一组，一人做"盲人"，一人做"拐杖"，"盲人"蒙上眼睛，原地转三圈后，"拐杖"带领"盲人"走盲行路线。期间不能说话，"拐杖"用动作帮助"盲人"行走。练习结束后两人交流当"盲人"和"拐杖"的感觉。互换角色再来一遍，再相互交流。最后回到大团体大家一起分享。交流集中在以下几个方面：对于盲人，你看不见后有什么感觉，对拐杖有什么感觉；对于拐杖，你有什么感觉，你是怎么想办法帮助对方的；你对自己和他人有什么新发现。

3. 信任圈

适合对象：小学高年级、初高中学生。

时间：约25分钟。

操作：组员围成一个圈手挽着手，邀请一名组员站在中间，闭上眼睛身体挺直。练习开始后，外圈组员旋转，圈内组员自觉舒适倒向任何一个方向，外圈需及时接住并把他推向中间位置。可换人体验，活动后分享感受。

4. 同舟共济

适合对象：小学高年级、初高中生。

时间：约50分钟。

准备：一张大报纸。

操作：领导者将报纸铺在地上，代表大海中一艘船，要求所有成员都要站在船上，一个都不能少，生死共命运。成员可以协商、尝试。成功后可以将报纸对折，继续实验。这个过程中成员为了完成任务，会积极参与尝试、讨论，忽略了年龄、性别等因素，全组一条心，团体凝聚力空前提高。

（三）自我探索练习

适用阶段：过渡阶段、工作阶段。

目的：促进成员自我认识、学习自我接纳，了解自己与他人关系中自己的角色。

1. 自画像

适合对象：小学、初高中生。

时间：约50分钟。

准备：每人一张图画纸，组内三四盒彩笔。

操作：请成员画一幅自画像，可以用任何形式来代表自己，如人物、动物、植物、抽象物等，可以是自己的性格，也可以是自己的烦恼，可以是自己的梦想，将此刻最想表达的自己画出来，可以为画取个名字，同时签上自己名字。画完后请成员将画挂在墙上，开一个画展，大家逐一观看，不加以评论。之后成员围圈坐下，向小组解释自己作品，成员可以提出疑问。

2. 我的核桃

适合对象：小学、初中学生。

时间：约50分钟。

准备：每人一个核桃（也可以是其他水果）。

操作：每人发一个核桃，请成员花 5 分钟时间自己观察自己的核桃，尽量调动一切感觉通道记住自己的核桃特征，如视觉、嗅觉、听觉、触觉，闭着眼睛触摸，但是不能做标记。5 分钟后，请大家将核桃混在一起，然后从中找出自己的核桃，看看每个人是否能找到自己的核桃。然后再次将成员核桃混合，每个人闭着眼睛去找自己的核桃。找到找不到都要讲原因。然后小组分享自己的核桃有哪些特点，是怎么找到的，找到后的感觉如何，这个过程给自己什么启发。这个过程引导成员认识到每个人和事物都是独一无二的，学习认识和接纳自己的独特性。

3. 20 个"我是谁"

适合对象：小学中高年级、初高中生。

时间：约 50 分钟。

准备：每人一张 A4 白纸、一支笔。

操作：领导者可以邀请一名成员做示范，连续让他回答"我是谁"。当他说到众所周知的特征时，如"我是男生""我家住××""我是汉族人"等，领导者告诉大家，这些回答不反映个人特征，要尽量选择能反映个人特征的语句。然后让成员边思考边写出 20 个"我是谁"。对于小学中年级的可以只写 5~10 个答案。当所有成员写完后，请同学们分享。

4. 背上留言

适合对象：小学中高年级、初高中生。

时间：约 30 分钟。

准备：每位组员一张 A4 白纸，一支彩笔，透明胶，背景音乐。

操作：播放音乐，组员将 A4 白纸相互粘贴到每个人的背上，要求大家在每位组员背上写上对他的认识、优点、缺点、建议或最想对他说的话等，签名自愿。全部写完后，请成员取下背上留言，分享。

这个活动可以用在团体结束阶段最后一次活动，邀请成员在纸上写出对其他成员的祝福、赠言。

5. 生命线

适合对象：初中高年级、高中生。

时间：约 50 分钟。

准备：每位成员一张 A4 白纸，一支笔。

操作：请每位成员避免设想自己的生命长度，预计能活到多少岁，以 0 岁为起点画一条线段；接着，以现在的年龄为分界线，写出生命当中已经发生了的三件重大事件，再写出未来希望发生或可能发生的三件大事，写在对应年龄位置并写出年龄。以上活动组员独立完成，完成后在组内分享讨论。

（四）价值观探索

适合阶段：工作阶段。

目的：澄清自己的价值观，了解他人的价值观，通过比较、交流确立正确的价值观，改正不良生活态度，树立未来人生目标。

1. 火光熊熊

适合对象：小学高年级、初高中生。

时间：约40分钟。

准备：纸、笔。

操作：领导者请成员闭上眼睛，告诉大家，想象现在你住的地方正被熊熊烈火吞噬，情况危急，时间只够你冲进去取出三样东西，你会选择哪三样呢？先后顺序是怎么样的？为什么选这三样？他们对你有什么价值？请想一想，然后写在纸上。然后在小组内交流，告诉其他人你如此选择的原因，你心里面有什么感受？

2. 价值拍卖会

对象：初中高年级、高中生。

时间：约40分钟。

准备：价值拍卖单，包括爱情、权力、长寿、诚信、友情、自由、豪宅名车、智慧、健康、爱心、每天都能吃美食、名牌大学录取通知书、美貌、金钱、良心、冒险精神、亲情、欢乐、拥有自己的图书馆、父母健康等20项，每项裁成一张小纸条。

操作：人的一生是由无数次的选择所构成的，不同的选择，把人们导向不同的路途和方向，使各自的人生呈现出不同的色泽和价值，最终收获不同的果实。今天，我们进行一场价值拍卖会，在爱情、友情、健康、自由、美貌、爱心、权力、财富、欢乐、亲情、长命百岁、车子、房子这些东西面前，同学们是怎样选择的呢？每人有10 000元，每样底价1 000元，逐项拍卖，价高者得之。

拍卖结束后，成员分享：买到你们想要的东西吗？有没有后悔得到你所买的东西？为什么？拍卖过程心情如何？这么多项价值中，那些价值是相对重要的，那些价值是相对不重要的，为什么？

3. 临终遗命

适合对象：高中生。

时间：约45~60分钟。

准备：白纸、笔。

操作：指导者告诉团体成员，由于种种原因，你正面临着死亡。每个成员认真思索后写下你的遗嘱，分享并解释原因，谈一谈你在写的时候有什么感受，这感受对你今后的生活有什么影响？通过活动，可以帮助团体成员对自己人生观和价值观进行整理，也可以通过与他人的交流，启发自己。

（五）结束团体练习

适用阶段：结束阶段

目的：回顾团体中的收获和遗憾，巩固团体辅导效果，表达对未来的希望，处理分离带来的离愁别绪。

1. 真情告白

适合对象：小学中高年级、初高中生。

时间：约 50 分钟。

准备：每人白纸一张，透明胶一管

操作：每人背后贴一张白纸，请其他组员写一句祝福语或建议并签名。写完后请大家坐下来想想其他组员会写什么，期待他们写什么？然后拿下来仔细阅读，分析自己的感受。

2. 化装舞会

适合对象：小学高年级、初高中生。

时间：约 60 分钟。

准备：提前一次团体安排好本次活动的内容，即通过团体辅导，自己有哪些改变，以化装形式表现出来。开阔场地，准备音乐、化妆品、自备道具。

操作：放轻松音乐，请成员化装，接着请每位成员轮流站到中央，进行化装后的表演，表达这样化装的意义，其他成员可以提问和表达看法。要强调自我反省及对别人的观察。

3. 礼物大派送

适合对象：小学、初中学生。

时间：约 30 分钟。

准备：团体提前安排好本次活动内容，请成员为每一位成员制作一份手工礼物，并写上祝福语、签名。

操作：请一位成员坐或站在团体中央，其他成员逐一送上礼物并表达想说的话。

4. 大团圆

适合对象：小学、初高中学生。

时间：约 30 分钟。

准备：音乐，宽阔场地。

操作：请大家站立，围成一个圈，将两手搭在两侧成员肩上，播放音乐，聚拢静默 30 秒，然后随着音乐轻轻哼唱歌曲，随着歌曲旋律自由摇摆。可以由浅入深播放多首大家熟悉的歌曲。

团体结束常用的歌曲有：《明天会更好》《友谊地久天长》《感恩的心》《真心英雄》《爱的奉献》《同一首歌》《永远是朋友》《阳光总在风雨后》等。

第三节　中小学团体心理辅导的方案设计

在开展结构式团体辅导之前，我们需要根据团体及成员的特征、目标，团体时间、场地、次数等设计好团体辅导方案。团体辅导方案犹如团体运行的地图和指南针，引领团体达到预期的目标。

一、团体辅导方案设计需要考虑的要素

团体辅导涉及很多个方面,在准备开始一个团体之前,领导者需要考虑以下问题:
Why(目标):为什么要组织这个团体?目标是什么?
Whom(对象):参与者是哪些学生?他们的年龄、特点、问题是什么?
Who(分工):谁来负责管理、招募组员?需要哪些人员部门配合?谁来带领团体?咨询师是否有相关工作经验?
When(时间):团体持续多少次?每次多长时间?在什么时候进行?
Where(地点):团体在哪里进行?这个场地适合哪些类型的活动?有无后备地点?
How(程序):如何进行?如何招募、宣传、管理?
How much(资源):需要多少人力、财力、物力?谁来提供?
If(如果):可能出现的特殊情况有哪些?如何解决?
Evaluation(评估):如何评估筛选小组成员?如何评估团体效果?

二、团体辅导方案设计内容

团体辅导方案是团体运行的地图,要求清晰明白,涉及内容包括团体性质和名称、团体目标、团体领导者、团体对象和规模、团体活动时间及频率、团体活动场所、理论依据及参考资料、团体评估、团体流程及其他。

(一)团体名称

团体名称要与团体目标一致,清晰明确,符合团体对象特质,新颖、生动,具有吸引力,需体现助人成长的含义。为了吸引学生参加,避免学生产生"有病的人才参加"的心理,团体名称常常不使用"团体辅导"及可能带来标签效应的词汇。例如,对失恋者的团体,可取名为"在爱中成长""再见温情",对于寝室关系困难学生团体,可取名为"同一个屋檐下",对贫困生的团体可取名为"双手撑起一片蓝天"。

(二)团体目标

团体目标是团体方案最核心的内容,可以看做是团体成员参加团体的期待,也是团体领导者的期待,它指明了团体运行的方向,因此目标设计要求层次清晰、可操作性强。

团体目标包括总体目标和具体目标两类,总体目标是该团体结束时应该达到的目标,成员经过团体辅导后认知、情绪、行为、人际关系等方面应该有哪些改变;总体目标拆分开来就是具体目标,具体目标是每次团体活动应该达到的目标。具体目标之间应该前后衔接,每一次团体具体目标设计应以前一次团体的目标为基础,为下一次团体奠定基础,通过达成一步步的具体目标,最终实现总体目标。

(三)团体领导者

团体方案里面应该注明团体领导者的基本资料,领导者是谁?其经验背景是否与团体相

符？是否受过类似的团体训练？带领团体经验如何？是否有协同领导？在条件允许的情况下，团体领导者还可以聘请具有丰富团体辅导经验且受过督导训练的专家担任团体督导员，或邀请同行担任团体观察员，为团体领导者提供更客观的反馈和指导。

（四）团体对象

团体对象涉及年龄、性别、规模、招募及筛选方式。David Capuzzi通过文献回顾，许多专家认为参加团体训练的儿童年龄差异不应该超过两岁[①]，超过两岁其身心发展差异较大不适合在同一个团体中。

一般认为，中小学团体可以是同性别的，也可以是不同性别的。不同性别团体中应注意同一性别成员不宜太少，如8人团体中同一性别不宜低于3人，低于3人则会显得比较孤立。有些特殊主题的团体只适合同一性别学生参加，如性伤害咨询团体。

团体成员招募与团体目标紧密相关，心理问题与团体目标一致的学生才是团体的招募对象。成员的招募需要考虑两个方面因素：一是通过必要渠道寻找适合该团体的潜在成员，包括班主任推荐、家长代为报名、个体心理辅导推荐、团体辅导老师与学生接触、招募广告等；二是需取得潜在成员及监护人的同意，有时候监护人和学生本人会拒绝参加（如"家丑不外扬""心理辅导就是心理有病"，不敢面对自己问题等心理因素影响），团体辅导老师可以通过沟通争取学生参加。

学生报名之后，下一步是筛选适合小组的组员，看他们自身需求和目标与团体是否一致，是否会对团体造成危害，还要考虑参加这个团体是否会对自己造成伤害。一些学生不适合参加团体，如不喜欢团体，认为自己无法很好参与团体运作的学生，担心团体会对自己造成伤害的学生，过于不受控制并潜在性地总是制造混乱的学生，个人问题严重到无法从团体中获得帮助的学生。

筛选组员的方式一般采用个别面谈方式，收集他们的年龄、性别、心理问题、家庭关系、对团体及咨询师的期待和看法，通过以上信息评估其心理发展水平、心理问题是否适合本团体，初步推测其在团体中可能会有什么表现、是否会有收获，以此决定是否纳入团体。筛选时也可以用一些量表进行辅助测试。

团体的规模会影响团体的运行，团体规模过小，人数太少，团体活动的丰富性和成员交互作用都大打折扣，而且成员有"被盯着，必须说话"的压力；团体规模过大，人数太多，团体领导者难以观察和关注每一个成员，成员之间沟通不全面，不深入，团体凝聚力不容易建立，团体深度容易受到影响。学者们对心理辅导团体规模进行了大量研究，一般认为，团体人数下限是5人，少于5人动力不足，成员压力太大；上限是10人，多于10人动力过于复杂，难以照顾周全；欧文·亚隆认为7人最为理想。我国团体心理辅导专家樊富珉教授则认为，团体规模和团体目标相关，以治疗为目标的团体人数一般为5~8人，以训练为目标的团体一般10~12人，以发展为目标的团体人数可以多到12~20人。

（五）团体活动时间

团体时间安排上有两种方式：一种是持续性团体，持续多次，每次一两个小时，每周一两次。如某团体总共10次活动，每次90分钟，每周1次。另一种是集中式团体，在短时间

---

① DAVID CAPUZZI. 团体辅导方法——培训师手册[M]. 孙时进，等，译. 北京：中国轻工业出版社，2008：5.

内进行持续密集的团体训练，如用一个周末两天时间，连续开展12个小时的团体活动。集中式团体在团体辅导师培训中采用较多，在中小学实践中，一般采用持续性团体。

持续性团体涉及什么时候开始和结束、次数、间隔时间、每次多长时间等。一般认为，对于中小学结构式团体来说，考虑到寒暑假及学生精力等因素，8～15次较为适宜，每周1～2次，每次1.5～2小时。对于低年级的学生，每次团体时间可以缩短到1个小时甚至30分钟。团体活动时间要根据领导者和学生的时间来综合考虑，保证学生能够在较好的精神状态下参加。

（六）团体活动场地

团体辅导需要在不受打扰、安全的环境中进行，因此对场地有一定要求：不受外界打扰，有安全感，团体辅导室外面的人不能看到或听到室内发生的事情，室内不会听到或看到室内、外让人分心的人或事物；相对比较安静；团体辅导室的门能够较好关闭且外人不可进入；室内空间大小适宜，椅子围圈摆放，可以自由移动，椅子中间没有障碍物，这样静态活动时成员可以坐下来交流，彼此视线都能接触，动态活动时成员可以挪动椅子并且有足够空间活动；有的团体辅导室铺上地毯或泡沫垫，儿童可以直接坐在地上进行团体活动；室内布置简洁温馨，没有多余导致分心的事物，室内光线和温度适宜。室内布置要照顾学生年龄特点，如小学团体辅导室的椅子比较小巧可爱，墙上可以粉刷成粉红色或天蓝色，张贴美丽的卡通图画，中学团体辅导室可以相对沉稳一些。另外，团体辅导室内还应准备一些常用的材料，如白纸、彩纸、胶水、剪刀、各种杂志、布偶、橡皮擦、铅笔、签字笔、水彩笔、投影仪、播放音乐的设备等。

（七）团体辅导的评估

团体辅导是否达到预期目标，成员的心理行为问题有多大改善，成员是否满意，领导者技术是否恰当，今后团体还应做哪些改进，都需要进行评估确定。团体辅导效果评估常采用以下方法：

1. 心理测验

运用信度、效度较高的心理量表，对团体进行前后测，或者同时设定对照组比较，可以很好地反映出团体辅导的效果。例如，以孤独、考试焦虑、自我价值感为主题团体可以采用《儿童孤独量表》《考试焦虑测验》《青少年自我价值感问卷》等量表进行前后测，验证团体辅导的效果。

2. 问卷调查

团体领导者根据团体的特点，设计一系列有针对性的问题，让成员在团体结束后填写，搜集成员对团体辅导过程、内容、成员关系、团体气氛、目标达成、领导者的态度和工作方式等方面的意见。问卷可以采用封闭式和开放式问题，让成员能够自由表达自己的想法和感受。

【他山之石】

下面是一份团体辅导结束后的自我评估问卷。

团体成员自我评估问卷

1. 团体辅导给你留下的印象是什么？

2. 有什么特别的原因使你对自己的生活、个人态度及人际关系更为了解？
3. 你生活中的哪些改变来自团体经验？
4. 团体经验对你个人的生活有哪些影响？
5. 当你想在现实生活中执行你在团体辅导中所做的决定时，你会遇到什么问题？
6. 团体经验对你是否有负面影响？
7. 你参加团体辅导对你生活中周围的人是否造成影响？
8. 如果你没有参加团体辅导，你的生活与现在会有什么区别？
9. 你喜欢团体辅导的哪些地方？你不喜欢团体辅导的哪些地方？
10. 你对领导者带来团体的方法有什么意见？
11. 请用一句话来说明团体辅导对你的意义。

3. 行为计量法

针对年龄比较小或不适宜自我评估的学生，可以邀请与成员有关的重要他人（父母、监护人、老师、朋友等）观察并记录成员的行为，以评估团体治疗的效果。行为计量法以行为观察表为依据，对照观察记录。如《Achenbach 儿童行为量表》(又称《儿童行为清单》，CBCL)包括了家长用、老师用和年长儿童自评用几种量表，前两种即他评行为观察表。

4. 领导者自评或同行评估

领导者应用专业知识和经验对自己工作状况进行评估，如评估自己的领导风格，采用技巧是否合适，发现和处理团体时间的能力与效果，维持团体气氛的功能如何，催化团体成员参与程度如何等。也可以通过现场观察、观看团体录音录像、咨询记录、团体辅导师的报告，请督导或同行对团体效果进行评估。

（八）团体流程设计和单元设计

做好了以上准备工作，我们就需要根据团体目标和团体时间来设计具体活动流程和单元内容了。团体流程设计是指将每次团体的主题、目标、活动内容、时间等以列表形式简要呈现出来，而单元设计是指具体每一次团体详细的设计，见表 8.2、表 8.3。如果团体流程设计足够详细，具有可操作性，也可代替单元设计。团体是一个整体，活动设计要始终围绕团体目标，由浅入深、前后衔接、层层推进。

表 8.2　团体流程设计表

次数	单元名称	单元目标	活动内容	材料	时间	备注
一						
二						
三						
四						
五						

表 8.3　团体活动单元计划表

第　单　元	单元名称：
聚会时间	年　　月　　日　　时　　分至　　时　　分
单元目标	
预定活动内容	
材　料	

（九）其他

团体运作的经费预算表、招募广告、成员申请表、成员筛选工具、团体契约书、团体评估工具等相关材料也应在团体方案中呈现出来。团体活动需要的材料如纸、表格、笔、录像机、水彩笔等均需要提前准备。

三、团体方案设计案例

我们将 David Capuzzi 针对父母/监护人酗酒的儿童的团体辅导方案重新整理后呈现出来[①]，供大家参考。

1. 团体名称

信任和支持：帮助酗酒者的孩子建立自我认同。

2. 团体目标

（1）让成员认识到，自己并不孤独；讨论他们父母/监护人的饮酒行为。
（2）让成员们能够思考并说出几种不同的自己能够照顾自己的方式。
（3）让酗酒者的孩子能够认识到，自己并不是造成父母/监护人酗酒的原因，酗酒能够被治愈，并且酗酒这一疾病是可以得到控制的。
（4）帮助成员找出在他们家庭之外的支持力量，并加以利用。
（5）让成员们学习如何使用积极并有建设性的力量来吸引父母/监护人的注意力，建立自我价值感，树立个人价值和目标。

3. 团体领导者

接受过对酗酒者的孩子进行团体治疗训练的团体辅导师。

4. 团体对象

父母/监护人有酗酒行为的 8~11 岁的儿童，8 人。对酗酒者的孩子进行团体是一件很敏

---

① DAVID CAPUZZI. Approaches to group work. 孙时进，等，译校. 北京：轻工业出版社，2008：35-50.

感的事情，父母/监护人可能会否认酗酒，儿童也可能基于保护"家庭隐私"而不愿谈论。筛选中应排除可能造成潜在伤害的成员，还必须取得父母/监护人的允许。

5. 团体活动时间

团体共进行八次，每次 60~75 分钟，每周一次。

6. 团体活动场地

不受打扰、保护隐私、安全的学校团体辅导室。

7. 团体评估

在团体结束后采用问卷方式评估。

【案例分享】

团体效果评估问卷

1. 当你在团体训练中分享自己的经历时，你是否感到安全？
   A. 是，因为＿＿＿＿＿＿＿＿＿＿＿＿＿＿＿＿＿＿＿
   B. 不是，因为＿＿＿＿＿＿＿＿＿＿＿＿＿＿＿＿＿＿

2. 你觉得从这个团体训练当中学到的最有价值的东西是什么？
   ＿＿＿＿＿＿＿＿＿＿＿＿＿＿＿＿＿＿＿＿＿＿＿＿＿＿＿＿

3. 你会不会向同样面临酗酒问题的朋友或其他同辈推荐这样的一个团体训练？
   A. 会   B. 不会

4. 如果未来你觉得状况无法忍受，你是否会考虑加入另一个面向酗酒者的孩子的支持团体训练？
   A. 会   B. 不会

5. 你对自己的看法是否在团体训练期间有所改变？如果有的话，是什么样的改变？
   ＿＿＿＿＿＿＿＿＿＿＿＿＿＿＿＿＿＿＿＿＿＿＿＿＿＿＿＿

8. 团体流程设计（见表 8.4）

表 8.4　团体流程设计

次数	主题	目的	活动	材料
一	分享家庭经历	1. 让成员们相互认识，建立对人信任感； 2. 愿意分享日常生活经历； 3. 熟悉并理解团体基本规定	1. 二人搭档分享介绍； 2. 讨论制定团体规则； 3. 画出我的"大保镖"	彩纸、白纸若干，彩色蜡笔、铅笔

续表 8.4

次数	主题	目的	活动	材料
二	我有自信解决问题	1. 重新获得力量来保证自己的安全； 2. 与醉酒的父母/监护人在一起时能找一个安全地方	1. 分享过去几周感到自豪的事情； 2. 找出父母/监护人醉酒时能感到安全地方和人； 3. 画出安全之所	A4纸、铅笔、中性笔、蜡笔、油画棒、剪刀、丝带、胶水、彩色纸、锡箔纸、小饰物等
三	增强自信，面对问题	1. 本次是在第二次活动基础上的深化，增强自信，提高解决父母醉酒时应对问题的能力； 2. 让成员意识到有人是可以帮助他们的	1. 询问前两次和当下的想法、感受； 2. 手袜玩偶游戏，表演在父母醉酒情境下该如何处理和寻求帮助	8个手袜玩偶，各种状况清单
四	直面酗酒	1. 分享酗酒的病因及对生活的影响； 2. 让成员直面酗酒	1. 询问过去一周过得如何，现在有没有特殊问题要讨论，并进行讨论，传递酗酒的病因及对生活影响的知识； 2. 团体拼图练习	一张大幅纸张（1.5×0.9米），至少20本杂志、剪刀、胶水、彩色笔、蜡笔、铅笔、丝带、折纸、小饰物。
五	我能积极地、建设性地解决人际冲突	1. 帮助成员解决人际交往方面的问题； 2. 教导成员用积极有建设性的方式获取别人注意力和支持； 3. 意识到他们对自己生活的某些方面实际是有掌控力的	1. 描述过去一周值得自豪的事情，并与之前进行比较，提升自信； 2. 给出一些与同辈和成人发生冲突的场景，并请成员补充冲突场景； 3. 对以上冲突场景进行手袜玩偶游戏，两人一组角色扮演； 4. 在大组中，用手袜玩偶表演解决方法	8个手袜玩偶、铅笔、一张给出场景的列表（每两人一张）
六	我是我自己的英雄	增强自我认同和自信	1. 过去一周尝试新方法的分享； 2. 请成员回忆一个他们相信自己当时的行为确实帮到了自己或其他人的情境； 3. 画一幅画解释他们的哪些行为是英雄的； 4. 写下过去一周内发生的两件让自己得意的事情	纸张、彩色笔、蜡笔、铅笔

续表 8.4

次数	主题	目的	活动	材料
七	我是一个很好的人，我应该得到健康和安全	1. 继续建立成员的自尊； 2. 相信自己就是最好的力量来源； 3. 对自己解决问题的能力及选择产生信心	1. 成员说出喜欢自己的两个原因； 2. "我是……"诗作练习：用帽子盛有形容词的卡片，每位成员抽取5个形容词。用这5个形容词写"我是……"的诗作，分享； 3. 探讨父母酗酒如何影响了自我评价，肯定成员的能力和努力； 4. 讨论团体即将结束的感受	不同形容词的卡片、铅笔、一顶帽子、折纸
八	酗酒者子女的成长及全新的开始	1. 向成员证实他们所获得的成长； 2. 谈论团体结束后自己的想法	1. 分享离开团体大家会有什么感觉，能为自己做一件积极的事情，如何保护自己的安全； 2. 画出自己的名字，解释有何意义； 3. 分享团体中获得了什么，相互感谢、肯定和鼓励； 4. 问卷测评团体训练效果	问卷、白纸、多种彩色的纸张、蜡笔、彩色笔、铅笔、丝带、胶水、小饰物

四、单次团体活动设计要点

团体辅导的全过程包括初期、转换、工作和结束四个阶段，单次团体活动也可以分为开始、中间和结束三个部分。与之相对应的是热身活动、主要活动和结束活动。

1. 热身活动

热身活动可以帮助团体成员自然进入团体，打破僵局，提升团体凝聚力。有许多活动可以作为团体的热身，一类是总结回顾式，如回顾上次团体内容、两次团体之间的重要事件、上次团体后的练习或感受等，这种回顾有助于加强两次活动之间的衔接，巩固团体效果；另一类是引入结构式热身活动，如"微笑握手""刮大风""松鼠与大树""天气预报""成长三部曲"等。热身活动时间不宜太长，一般在10~20分钟内，热身时间太长导致团体本末倒置；热身时间也不宜太短，太短团体难以有效启动。一般来说，在团体初期，成员不是很熟悉，热身活动时间可以长一些；成员熟悉了之后热身活动时间就可以短一些。

2. 主要活动

主要活动是本次团体的核心，是围绕团体总体目标、具体目标而设计的活动，因此至关重要。团体主要活动设计注意几个要点：一是紧扣团体的总体目标和具体目标，为达成目标而设计；二是作为团体的重心，时间一般较长，占活动时间一半以上；三是设计注意层次性，深度由浅入深，引导成员逐步深入主题学习讨论；四是根据本次活动所处的团体阶段及团体运行的具体情况设计，同一个主题活动在团体的工作期要比在过渡期更为深入。

3. 结束活动

一般在团体结束前 5~10 分钟，领导者应该引导团体完成主要活动，进入结束阶段。对结构式团体来说，结束活动一般不适宜进行深入的、负性的心理问题的探讨，而应该回到较浅层面、积极的心理互动。结束活动可以帮助成员回顾本次团体发生的事情，总结自己的收获或缺憾，也可以布置团体外的作业，预告下次团体的主题；还可以通过一些轻松愉快的活动结束团体，如唱歌、轻柔舞蹈、彼此的语言肯定。在整个团体最后一次活动时，应该留足时间来结束团体（甚至将整个一次活动用于团体结束），回顾团体收获，表达彼此的感受，处理分离焦虑。

※ 本章要点

本章从中小学团体心理辅导的基础、过程和方案设计等几个方面来叙述。首先指出中小学学生心理发展阶段较一致，成长的困惑、心理问题相似，开展团体心理辅导是中小学心理健康工作的很好形式。随后就团体心理辅导的过程进行阐述，指出结构式团体发展阶段包括初期阶段、转换阶段、工作阶段和结束阶段。各阶段特点不一样，任务也不同，相应采用的练习活动也有区别。最后详细阐述了团体辅导方案，其内容涉及团体性质和名称、团体目标、团体领导者、团体对象和规模、团体活动时间及频率、团体活动场所、团体评估、团体流程等。

※ 延伸阅读

书　名：青春期困惑与团体辅导
编著者：林甲针
出版社：福建教育出版社
推荐语：《青春期困惑与团体辅导》以学生成长历程中各阶段遇到的问题为主线，内容涉及生命起源、性别平等、月经初潮、预防性骚扰、男女生交往、体相烦恼等二十一个方面，以案例的形式呈现，以班级团体辅导课模式进行青春期辅导，不但具有很强的可读性，也具有很好的操作性。

书　　名：中小学团体心理辅导理论与实践
编著者：卢勤，周宏
出版社：四川大学出版社
推荐语：本书以如何带领地震灾后的中小学生开展团体心理活动为主题，分为理论篇与实践篇，不仅比较系统地阐述了灾后中小学团体心理辅导的理论，还展示并点评了灾区中小学教师开展主题班会及团体心理辅导的实例，将团体心理辅导的理论与实践很好地融合在一起，实用性强、操作性强。该书一方面关注灾后心理创伤的康复，将创伤的知识融入团体辅导的理论与实践阐述中，用团体的技术帮助人们更好地应对创伤；另一方面，关注中小学生日常心理现象与困扰，用团体辅导和资源取向的方法来解决问题。

※ 课后练习与思考

1. 团体心理辅导与心理辅导课有什么区别和联系？
2. 团体心理辅导有哪几个发展阶段？每个阶段的特点是什么？
3. 结构式团体辅导方案设计的要点有哪些？请根据你所在学校学生的实际需要设计一个团体辅导方案。

※ 参考文献

[1] 樊富珉. 团体心理辅导[M]. 北京：高等教育出版社，2005.

[2] 杨敏毅，鞠瑞利. 学校团体心理游戏教程与案例[M]. 上海：上海科学普及出版社，2006.

[3] David Capuzzi，团体辅导方法——培训师手册[M]. 孙时进，等，译校. 北京：中国轻工业出版社，2008.

[4] 张明. 小学生心理健康教育（心理教师用书）[M]. 北京：中国轻工业出版社，2013.

[5] 彭小虎. 小学生心理辅导[M]. 上海：华东师范大学出版社，2012.

第九章 中小学个别心理辅导

 导入案例

戴某，男，17岁，某普通中学高中二年级学生，家中有一姐姐，身高170厘米左右，体态正常，无重大躯体疾病历史，父、母亲大专毕业，在机关工作，收入稳定，父母家族均无精神疾病历史。

两个月前，一次偶然的机会他用余光看了一下前桌的女同学，发现此女同学偏着半个身子靠着桌子写字，正巧女同学摸了一下自己的耳朵，他当时认为这影响了他，因为女同学从他的眼光里看出"问题"才偏着半个身子写字，同时摸耳朵是在警告他。从此，只要在余光范围有人，特别是异性，他就很紧张，注意力无法集中，学习没有效果，而且很慌乱。起初只是在余光范围怕见到异性，后来发展到与同性、与老师交往不敢使用目光，怕人们看出他的目光有问题。

从此，他基本上不与同学来往，很少参加集体活动，与同学之间感情也越来越淡漠，感觉在学校里没有人可以了解自己，信任自己，帮助自己，孤独感和自卑感时时刻刻笼罩着自己，情绪很不稳定，时而抑郁，时而焦虑，痛苦至极。由于情绪很不稳定使得学习精力很难集中，效果非常差，成绩也急剧的下降。现在已经休学在家，与家人交往基本正常，言语较少，目光闪烁。

老师和同学都说他性格太内向，与人相处不太会表达自己的情感，近来与人交往都不敢抬头，老低着头，很紧张，好像在躲避什么。集体活动也不积极参加，基本上没有一个可以互相倾诉的朋友和伙伴。

《中小学心理健康教育指导纲要》（2012年修订）明确指出，开展中小学心理健康教育，坚持面向全体学生和关注个别差异相结合。对于全体学生要以发展和预防为主，而对于个别的已经存在一定心理障碍的学生要对其进行个别心理辅导。

第一节 中小学个别心理辅导概述

一、心理辅导的含义

英文counseling被译为"心理辅导"，含有商讨、会谈、征求意见、寻求帮助、顾问、参谋、劝告、辅导等意思。美国人本主义心理学家卡尔·罗杰斯认为，心理辅导是通过与个体持续的、直接的接触，向其提供心理帮助并力图促使其行为态度发生变化的过程。我国香港学者林孟平在此基础上进一步阐述了这一概念：心理辅导是一个过程，在这个过程中，一位受过专业训练的辅导员，与当事人建立起一种具有治疗功能的关系，协助对方认识自己、接纳自己，进而欣赏自己，克服成长中的障碍，充分发挥个人的潜能，使人生有丰富的发展。

在中小学的心理辅导中，咨询师一般是学校的心理老师，来访者是在校学生。据此，我们可以将中小学心理辅导界定为：由心理老师用倾听、引导和接纳等方式与来访学生进行接触，其目的是通过建立良好的关系，彼此在切磋和探讨中使来访学生自我了解与自我发展，达到领悟与成长，改变其态度和行为，消除困扰，适应环境，得到健全发展。

二、中小学生心理辅导的类型

中小学生心理辅导形式众多，按照不同的标准可以划分为以下几类：

1. 直接咨询和间接咨询

根据咨询老师和来访学生的关系，可以分为直接咨询和间接咨询。

（1）直接咨询，是指心理老师和来访学生直接接触的咨询形式。直接咨询不需要第三者介入，便于心理老师更好的观察和了解来访学生，获取直观而准确的信息，有利于咨询的保密和进行的深度。但是有许多中小学生不愿意和见心理老师，这也为直接咨询带来诸多阻碍。

（2）间接咨询，是指心理老师通过第三者了解并干预咨询对象的咨询形式。因为距离、时间不便、学生对咨询的抵抗、年龄太小、无法进行语言表达等因素阻碍，可以选择进行间接咨询。在间接咨询中，中介人必须是很了解咨询对象，与咨询对象接触较多、影响较大的人，中介人提供的信息是准确可靠的，能够与心理老师密切配合，能够较好完成理解并完成心理老师的干预。

2. 面谈咨询、通讯咨询和专栏咨询

根据咨询的途径，可以分为面谈咨询、通讯咨询和专栏咨询。

（1）面谈咨询，是指面对面进行的心理辅导。面谈咨询可以进行充分的语言和非语言互动，通过谈话、观察表情、打扮、身体姿势了解到来访学生的各种信息，运用心理老师的语言、眼神等进行及时的干预，是效果最好的咨询形式。

（2）通讯咨询，是指通过电话、网络聊天软件、书信、电子邮件等形式进行心理辅导。限于距离，或者学生不愿意暴露自己身份，不愿意面对心理老师等因素，可以采取这些咨询形式。在校园里开通心理热线电话，可以使学生们消除顾虑，敞开心扉。由于电话咨询对于心理危机的学生具有重要的支持作用，许多地方设立了24小时"生命救助热线"等电话热线进行危机干预或自杀干预。学校心理辅导室设立"心灵信箱"，学生有什么心理烦恼可以"安全"地寻求咨询老师帮助。通过网络聊天这种可以及时互动，又不受时间地点限制的咨询方式是许多学生喜欢的方式。电子邮件是当今网络时代对书信的替代，电子邮件能够快速传递信息，可以作为学校心理辅导的补充形式。

（3）专栏咨询，是指通过大众传播媒体，对学生提出的心理问题给予解答的咨询形式。许多报纸、杂志、电视台、电台和专业网站都开设有心理辅导专栏或专题节目，有些学校内

的广播、板报、校刊等媒体也开设有心理辅导专栏，对于中小学生提出的典型心理问题进行解答，覆盖面广，容易引起许多学生的共鸣，也能够提升关注心理健康的校园氛围。专栏咨询的局限性在于，只能够提供一般性建议，难以对个体进行有针对性的指导。

三、中小学心理辅导的原则

中小学心理辅导原则是根据中小学生心理发展特点，及在校园情境下开展心理辅导工作，心理老师必须遵循的基本要求和法则。根据中小学学生心理辅导工作的实际需要，心理辅导老师应该在从事心理辅导工作时遵循以下原则：

1. 教育性原则

中小学心理辅导老师常常也是学生们的任课老师，心理辅导老师具有双重身份和角色，一是老师，二是咨询师，而且在学生心目中，前者更为突出。因此，心理老师在咨询工作中，首先要履行好教师角色，关心学生的心理成长，热心付出，给予学生引导和帮助，围绕学生身心健康、全面发展、提高素质这个中心开展工作；其次，作为咨询师的角色，更多的是倾听和理解、协助来访学生解决心理问题，不能一味指导，更不能评判、批评来访学生。

2. 发展性原则

中小学生身心发展迅速，身体发育不成熟，心理发展具有很大的不稳定性和可塑性，易受外界影响，而且每个阶段都有不同的心理特征和问题类型。因此，中小学开展心理辅导一定要充分考虑到学生身心发展的特点，有针对性地开展心理辅导工作，将学生发育过程中的正常心理变化同心理障碍区分开来，以发展的眼光看待学生的问题。

3. 整体性原则

学生的心理活动是由多种因素构成的有机整体。某种具体的心理问题，其形成和变化都不是孤立的，常常是多种因素共同影响，如家庭教育方式，家庭关系，经济状况，学生自身的身心发育状况，学校管理，老师教育方式，学校评价方式，同伴关系，社会文化和风气等等都会影响中小学生的心理发展。心理老师需运用系统论的观点，对学生心理问题进行全面了解和系统分析，充分考虑各种心理和社会因素所起的作用，从众多因素中找出主导因素及各种因素之间的有机联系，才能使咨询工作有的放矢、准确有效。

4. 协作性原则

中小学生的心理活动受到主客观多种因素的影响，心理问题的形成一般也与多种因素有关，解决学生心理问题也需要通过多方协作完成。例如，对于因学习困难而自卑的学生，心理老师需要与班主任沟通，给予该生多一些肯定；与贬低该生的任课老师沟通，降低其上课的挫败感和厌恶感；还要与家长沟通，让父母意识到只关心孩子成绩的教育方式带给孩子的痛苦，调整教育方式。通过与学校、家庭及社会有关方面通力合作，共同为来访学生创造一个良好的环境，才能够最大限度地发挥心理辅导的作用。

5. 预防性原则

"上医治未病之病",中小学心理老师需要树立预防重于治疗的思想,通过各种途径积极宣传、普及心理健康知识,努力提高学生的心理素质。中小学阶段是许多心理障碍的萌发期,这一时期做好心理健康教育和早期干预,提高学生心理保健的知识和能力,增强心理素质,可以普遍提高学生心理健康水平,控制和减少心理障碍发生率,为学生今后人生奠定健康的心理基础,使心理健康工作达到事半功倍的效果。

6. 保密性原则

保护来访学生的隐私具有重要的意义:首先,未成年人的隐私是受到法律保护的,《中华人民共和国未成年人保护法》第三十九条规定,任何组织或者个人不得披露未成年人的个人隐私。其次,保护来访学生的隐私是心理辅导师职业伦理的重要组成部分。《中国心理学会临床与咨询心理学工作伦理守则》第二条"隐私权与保密性"规定,心理师有责任保护寻求专业服务者的隐私权,同时认识到隐私权在内容和范围上受到国家法律和专业伦理规范的保护和约束。再次,来访学生在咨询中会透露不愿意让人知道的隐私,倘若泄露出去,不仅会损害咨访关系,失去来访学生的信任,还会伤害来访学生的心理安全感和自尊心,甚至加重心理问题。因此,保护来访学生的隐私是建立良好的咨访关系,开展有效心理辅导的基础。

保密性并非绝对的,《中国心理学会临床与咨询心理学工作伦理守则》规定,下列情况为保密原则的例外:① 心理师发现寻求专业服务者有伤害自身或伤害他人的严重危险时;② 寻求专业服务者有致命的传染性疾病等且可能危及他人时;③ 未成年人在受到性侵犯或虐待时;④ 法律规定需要披露时。

心理师因专业工作需要对心理辅导或治疗的案例进行讨论,或采用案例进行教学、科研、写作等工作时,应隐去那些可能会据此辨认出寻求专业服务者的有关信息。

第二节 中小学个别心理辅导的过程

对于心理辅导的过程,心理专家提出不同的划分标准。伊根将咨询过程划分为三个阶段:分析问题、确定目标、制订和实施计划。我国香港心理学家林孟平将咨询过程划分为四个阶段:预备阶段、探讨感应阶段、行动阶段和跟进阶段[①]。心理辅导划分为几个阶段并不表明各阶段之间有着截然不同的分界线,划分阶段是为了向初学者提供一个比较清晰的咨询的基本框架。在实际工作中,各个阶段常常是相互渗透、交叉的。根据作者的心理辅导经验,为了更详细描述咨询各阶段的工作要点,我们将心理辅导分为接待和收集信息、初步诊断、制订咨询目标和方案、实施咨询方案、巩固和结束五个阶段。

一、接待和收集信息

俗话说"万事开头难",初次接待来访学生是心理辅导的第一步,它在整个心理辅导过程

---

① 林孟平. 辅导与心理治疗[M]. 10版. 北京:商务印书馆,1999:184.

中起到基础性的作用，对后续各阶段都有直接性影响。此阶段有三个基本任务：一是做好初次接待，说明咨询设置；二是建立积极的咨询关系；三是收集来访学生的资料信息，必要时可以通过心理测验补充收集资料。

1. 初次接待

对于第一次踏入咨询室的学生来说，这是一个充满神秘、不可预知的地方，有心理困扰的学生无法自己或通过自己的关系来处理困惑，只能求助咨询老师，但是又担心咨询室会被老师同学发现，说自己"有病"，对于向心理老师敞开心扉的担忧，对于心理辅导能否帮到自己充满怀疑和好奇，为此感到紧张和忐忑不安。因此，初次接待就显得尤其重要。

在初次接待时，心理老师应该着装得体，举止自然大方，保持着和蔼、接纳的态度，表达对来访学生的欢迎和尊重，一句温暖的问候，一杯热水，一个自然引导学生坐下的手势，都能降低来访学生的紧张情绪。

心理老师可以先做一个简单的自我介绍，然后简要向来学生说明咨询时间、咨询双方的权责、保密性等基本设置，其中尤其要澄清保密性，对所谈内容和隐私权的保密做出承诺，以及在什么情况下会打破保密原则，为来访学生提供安全感，打消顾虑。

来访学生如何诉说自己的困扰差异很大，有些学生开门见山，主动表达，对此心理老师倾听即可；对于迟疑的学生，可以用一些间接询问引导其表达："今天你来，我有什么可以帮助你的吗？""今天想谈谈什么呢？"切忌过于直接地询问如"你有什么问题？"这会让他们退缩回去；对于绕弯子久久不能进入正题的学生，应将此理解为防御机制，可以跟随他聊聊其他话题，待其产生对心理老师的信任之后自然地转入正题。

2. 建立咨询关系

咨询关系是心理老师与来访学生之间建立的一种人际关系。良好的咨访关系可以使来访学生能感受到心理老师对其问题的无条件积极关注，进而产生信任心理。在第一次咨询中如果没有建立良好的咨询关系，来访学生很容易脱落，咨询效果更谈不上；咨询过程中，没有良好的咨询关系，再好的咨询技术都不起作用。因此，良好的咨询关系是心理辅导的前提条件和首要任务。详细内容请参考本章第三节。

3. 收集资料

初次接待除了建立咨访关系外，另一个重要的任务是收集来访学生的资料信息。收集资料是咨询工作的基础，是心理老师分析问题、实施诊断、制定和实施咨询方案的依据。心理老师通过会谈、观察、倾听、心理测验等方式了解学生基本情况及存在的问题。收集来访学生资料应该包括以下几方面的内容：

（1）人口学资料：包括姓名、年龄、性别、所在班级（不愿透露的不勉强）。

（2）重要的人际关系：包括家庭成员、家庭人际关系（尤其是与父母的关系）；师生关系、同伴关系。

（3）成长经历：成长过程中的重大主题以及现在对它的评价。

（4）当前的主要问题：孙义农、钟志农等人对3 000例来访学生个案进行归类，发现学生来访者的问题大致有以下六类：自我形象、人际交往、学习考试、情绪调节、性心理和升学择业。有些来访学生的问题可能是多种混合，对此要分清主次，制定咨询目标时要有层次性。收集信息包括来访学生当前的主要问题是什么，持续多久，严重程度如何，问题的产生原因是什么，当前对来访学生有哪些方面的影响。

4. 心理测验

通过初次接待收集到来访学生基本信息之后，对于一些问题还把握不准，可以进一步借助一些心理测验工具进一步收集资料。

选用心理测验应该注意以下几点：

（1）向来访学生说明选用量表对咨询的意义并征得其同意。只有当来访学生同意并愿意密切配合时，才可以实施心理测验。

（2）根据来访学生的心理问题性质，选择恰当的心理测验量表。通过会谈，对来访学生心理问题形成初步理解和判断后，选择相应的心理测验。

（3）如果测量结果与观察、会谈的结论不一致，不宜轻信任何一方，应该收集更多资料，之后再进行测验。

（4）不能乱用心理测验。不能通过心理测验找问题，而应该先通过面谈对来访学生问题有一定了解后选用心理测验；不能"地毯轰炸式"实施心理测验；在选用测验时查明测验的可靠性（信度、效度）以及常模时限等；应按规定操作心理测验；不能超出某种心理测验自身的功能，主观地对数据结果进行解释。

适用于中小学生的心理测验较多，例如，针对学习问题可选用《学习适应性测验（AAT）》，人格评估可选用《艾森克人格问卷儿童版》《儿童十四种人格因素问卷（CPQ）》，中小学生行为问题评估可以选用《Achenbach 儿童行为量表（CBCL）》；心理健康状况评估可选用《中学生心理健康量表》《小学生心理健康评定量表》（教师用）等。其中一些量表的介绍请参阅本书十一章。

二、初步诊断

心理老师在通过对来访学生资料收集，需要对来访学生面临的问题作出初步诊断，以利于制定咨询目标和方案。这个阶段主要有两个任务：确定心理问题的类型及性质，决定是否咨询；寻找心理问题的原因。对于来访学生进行科学诊断并非易事，心理老师初步诊断应该遵循以下步骤：

1. 判断是否属于心理辅导范围

学校心理辅导针对一般心理问题、严重心理问题和部分神经症性问题，精神病性问题和心理障碍应转诊给精神科或心理科医生进行治疗。心理老师可以从以下几个方面判断来访学生是否属于咨询范围：一是心理行为与环境是否统一，知、情、意的心理过程是否协调，性格相对稳定，如果违背其中一条都可能是精神病性问题。二是通过看是否存在一些典型的精神病性问题症状，如幻觉、妄想、狂躁等行为是精神病性问题的表现。

2. 确定心理问题的类型

如果排除精神病性问题，确定该来访学生可以接受心理辅导，心理老师还需要进一步确定心理问题的性质，是属于学习问题，还是人际关系问题，或者是其他方面的问题；是属于发展性问题、适应性问题还是障碍性问题。

3. 寻找心理问题的原因

通过对来访学生各方面资料的收集整理，相互印证和比较，结合心理学相关理论知识，对心理问题成因做出解释。

三、制定咨询目标与方案

通过建立良好的咨访关系，收集资料，做出初步诊断，接下来的环节就应该是制定心理辅导的目标和方案：明确来访学生改变的方向是什么，改变要达到什么程度，采用什么样的心理辅导技术和方法。

（一）明确咨询目标

有的来访学生怀有某种期待来到咨询室，希望改变现状；有的学生是被老师、家长带到咨询室，自己没有目标。咨询目标是制定咨询方案的基础，目标不恰当或没有明确目标的咨询最终可能会陷入迷途。明确咨询目标应该注意以下几点：

1. 心理辅导的目标是解决来访学生本人的心理问题

心理辅导的任务是帮助来访学生解决心理问题，咨询目标应该是属于心理学范畴，如心理适应、心理障碍、心理发展等方面。对于考试不及格而自责的学生，咨询目标不是帮助其补习功课，而是协助其处理自责情绪和调适心理行为模式。心理辅导只对来访学生本人进行工作，对于代他人咨询、希望通过改变他人来让自己舒服的学生，应该明确告诉他们咨询对象的问题，请来访学生转告当事人本人前来咨询，或将"改变他人"的愿望转换成自我探索的问题："他让我不舒服，我是怎么了？"

2. 咨询目标是咨访双方共同制定的

咨询目标是咨访双方要实现的目标，应该由双方共同讨论制定。当心理老师和来访学生目标不一致时，应该通过交流来调整。来访学生常见的咨询期待是一、两次咨询就能解决自己的问题，或者认为心理辅导万能，希望通过咨询可以解决自己所有的问题。对于这些不适当的期待，心理老师应该根据自己的专业经验向来访学生说明，并讨论制定可接受的目标。如果通过沟通双方目标仍然无法达成一致，应以来访学生目标为主，在咨询中也可以进一步调整。

3. 咨询目标是具体的

具体的咨询目标应该是很清晰、可操作、可测验。咨询目标模糊不清，不具体，咨询中双方难以执行，咨询效果也难以评估。一个缺乏自信的学生，希望通过咨询提升自信，这样的目标只是一个大概方向，如果心理老师不将其具体化和量化，双方都可能不知道应该将自信提高到什么程度，不知道达到什么程度才算实现咨询目标，完成咨询。这样的咨询目标对于咨询的影响可想而知。

4. 咨询目标是现实可行的

目标的制订要根据来访学生的现状、潜力以及周围的环境来制定，咨询目标超出了来访学生的能力范围，最终只会带来挫败感。对于不可行的目标，心理老师要和来访学生讨论，争取将目标限定在可行的范围内，比如可以将目标分解为一个个具体可行的小目标。

5. 咨询目标不是一成不变的

随着咨询的不断深入，咨访双方可能意识到来访学生的原有问题背后有更深层次的问题，咨询目标也需要随之调整；或者咨询到一定阶段，原有目标已经达成，或者已经退居次要位置，来访学生提出新的问题，就需要确定新的咨询目标。

（二）制定咨询方案

制定咨询方案是根据既定的咨询目标，为实现该目标而设计出一个行动方案，为接下来咨询实施规划了路线图。制定咨询方案应该考虑以下三方面的因素：

1. 来访学生问题的性质

不同的心理辅导方法有不同的适应问题，对于单纯行为问题，如吸烟等，可侧重于选用行为疗法；对于认知偏差，可选用认知疗法；对于人际关系和情绪困扰，可选用人本主义疗法。在实际咨询中，还可能将多种方法综合使用，例如对于考试焦虑，可综合使用理性情绪疗法和行为疗法。

2. 来访学生的情况

来访学生的性别、年龄、智力、性格、原生家庭情况和同辈群体关系都应该成为制定咨询方案的参考依据。对于沉默寡言和低年级学生，沙盘、绘画等疗法是不错的选择；对于人际不信任的学生，人本主义是比较好的选择。低年级学生更喜欢艺术治疗，高年级学生喜欢谈话治疗。对于心理老师提出的咨询方案，要关注来访学生是否感兴趣，是否愿意执行。

3. 心理老师的专长

心理老师接受的训练、理论取向、擅长方向、个人风格不同，不可能面面俱到，心理老师应该知道自己的长处和不足，扬长避短，选用自己较为熟悉擅长的方法。对于自己不擅长的心理问题，或者咨访关系不匹配的个案，应考虑转介。

四、实施心理辅导

实施心理辅导是围绕着咨询目标，将咨询方案落实到实践中的过程。在咨询过程中，来访学生是主动参与者，心理老师是协助者。来访学生在心理老师的帮助和支持下，发挥自己的潜能和创造性，积极进行自我探索，产生理解、领悟，克服不良情绪，尝试新的态度和行为方式。

心理老师主要起引导、帮助分析、解释、提供信息、给予建议、评估，以及支持和鼓励的作用。

在学校咨询中，心理老师除了对来访学生进行咨询外，有时还需要对来访学生的环境施加影响。比如跟班主任或任课老师沟通，帮助他们调整对来访学生的态度、学习要求、学习指导等；或者与来访学生的家长沟通，建议家长做出某些改变，甚至邀请家长一起参与家庭咨询。

实施心理辅导阶段应注意以下问题：

1. 检视咨询目标和咨询方案

咨询目标的咨询方案是根据已有的资料制定的，随着心理辅导的深入，资料收集越来越全面，来访学生的心理资源和心理问题都可能呈现出新的面向，则咨询目标和方案就应该有所调整。咨询过程中，咨询目标是否偏离，咨询目标达成如何，咨询方案是否适合当前实际情况，都需要随时检视和评估，随时调整。

2. 建立同盟关系至关重要

从来访学生进入咨询室开始，就进入了咨访关系当中，咨访关系的质量直接影响到咨询效果的好坏，因此，整个咨询过程中都应该关注咨询关系的建设和维护，争取合作同盟的咨询关系，这样来访学生才愿意一起努力解决心理问题。

3. 来访学生是主人翁，心理老师是协助者

和课堂上老师相对主动，学生相对被动不同，心理辅导中来访学生是主人翁，他们要积极自我探索，发挥自身潜能，积极领悟和付诸实践，承担心理成长的责任；而心理老师是协助者角色，协助来访学生发挥潜能，产生领悟，鼓励支持、协助来访学生主动选择、自我负责，将成长的权力和责任交还给学生，而不要教育指导，包办替代。心理老师要"对"来访学生负责，但是不要"替"来访学生负责。

五、巩固和结束

经过数次或者数十次艰辛的心理辅导，终于迎来了结束阶段。一个完整有效的心理辅导，不论是对于来访学生，还是对于心理老师，都会带来莫大的成就感，同时也会感受到心灵的蜕变。在咨询的结束阶段，需要做好以下工作：

1. 评估咨询效果

在咨询结束之前，应该进行全面、客观的评估，以确定咨询是否应该结束。评估的方法有多种，可以参照来访学生的主观感受，心理老师的观察反馈，来访学生家人、老师、同学的反馈、心理测验结果等。评估的内容应该以咨询目标为主，重点在于来访学生症状减轻程度和社会功能改善情况。

2. 巩固咨询效果

确定心理辅导达到预期目标，可以结束时，心理老师和来访学生应该对整个咨询过程进行一次总结性回顾，对咨询中谈及的重要事情，咨询的过程，咨询中彼此的感受，咨询中的

领悟和改变进行梳理，离开咨询后还需要对自行完善的部分进行探讨。总结性回顾既可以肯定当事人和心理老师的努力，也可以加强咨询效果，还可以为来访学生后续成长提供思路。

3. 处理分离焦虑

心理辅导经历多次亲密的接触，来访学生将心里面最深处的秘密拿出来和心理老师分享，其间双方都投入了相当多的情感和精力，建立了深入的关系，咨询结束就意味着这段关系的结束，来访学生常常会感到焦虑、悲伤，出现依赖心理老师、心理问题反复等情况。好的分离意味着成长，坏的分离可能带来创伤。因此做好咨询结束的分离工作至关重要。在咨询结束前几次，心理老师应该和来访学生讨论咨询结束的感受，让其表达出分离带来的焦虑、难过、依赖和不舍，处理好相关情绪，表达对来访学生的祝福和关心。

4. 为学习迁移和自我成长做准备

心理辅导不是一劳永逸的，也不能完美地解决所有问题，咨询结束阶段还应详细地探讨来访学生在实际学习和生活中可能会碰到哪些困难情境，将怎样利用在咨询过程中的积极经验和收获，去面对这些情境并妥善处理，从而巩固咨询效果，促进来访学生全面发展。

第三节　中小学个别心理辅导的技术

一、建立咨询关系的技术

咨询关系是指咨询师和来访者之间的相互关系。良好的咨询关系是咨询成功的前提条件，Jonghe 等人研究发现有效心理治疗的共同元素是治疗联盟。如果患者与治疗师之间存在良好的治疗联盟，治疗将是有效的；如果没有好的联盟，治疗不会成功。人本主义心理治疗创始人罗杰斯说："真正重要的是治疗师的态度和情感，而不是他的理论取向。他的方法和技巧并不比他的态度更重要。"对于学校的心理辅导来说，心理老师和学生之间存在角色不对等，良好的咨询关系是学生向心理老师开放的最重要的因素。心理辅导老师尊重前来咨询的学生，让他们感受到温暖、共情理解、真诚、积极关注，既是建立良好咨询关系的重要技术，也是心理老师应该具备的人格特质。

1. 尊重

尊重是指心理辅导老师对于来访学生的现状、价值观、性格特点等给予平等、民主的对待，把来访者作为有其思想感情、内心体验、生活追求和独特性和自主性的人来看待。伊根强调，"尊重不单是一种态度，不单是对人的一种看法，尊重是一种价值，换言之是用行为表达出来的一种态度。"[①]尊重可以提升来访学生的自我价值感，在心理老师尊重的氛围里，来访学生会感受到自己是一个被重视的、重要的人，提升自我价值感，产生自尊自重的心态，也学会尊重其他人。

---

① 林孟平. 辅导与心理治疗[M]. 上海：上海教育出版社，2005.

心理老师对来访学生的尊重对于咨询关系建立非常重要，因为师生关系具有角色的不平等性，老师是学生心目中的权威，容易对老师产生崇拜、顺从；或者相反，产生逆反、叛逆、不信任的心理，要让来访学生向咨询师敞开心扉讲述自己的问题，让学生感到平等和被尊重、被重视是首要的任务。心理老师表达对来访学生的尊重，可以从以下方面理解和掌握：

（1）尊重意味着对来访学生无条件的接纳。尊重意味着重视来访者的内心体验和生活方式，把对方作为一个完整的人来接纳，既接纳积极、光明、正确的一面，也接纳其消极、灰暗、错误的一面；既接纳喜欢认同的一面，也接纳不喜欢不认同的一面，这种接纳是没有条件的。接纳不等于咨询老师同意来访学生的观点和做法，而是承认、理解、接受来访学生的表现。有些学生的一些心理行为问题可能表现得可能很"恶劣"——逃课、打架、不爱护公物、和同学关系不好，或者自卑、缺乏自尊、不爱学习，作为老师的职责是引导教育学生"改邪归正"，但是作为咨询师首先要接纳他们的这些表现，其次才能理解他们为何如此，并探索帮助他们的方法。

（2）尊重意味着对来访学生平等对待。心理老师和来访学生在角色上有差别，但是在价值、尊严人格等方面是平等的。只有来访学生感觉到与心理老师心理上平等了，才可能表达自己更多的负面感受，可以接受或者拒绝咨询师，可以反驳甚至批评咨询师，决定自己的选择。另外，尊重也体现为对于来访学生一视同仁，不因学生的相貌美丑、性格好坏、家庭贫富、成绩高低而厚此薄彼。

（3）尊重意味着保护来访学生的隐私。心理辅导会涉及来访学生大量的隐私内容，保护来访者的隐私是来访者信任咨询师、开放自己的重要前提，也体现了咨询师对来访者的尊重。来访学生暂时不愿意谈论的话题，心理老师也不应逼问，要耐心等待，尊重其开放程度。

（4）尊重体现在言行上。尊重来访学生说话内容和节奏，不打断学生的自我表达，也不逼问学生，听不清听不懂的地方礼貌询问；身体语言是传递尊重的重要途径，真诚看着来访学生，点头示意在认真听，鼓励其继续讲下去，身体朝向来访学生，不跷腿、不抖腿、不做与咨询无关的多余动作，全神贯注地倾听求助学生，真诚给予回应。

2. 共情

共情一词来自于英文"empathy"，也有译为"同感""共感""神入""同理心"等。人为中心心理专家戴夫·默恩斯说过："共情是一种持续的过程，在该过程中心理辅导师把自己的经验和觉察现实的方式放在一边，而让位于对来访者的经验和知觉进行感受并对其做出反应。随着心理辅导师切身体验到了来访者的想法和情感，就如同它们来源于自身，这一感觉会强烈而持久。"[①] 所以，共情也被称为"感同身受"。共情不等于陷入当事人情绪漩涡，而是要明白这是当事人的感受，我可以深刻去体验，但是不等于就是我的。罗杰斯说："感受当事人的私人世界就好像感受你自己的世界，但这绝对没失去'好像'（as if）这一特点。"[②]

共情不等于同情。同情含有咨询老师和来访学生地位不平等的含义，有一种居高临下、恩赐、怜悯的心态；而共情是心理老师真正理解感受到了来访学生的感受，双方人格是平等的。

共情包含三个步骤：首先，深入对方内心去体验他的想法和感受；其次，深刻体验对方的感受，并尝试借助经验和专业知识理解其心理和问题的实质；最后，咨询师通过言语非言

---

① [英]戴夫·默恩斯，布莱恩·索恩. 以人为中心心理辅导实践[M]. 重庆：重庆大学出版社，2010：53.
② [美]卡尔·R. 罗杰斯. 个人形成论[M]. 北京：中国人民大学出版社，2004：57.

语方式向来访学生传递自己对其内心世界的理解，让对方知道被理解了。

共情在心理辅导中具有重要意义：第一，通过共情，心理老师可以更深入理解来访学生，把握其内心世界；第二，通过共情，来访学生感到自己被理解和接纳，产生愉悦满足感，愿意更多开放和谈论自己，有助于建立良好咨询关系；第三，共情可以促进来访学生更多的自我表达和自我探索，存进了双方更深入的交流；第四，许多来访学生生活中不被理解而产生各种苦恼甚至心理问题，迫切需要倾诉、理解、关怀，共情理解对于他们有明显的治疗效果。第五，共情可以让来访学生学习如何去理解自己和理解身边的人，有助于帮助其建立良好的人际关系。

3. 真诚

真诚是指心理老师对来访学生态度真诚，没有防御式伪装，不带着咨询师或老师的角色面具，表里如一、真实、坦诚地与来访学生交流。戴夫·默恩斯认为，"一致性是一种存在状态，这时心理辅导师对来访者的外在反应与他对来访者的内部经验始终保持相同。"[①]罗杰斯说："我相信，心理治疗师在治疗关系中的真实性是首要因素。当心理治疗师最真实、最自然的时候也就是他最有效的时候……在那时这是该个体自然而然的反应。""真诚是我的体验（experience）、意识觉知（awareness）和表达（communication）三者高度一致，内外一致，在这种关系中我的真实感受可以得到透明的表现。"[②]

真诚可以为来访学生提供一个安全、值得信任的氛围，来访学生才可以袒露心扉，呈现自己软弱、无助、失败等感受。心理老师的真诚也为来访学生提供了良好的榜样，让来访者学习到真实表达自己的感受想法是可以的，被接受的，真实的自我是可以被接受的，可以更真诚地与人沟通。

真诚不等于实话实说。心理老师的言行都是以帮助来访学生解决问题的，但是有些对来访学生心理健康不利的真话可以选择不表达或用更具治疗意义的方式表达。一位为自己长相自卑，相貌很普通的女生问心理老师，"老师，你觉得我漂亮吗？"心理老师如果直接回答"我觉得你长得很普通"可能会进一步加重该生的自卑心理，可以选择回答："相对于相貌，我更欣赏你努力追求美丽生活的心态。"心理老师如果对来访学生一些行为不接纳，如果直接表达可能会伤害对方，可以选择暂时不表达，反思自己为什么不能接纳对方。

真诚是咨询师愿意自我开放。真诚是咨询师内心的真情流露，咨询师自然表达对来访者的感受和想法，和来访学生分享自己的情感、思想、经验。自我开放不等于自我发泄，把自己很多负面感受表达出来，自我开放应该是以帮助来访学生更深入探索为目的和原则。

4. 积极关注

心理辅导老师应该持有一种乐观积极的人性观，相信人本质是善良的、积极向上的、能自我实现的。人本主义心理学大师罗杰斯说："每个人都有一个基本上积极的取向，这已成为我的经验……他们趋向于改变的方向是什么？我相信，我可以用一些言辞来说明：积极的、建设性的、朝向自我实现的、朝向成熟成长的、朝向社会化发展的等。我感觉，个体越被充分地理解和接纳，他就越容易摒弃那些他一直用来应付生活的假面具，就越容易朝着面向未来的

---

① [英]戴夫·默恩斯，布莱恩·索恩. 以人为中心心理辅导实践[M]. 重庆：重庆大学出版社，2010：102.
② [美]卡尔·R. 罗杰斯. 个人形成论[M]. 北京：中国人民大学出版社，2004：32.

方向改变。"①因此，积极关注是指咨询老师对来访学生的积极、光明、正能量的方面予以关注，从而使其拥有积极的价值观，拥有改变自己的内在动力。许多来访学生往往夸大了自己的缺点、弱点和失败，对自己的优点和长处却看不到，陷入苦恼和自卑当中。心理老师发掘来访学生的优点，可以让其更客观辩证地认识自己，看到自己的长处和资源，树立信心和希望。

积极关注需要心理老师有积极健康的人性观，对生命的赞美，在生活中感受到幸福，对自己和他人都持有积极乐观的看法。积极关注应该实事求是，夸大来访学生优点，隐藏其不足，这样只会让来访学生觉得虚伪而难以建立信任。当心理老师拥有一双发现美的眼睛，自然会在任何人身上看到积极一面。比如，一个打架、逃课、叛逆，似乎一无是处，整天和社会"小混混"来往的学生来咨询，你还可以看到他前来咨询想改变自己的勇气，他良好的同伴交际能力，坚持自我、尊重内心想法的品质。心理老师并非漠视或否认其打架、逃课、叛逆等行为，而是相信这些是可以被理解的。

二、参与性技术

心理辅导主要是通过咨询老师和来访学生通过语言交流达到咨询效果，其中使用的主要媒介是语言。在学校心理辅导中，心理老师应灵活恰当地运用各种晤谈技术来引导、促进双方的沟通。以下介绍几种重要的参与性技术：

1. 倾听

"上帝给我们两只耳朵一张嘴，就是要让我们多听少说。"心理辅导不是搞教育，老师说学生听，而主要是来访学生说，心理老师听。倾听是心理辅导最基本的技术，是了解来访学生心理世界的最重要途径，没有良好的倾听，就不可能有心理辅导。倾听是在接纳的基础上，积极地听、认真地听、关注地听、用心地听，并在倾听时适度参与。

（1）倾听是了解来访学生心理世界的最重要途径。只有认真、耐心、用心地倾听，才能够理解来访学生苦恼的感受和想法，理解其困扰的来龙去脉。

（2）倾听本身就具有治疗效果。倾听能让来访学生把自己积压的负面情绪畅快淋漓地表达出来，宣泄释放之后有人能够理解、接纳自己的这些感受，感到轻松愉悦，原来认为的烦心事都不是事儿了。有些学生内心烦乱、冲突、矛盾、无助，通过倾诉，慢慢厘清了头绪，找到问题解决之道。

（3）倾听是身体和心灵的共同参与。"倾"是"朝向"之意；"听"的繁体字是"聽"，可以将其拆解来看："耳为王，十目一心"。因此，"倾听"可以理解为"身体朝向来访者，眼睛专注地看着来访者，耳朵只有来访者的话，一心一意地听。"身体姿势、表情表现出对来访学生的专注和鼓励，从内心理解来访学生说话的意思和感受，并能够根据心理学知识理解其内心问题的本质。

（4）倾听是不带评价选择地听。倾听时将来访学生语言和身体所表达的所有信息不加过滤地完全接收，不评判好坏对错，不添加个人好恶，从这些真实信息中才能完整理解和把握来访学生的内心世界。

---

① [美]卡尔·R.罗杰斯. 个人形成论[M]. 北京：中国人民大学出版社，2004：24.

（5）倾听要眼耳心共用。不只是听到来访学生说出来的话，还要通过敏锐的直觉，听出来访学生羞于启齿或表达含糊的意思。通过非语言表情和行为的观察，可以发现来访学生很多没有表达的或想隐藏的信息。例如，一个学生说很感激妈妈，但是这个时候嘴角撇过一丝难以理解的微笑，这种语言非语言不一致时为我们提供了许多隐微的线索。

（6）倾听的时候适当参与。为了表明咨询老师是认真倾听，理解和接纳来访学生的，需要一些语言非语言信息表达这些信息。适时回应"嗯""我理解，你继续""是的""然后呢"，可以鼓励来访学生更好地诉说。对没有听懂的意思不能装懂，要真诚的表示希望解释或重说。在语言回应的时候可以伴随点头、眼神鼓励等动作，与语言共同形成认真倾听的效果。

2. 询问

问问题谁都会，但是得到的答案却很大程度上受问题本身的影响。心理辅导询问技术包括开放式询问和封闭式询问两种。

开放式询问是指咨询师提出的问题没有预设答案，来访者可以很开放地回答，而且需要做较多的表述才能回答。这种询问技术可以尽可能收集更多的信息。其问题特征通常使用"什么""如何""为什么""什么原因""能不能"等词来发问。如"你是如何看待这件事情的？""因为什么原因你这么苦恼？""你能不能告诉我你怕黑暗的原因？"

封闭式询问是指咨询师提出的问题有预设答案，来访者回答的答案有限，而且不需要展开描述。这种询问技术在明确问题，澄清事实，获取重点，缩小范围时使用。其问题特征通常使用"是不是""有没有""对不对""多少"等词语提问，回答仅是"是""不是""对""不对"或一个具体数字。如"你读了多少年书？""有没有考虑过你妈妈的感受？"

在咨询中应该更多使用开放式提问，封闭式提问如果使用过多会使来访学生陷入被动回答中，自我表达的愿望和积极性受阻，还可能感觉到被讯问，从而出现沉默、阻抗、中断咨询。

3. 鼓励和重复

鼓励技术是鼓励通过言语或非言语鼓励来访学生继续表达和自我探索。通过认真倾听、点头、眼神邀请，使用一些简短的词句如"嗯""是的""后来呢？""请继续"，可以很自然地鼓励来访者继续。也可以用一些明确的鼓励语言，如"这两次咨询，你通过努力已经解决了一些问题，继续加油！"

重复技术是指心理老师直接重复来访学生的话或其中一些词语，可以鼓励来访学生对自己某句话的重视和反思，或者深入表达这句话所包含的内容，因此重复技术也是一种特殊的鼓励。

通过鼓励和重复技术还可以对来访学生表达的内容进行选择性关注，引导他们向某一方面深入探索。例如：

一位初中男生说：我很不喜欢自己这个样子，每天都没精打采的，学习又学不进去，不听课又很愧疚。妈妈总是在我耳边说"你看谁谁谁又考多少名了"，不断给我施压，烦死了。

重复一：你很不喜欢自己现在的样子！

重复二：妈妈不断给你施压，你感觉很烦！

心理老师重复的切入点不同，引导的谈话方向就会有所区别。重复一鼓励来访学生更多地谈自我评价；重复二则鼓励来访学生探讨和妈妈的关系。

4. 具体化

来访学生在表达自己问题有时模糊不清、过于笼统、抽象，咨询老师需要通过具体化技术协助来访学生清楚、准确地表述他们的观点及体验、发生的事情，把握真实情况。例如：

来访学生：我的同桌可恶极了！他简直不可救药了！我真拿他一点办法也没有。

心理老师：你能告诉我你同桌有些什么具体表现吗？

来访学生：比如说，他上课不好好听讲，还常找我说话，我不理他，他就打我……[1]

运用具体化技术，心理老师才能知道来访学生和同桌之间发生了什么事情。

在来访学生可能出现以偏概全的思维方式，通过具体化可以帮助其看到其思维方式的不合理。例如：

来访学生：我觉得自己好失败，什么都做不好。

心理老师：你能具体说说，你觉得哪些事情做不好吗？

来访学生：我成绩在班上总是倒数几名，昨天运动会接力棒比赛我把棒掉地上，导致我们队输了。

心理老师：还有其他事情你觉得自己做不好吗？

来访学生：（想了想）好像就这些。

心理老师：你考试在班上倒数，昨天比赛因为自己失误导致失败，因为这两件事你觉很失败，进而认为自己什么都做不好，是吗？

来访学生：（想了想）其实其他有些方面我也做得不错呢……

5. 内容反应和情感反应

《道德经》有言："知人者智，自知者明。"但是自知谈何容易。古语说："以铜为镜，可以正衣冠；以人为镜，可以明得失。"只有通过他人的眼睛，我们才能更好地看到自己。情感反应和内容反应中，心理老师就充当了"以人为镜"的角色，反射出来访学生内心不太清晰的感受和想法。

内容反应指的是心理老师把来访学生陈述的主要内容经过概括、综合与整理，用自己的话或对方具有代表性的词汇短语反馈给来访学生，以达到加强理解、促进沟通的目的。内容反应通常采用"你说……是这样吗？""你的意思是……是吗？"末尾用问句，可以确认咨询师是否听懂了来访学生的意思。例如：

心理老师：我想你刚才说的这些，你的主要意思是希望自己无论做什么都能做好，让别人都觉得自己挺聪明能干，希望别人喜欢自己，是这样的吗？

来访学生：嗯，差不多吧，我什么都想做得十全十美。

情感反应是指心理老师把来访学生所表达的有关情绪、情感的主要内容经过概括、综合与整理，用自己的话反馈给来访学生，以达到加强其对自己情绪情感的理解。情感反应通常使用"你感……""你觉得……是这样吗？"的句式，末尾用问句，可以确认心理老师是否听懂来访学生的意思。例如：

心理老师：你对妈妈的表现感到难堪，你觉得她的举止很不雅，但……她又是你的妈妈。

---

[1] 彭小虎. 小学生心理辅导[M]. 上海：华东师范大学出版社，2012：67.

心理老师：你的老师和同学都看不起你，你为此感到非常难过，是这样吗？①

情感反应注重来访学生的情感情绪反应，内容反应则注重于来访学生所谈内容的反应，两者常常合在一起使用。

6. 参与性概述

参与性概述是指心理老师把来访学生的言语和非言语行为包括情感等综合整理后，以总结的方式反馈给来访学生，相当于内容反应和情感反应的整合。参与性概述可以用在面谈结束时进行回顾总结，也可以用在咨询开始时对上次咨询的回顾，也可以在一般情况下使用。例如，通过一段摄入性谈话，心理老师把收集到的信息反馈给来访学生：

你刚才谈到你觉得和他们地位不平等，他们总是高高在上。你去他们家时买水果给他们，希望心理平等，但是没有被接受，还是觉得低下，被施舍。

参与性概述可以让来访学生产生咨询的进展感，对咨询进行重新审视，借此可以更好地理解自己。

三、影响性技术

（一）面质

面质也称"对峙""对质""正视现实"等，是指心理老师指出来访学生表现出来的矛盾之处，促进其自我探索，使其面对真实情况。当来访学生表现出以下不一致时，心理老师可以使用面质技术：

（1）言行不一致。例如，"你说你现在心情很平静，但是你不停搓手，看起来很烦躁。"

（2）前后言语不一致。例如，"你上次说你学习很努力，但是刚才你说许多作业都没有做，受到老师的批评。"

（3）与事实不符。例如，"你觉得自己很丑没有人喜欢自己，但是之前你又谈到几个男孩子都在追求你，好多同学都说羡慕你长得漂亮。"

面质容易让人感觉自己被挑战、被揭穿了，从而产生抵触、阻抗、咨访关系紧张等现象。因此，面质的使用一般在咨访关系比较成熟和稳定时使用。面质时应该伴随温和、接纳、探讨的氛围，而非评判、指责。面质应以事实为依据，当来访学生呈现的不一致信息充分、矛盾比较明显时才使用面质。为降低抵触情绪，可以使用尝试性面质："我不知道是不是误会你的意思了，你上次似乎说你学习挺轻松，成绩也好，可刚才你却说学得很累，老担心成绩，不知哪一种情况更确切？"

（二）解释

解释技术是指应用心理学的理论来说明来访学生思想、情感和行为的原因、实质，使来访学生能够从一个新的角度来理解和把握自己的困扰，产生新的领悟，促进积极改变。心理老师在做出解释时应该根据来访学生的理解力，少用专业术语，使用来访学生能够理解的语

---

① 彭小虎. 小学生心理辅导[M]. 上海：华东师范大学出版社，2012：65-66.

言。另外，解释应该在时机成熟时进行，当来访学生还没有做好准备接受解释的时候，匆忙解释会让其不知所措，难以理解。如果心理老师的解释无法被来访学生理解，说明解释时机不成熟，可以将解释放置一旁，不能强迫其接受。

（三）指导

指导是心理老师直接指示来访学生做某件事、说某些话或以某种方式行为。指导技术是最有影响力的咨询技术，行为主义心理治疗进行系统脱敏、放松训练，认知疗法布置家庭作业，完形治疗使用角色扮演等技术都是指导性技术。但是人本主义心理治疗师罗杰斯不赞成使用指导技术，认为心理辅导应该遵循"非指导"原则，相信来访者有成长潜能。指导技术内容较多，主要有以下几类：

（1）给建议。对来访学生给予一些意见建议，供其参考实行。对一个人际交往退缩又渴望朋友的学生，可以和他约定，下次咨询之前每天和五个人说话。

（2）认知调整。合理情绪疗法通过与来访者非理性认知的辩论，调整其认知模式，进而改善不良情绪。

（3）行为矫正。通过角色扮演、系统脱敏、模仿和示范的方法，指导来访学生练习新的行为。

（四）情感表达和内容表达

情感表达技术是心理老师将自己的情绪、情感以及对来访学生的情绪、情感等，反馈给来访学生，达到影响对方的目的。情感表达与情感反应不同之处在于，前者是表达心理老师体验到的情绪情感，后者是将来访学生的情绪情感整理后反馈给对方。

内容表达技术是指心理老师将自己对来访学生的观点、想法告诉对方，提出建议、进行解释和反馈，以达到影响对方的目的。内容表达和内容反应技术是不同的，前者是心理老师表达自己的观点看法，后者是心理老师反映来访学生的所述的事实或观点。

情感表达和内容表达可以一起使用，以达到更好的影响效果。例如：

来访学生：我觉得生活没有意义，不知道以后会怎么样……

心理老师：我听了感觉很难过，很希望能陪你去寻找生命的意义。我觉得你主动来做心理辅导，努力让自己生活好起来，这是你生命的力量。

心理老师回应的第一句是情感表达，第二句是内容表达。

（五）自我开放

自我开放技术也称为"自我暴露""自我表露"，是指咨询师把对来访学生的想法、感受，或者自己的经验与对方分享。心理老师自然、真诚地表达自己，让自己更具人性，来访学生感受到老师的亲切、真诚和坦率，有助于拉近与来访学生心理距离，来访学生也更愿意开放自己。自我开放有两种形式：

1. 把自己对来访学生的体验感受和想法告诉对方

这实际上是情感表达和内容表达的综合。例如，"你说爸爸打你的时候你求饶，我听了感到很难过,我想如果我处在你的处境,一定特别无助。""你帮家里做了那么多事情,我认为你是一个很有责任感,很体贴人的人。"心理老师开放对来访学生的想法和感受可能是积极、正面的,也可能是消极、负面的,对于后者,一定要慎重使用,避免影响双方关系。例如,"你迟到了20分钟,我觉得有些不愉快。或许你有什么原因,你能告诉我吗?"在自我开放了负面感受后加上最后一句,让来访学生不至于感到被排斥。

2. 心理老师暴露与来访学生所谈内容有关的个人经验

社会心理学研究表明,当一个人向另一个人做出一定的自我开放时,常常引发另一个人做出相同水平的自我开放。例如,来访学生失恋了,很痛苦,但是不愿意多谈,心理老师说:"我想我能理解你不愿意多谈的原因。我高一的时候第一次恋爱……(简单讲述恋爱和分手过程)我那个时候不想跟任何人提起这件伤心事,只能一个人躲在被子里哭。"这一番自我暴露可以拉近心理距离,引发来访学生的倾诉。自我暴露的目的是引发来访学生的暴露和探索,不应该是心理老师的自我炫耀或者宣泄,因此自我暴露应该简洁而真诚。

(六) 影响性概述

影响性概述是指心理老师将自己所叙述的主题、观点、感受、解释等组织整理后,以简明扼要的方式表达出来。参与性概述是将来访学生叙述的内容总结反馈给对方,而影响性概述是将心理老师自己的感受想法反馈给对方。影响性概述可以在面谈中间使用,也可以在结束时使用,还常常与参与性概述一同使用。心理老师将来访学生的主要问题、原因、咨询中双方做的工作进行影响性概述,使得整个咨询过程脉络清楚,有助于咨访双方把握咨询全局。

(七) 非言语技术

20世纪五十年代一位肢体语言的先锋人物阿尔伯特·麦拉宾发现:一条信息所产生的全部影响力中7%来自语言,38%来自于声音(语音、音调),剩下的55%则全部来自于无声的肢体语言。人类学家雷·博威斯特的研究发现,在面对面的交流中,语言所传递的信息量不到35%,其余65%的信息都是通过非语言交流方式完成[①]。由此可见,非语言信息在沟通中传递了大量信息,心理辅导中对非语言信息的解读的重要性一点不亚于言语信息,咨询老师也需要配合非言语技术以达到更好的咨询效果。

非言语技术从可以分为面部表情、身体语言、空间距离、声音特质等方面。

1. 面部表情

"眼睛是心灵的窗户",眼睛可以传递最细微的感情,一般来说,当一方倾听另一方叙述时,目光往往直接注视着对方的双眼,但不会一直盯着。当自己讲话时,这种视线接触会比听对方讲话时少些。性格内向羞怯的人不习惯过多目光接触,一个人对他人产生防卫攻击和敌意时,视线相交的机会增加。咨询老师的目光应关注来访学生面部,伴随轻松自然的表情,给人一种舒适的感觉;不宜直盯着对方的眼睛,那会让对方产生压迫感,也不宜太散漫。冲突、挑战、

[①] [美]亚伦·皮斯,芭芭拉·皮斯. 身体语言密码. 北京:中国城市出版社,2007:3.

敌对时，会表现出下颚肌肉绷紧，斜眼瞪视，嘴紧闭，显示出防御姿态。同样是笑的表情，却可以区分出是会心的、愉悦的、满足的、幸福的、害羞的、不自然的、尴尬的、解嘲的，等等。

2. 身体语言

身体姿势、手势、身体运动在相互沟通中起了很重要的作用。一个人比较固定的体态甚至反映了他的个性，挺胸抬头走路的人相对比较自信，头发总是遮着半边脸，低头走路的人可能比较自卑，想要掩藏什么。来访学生进入咨询室，身体紧缩、手脚僵直、交叠、交叉等动作表明其内心紧张不安。如果对心理老师的话不感兴趣或不同意时，往往身体会后仰，拉开与心理老师的距离，或者脸转向一侧，玩弄衣服、头发。心理老师通过身体倾向与来访学生、眼睛温和看着对方，手臂和双腿自然放置而不交叉，表明开放和关注来访学生；点头表示同意和鼓励对方继续说下去。

3. 空间距离

空间距离常常代表了心理距离。来访学生将倾向于咨询老师表明其对谈话感兴趣，反之则表明不感兴趣。如果来访学生不自觉地将以椅子后移，表明其退缩不愿开放。面对面咨询一般会让双方的表情都暴露在对方面前，对许多来访学生来说会形成心理压力，因此常常采用直角的座位形式，让来访学生既能被看到也可以适当回避。依赖性强、寻求情感支持的来访学生希望距离小一些，而防卫、不信任的来访学生则会拉大与心理老师的距离。

4. 声音特质

声音伴随着言语产生，对言语有加强或削弱的功能，又被称为第二言语。声音特质包括音质、音量、音调和语速，这些要素与言语的复杂组合，可以传递丰富的信息。音调升高表明激动、兴奋，音调降低则可能是一种强调，或表达伤心、敏感问题；节奏加快表明紧张或激动，语速变慢则可能表达了冷漠、沮丧、犹豫。音量大而顺畅，表明此人比较自信，音量小而弱表明其胆怯。声音停顿常常表明强调。心理老师平和稳定的声音能够带给来访学生安全、温暖的感觉，情感反应时使用与情感内容相吻合的语气可以更好地传达共情。

由此可见，非言语行为呈现了大量言语中无法呈现的信息，尤其是那些潜意识的情感信息，这对于理解来访学生心理具有重要的作用。心理老师应用非言语技术进行干预，表达对来访学生的接纳、关心、尊重，这会比言语技术更为自然、真实、有影响力。

※ 本章要点

本章就中小学心理辅导的原则、过程、技术几个方面进行详细阐述。首先提出中小学心理辅导应遵循教育性、发展性、信赖性、整体性、协调性、预防性、保密性原则。其次，指出心理辅导过程包括接待和收集信息、形成初步诊断、确定咨询目标、制订心理辅导方案、实施心理辅导、巩固和评估等六个阶段。最后，阐述了心理辅导的技术可以分为参与性技术和影响性技术两类，其中参与性技术主要包括倾听、询问、鼓励、具体化、内容反应、情感反应、参与性概述等，影响性技术包括面质、解释、指导、自我开放、影响性概述以及非言语技术的应用。

※ 延伸阅读

书　　名：中小学短期心理咨询
编著者：[英]丹尼斯·莱茵斯著，田浩译
出版社：重庆大学出版社
推荐语：本书是为在教育领域工作的咨询人员而写的。主要包括学校咨询师、教师咨询师、学习导师、职业导师、教育社会工作者、实践社会工作者和教育心理学者。在书中，阐述了整合化的治疗思路，包括了短时的、以目标为中心的方法和传统方法中的关键要素。虽然也讲了干预，但是本书主要不是一本咨询师训练手册，也不是学校咨询入门。本书所面向的读者是对咨询具有一定理论知识和实践经验的人。

书　　名：心理咨询实操技能训练手册
编著者：李元榕，知非
出版社：中国财富出版社
推荐语：本书不仅可以帮助心理辅导师更快掌握心理辅导实操技术，而且可以对身边许多因工作困惑或饱受情感婚姻、亲子教育、个人成长、心理压力、身心健康等困惑的人员提供心理学实用技术的学习与帮助，让读者在不断学习中获得快速成长，并从中获益获知。

※ 课后练习与思考

1. 中小学心理辅导应遵循哪些原则？
2. 心理辅导分为哪几个阶段？每个阶段的任务是什么？
3. 参与性概述与影响性概述有什么区别和联系？
4. 为什么咨询关系对于咨询成败至关重要？

※ 参考文献

[1] 张明. 小学生心理健康教育（心理教师用书）[M]. 北京：中国轻工业出版社，2013.
[2] 彭小虎. 小学生心理辅导[M]. 上海：华东师范大学出版社，2012.
[3] 张艺馨. 小学生心理辅导与咨询[M]. 北京：北京师范大学出版社，2013.
[4] 伍新春. 中学生心理辅导[M]. 北京：高等教育出版社，2010.
[5] 国家职业资格培训教程·心理咨询师三级技能[M]. 北京：民族出版社，2012.

第十章 心理咨询室建设

 导入案例

随着 2012 年修订的《中小学心理健康教育指导纲要》出台,全国各地都纷纷出台相应的政策措施。2014 年 5 月,成都市教育局出台了《成都市中小学心理健康教育发展规划(2013—2017 年)》(以下简称《规划》),成都将在未来 5 年内配足专职心理教师,并在教师招聘过程中增加对教师职业匹配性的心理测试。同时也将在中西部地区率先建立成熟的心理健康教育服务体系,全面推进中小学心理健康教育优质发展。《规划》明确,到 2015 年底,按照新修订的《成都市中小学心理辅导室(中心)建设规范》,所有中小学校(含职业高中)将全部建成心理辅导室(中心),十个建城区全面建成二级心理维护中心。2016 年底,建成市级心理维护中心。2017 年年底,21 个区(市)县全部建成二级心理维护中心。截至 2012 年年底,成都市有 960 所学校建成心理咨询室,占中小学校总数的 86%;所有中小学都配备心理教师,配齐率达 100%;1 680 人获得 B 级心理辅导员资格证书,24 494 人获得 C 级心理辅导员资格证书,其中获 C 证教师人数占到全体班主任人数 98%;心理健康教育实验学校有 252 所,占总数的 35% 以上。目前,在成都咨询室各级工作机制已基本形成,心理咨询室建设基本普及,心理辅导员资格认证制度日渐成熟,灾后心理干预长效机制基本形成,实现了良好的区域发展态势。2012 年,成都市被教育部评为"全国首批中小学心理健康教育示范区"称号。

随着社会经济的发展和学生身心特点变化,心理健康教育越来越受到大中小学的重视,教育部在 2012 年修订了《中小学心理健康教育指导纲要》,教育部则在 2014 年工作要点中涉及"实施中小学心理健康教育特色学校争创计划"以来,心理咨询室建设成为学校教育重要组成部分。

第一节 中小学心理咨询室的规划

一、中小学建立心理咨询室的必要性

中华人民共和国国民经济和社会发展第十二个五年规划纲要提出:"加快教育改革发展,全面推进素质教育,遵循教育规律和学生身心发展规律,坚持德育为先、能力为重,促进学生德智体美全面发展。"

从我国的素质教育来看，我们改革的基本方向是：面向全体、以培养创新型人才为核心的素质教育。素质教育要遵循学生的身心发展规律，尤其是心理发展规律，心理素质是学生素质结构的核心与基础，学生的一切发展都是在此基础上来展开的。心理素质的发展"既是素质教育的出发点，又是全面素质教育的归宿"。

从青少年身心发展特点来看，青少年时期是一个非常特殊的阶段，也是发展的关键时期。个体从儿童进入青少年阶段，其身心发展发生重大的变化。现在社会竞争将越来越激烈，这种竞争，通过学校、家庭、社会最终都压在学生身上，学生承担着前所未有的压力：家庭方面，家庭问题突出，幸福感下降，离婚率不断增高，温馨气氛缺失，独生子女不恰当的管教方式，对青少年心理发展产生消极的影响；学校方面，升学的压力，同学的竞争，各种的考试等，导致竞争激烈，压力剧增，使青少年学生无休止地陷于紧张、焦虑、担忧、挫折等消极情绪的不平衡状态；社会环境的影响，网络的普及，获取信息渠道的畅通，使得学生更容易接触到一些黄色、淫秽的东西以及亚文化的内容，社会上的一些不正之风，观念的多元化，对青少年的心理素质发展都提出了更高的要求。

对学生进行心理健康教育，除了心理课堂，学校的心理咨询室也是"主阵地之一"，根据《中小学心理健康教育指导纲要》的要求，各地中小学要建立和逐步完善心理咨询室的建设。

由此可见，加强当前学校的心理咨询室的建设是一项刻不容缓的工作。

二、中小学心理咨询室的功能

1. 心理咨询室的作用

第一，中小学心理咨询室是学生心理健康教育的实施机构，是学校学生工作的一个教育机构。

第二，中小学心理咨询室的工作，既与学校德育工作紧密联系，是学校德育工作的组成部分和重要补充，又相对独立，与德育工作不尽相同、不能相互替代。

第三，心理咨询室的工作既与班主任工作紧密联系，又各有侧重和有所不同，且不能相互替代。

2. 心理咨询室的功能

中小学心理咨询室面向全校学生、教师和家长开展心理健康教育工作，提供心理咨询、指导和服务。具体来说，应具有以下服务功能：

（1）开展面向全体学生的心理健康教育活动，如开展心理保健操、小团体心理训练等；指导学生自助，促进学生良好心理素质和健康人格的形成；为有特殊需要或心理问题倾向的学生建立心理档案。有条件的学校也可以建立全体学生的心理档案。

（2）针对学生的身心发展特点，积极开展学生成长关键期和关键点的指导工作，如入学适应性调节、考前减压和升学指导等活动，帮助学生充分认识自己的个性能力特点，以便学生做出合适的选择。

（3）接待有心理辅导需求的学生，对有一般心理问题的学生进行个别辅导，帮助他们解决心理困扰；发现和鉴别出具有较为严重和严重心理问题的来访者，向家长或监护人提出建议，如有需要将其转介到有关专业心理咨询和治疗机构。

（4）开展对班主任、学科教师和其他教职员工的心理健康教育知识和简单操作技能的培训，帮助教职员工掌握心理保健和心理健康教育的基本方法。

（5）向家长提供有关亲子关系和家庭教育的咨询，指导家长正确认识孩子的心理特点、成长规律和教育策略。

三、中小学心理咨询室总体规划

（一）心理咨询室的选址和建设原则

1. 心理咨询室的选址

（1）咨询室周围环境要安静，但不能太僻静。安静环境有利于咨询交谈；有利于教师集中精神，思考、解答和辅导学生的问题，不受外界喧哗所干扰；有利于对学生隐私的保密。但不宜偏僻，太偏僻的地方学生不敢来，不喜欢来。

（2）功能单一，不要与其他功能混合。

（3）最好不要建在教学楼、办公楼、医院边上。

2. 心理咨询室的建设原则

（1）适合性原则。中小学心理咨询室建设要坚持适合中小学心理健康教育需要的原则。

（2）功能性原则。咨询室建设要依据咨询室功能和教育工作需要进行设计，要符合心理咨询的要求，不能迁就原有的房的结构和原有设施，而影响咨询室功能的发挥。

（3）保密性原则。咨询室各功能室的平面分布要合理，要时刻注意做到保密和维护学生隐私。

（4）环境性原则。咨询室内部环境要优美、明快、和谐，要力求做到舒适、自在、温馨，又不失科学性、文化性、教育性。

（二）心理咨询室工作人员的配备与要求

1. 心理咨询室工作人员的配备

（1）咨询室的工作人员和学校学生的比例大致为1:500。

（2）可采取专职教师和兼职教师相结合的方式，专职教师至少一名，兼职教师3~4名。

（3）人员构成应包括：预约和接待人员、个体心理咨询师、团体心理咨询师、团体观察员、心理测评师、督导等（可一人兼数职）。

2. 心理咨询室工作人员的要求

（1）预约和接待人员：心理学、教育学专业毕业或在校学生；持有国家劳动部颁发的心理咨询员、心理咨询师职业资格证书者；专兼职均可，但工作时间应当相对固定。

（2）个体心理咨询师：心理学、教育学专业本科（或本科以上）毕业，或从事心理教育工作 5 年以上的其他专业老师；持有国家劳动部颁发的心理咨询师职业资格证书者；所聘任工作人员应履行相关岗位职责；专兼职均可，但工作时间应当相对固定，能保证在与来访者约定的时间工作。

（3）团体心理咨询师：心理学、教育学专业本科（或本科以上）毕业，或从事心理教育工作 5 年以上的其他专业老师；持有国家劳动部颁发的心理咨询师职业资格证书者；所聘任工作人员应履行相关岗位职责及工作守则；专兼职均可。

（4）团体观察员：心理学、教育学专业毕业或在校学生；持有国家劳动部颁发的心理咨询师职业资格证书者；一般为兼职，做详细的现场观察记录、协助进行领导者进行个案分析和团体活动的效果评估等工作。

（5）心理测评师：心理学专业本科以上毕业并且连续从事心理工作满 5 年；持有国家劳动部颁发的心理咨询师职业资格证书。

（6）督导：持有国家劳动部颁发的心理咨询师职业资格证书并且具有丰富的督导经验、心理学方面的专家；所聘任工作人员应履行相关岗位职责。

（三）心理咨询室的规划布局

1. 心理咨询室各功能室的要求

（1）办公室：咨询教师办公，放置学生心理档案，接待来访者、家长或其他相关人员等待地点（15 平方米以上）。

（2）个体咨询室：个体面对面咨询的场所（10 平方米以上）。

（3）团体活动室：团体心理辅导的场所（30 平方米以上）。

（4）心理测验室：心理测验场所（15 平方米以上）。

（5）发泄室：学生发泄情绪场所（20 平方米以上）。

（6）图书室：放置心理学相关书籍可供阅览，同时可做来访者暂时休息场所（30 平方米以上）。

（7）沙盘游戏室：对学生进行沙盘游戏治疗场所（6 平方米以上）。

（8）其他：许愿树、涂鸦墙等。

2. 功能室的组合模式

一般中小学的心理咨询室的功能选择有三种基本模式：基础型心理咨询室必须具备办公接待区（兼档案区）、团体游戏区、个别辅导区三个区域。标准型心理咨询室包含办公接待室、个别辅导室（兼具中控督导区功能）、团体游戏室三个功能室，其中办公接待室仍然兼具档案区功能，个别辅导室可以兼具中控督导区、会议区功能。高级型心理咨询室在基础型、标准型心理咨询室架构的基础上，还可以设置心检阅览区、社团生涯区、潜能开发区、中控督导区、艺术放松区、情绪疏导区等区域。三种模式咨询室的面积，大约分别是 50 平方米、100

平方米以上、300平方米以上。咨询室的室内布局即各功能室的位置：办公室对外接触多，要近于门口的位置；个别咨询要放在比较隐蔽的位置。

3. 心理咨询室的室内布局与设计

三种基本模式的室内布局示意图，分别如图 10.1 和图 10.2 所示。

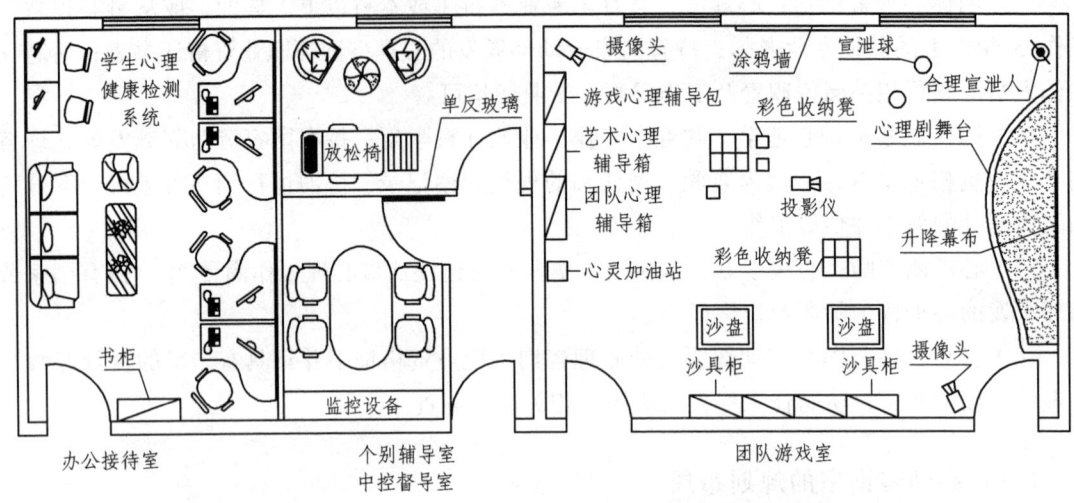

图 10.1　第一种组合模式的布局示意图

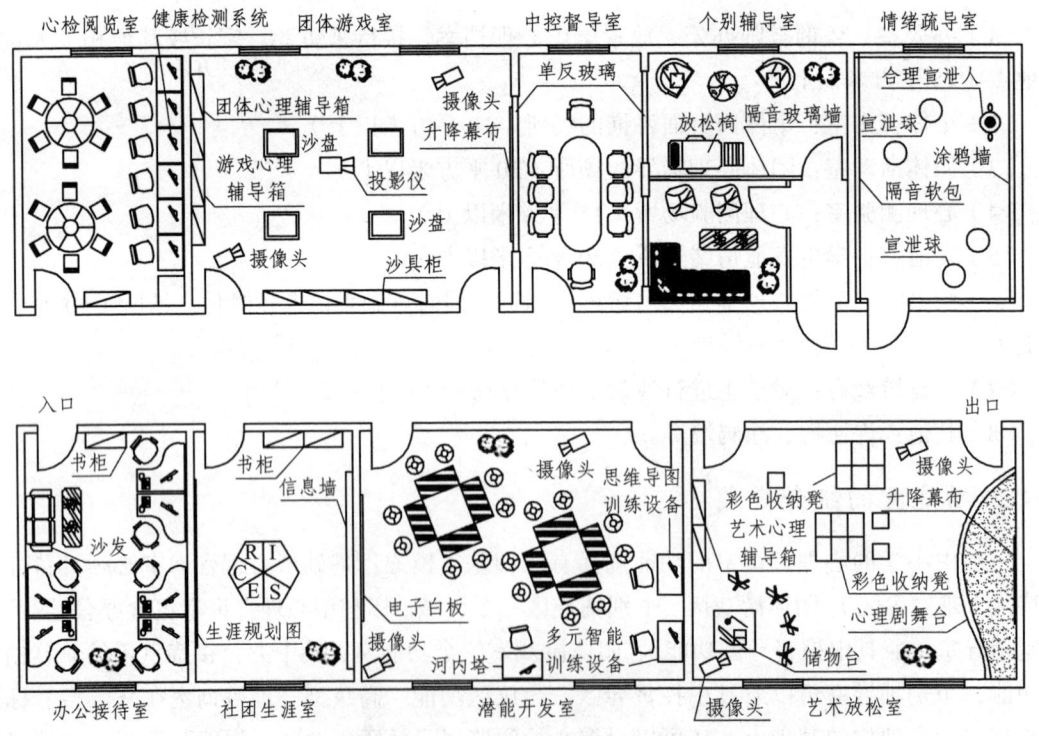

图 10.2　第二种组合模式的布局示意图

四、中小学心理咨询室详细规划

（一）办公室

心理咨询教师办公地点，存放学生心理档案，接待来访学生、家长或老师的场所。

（1）办公器材：办公桌、办公椅、文件柜、资料柜、书架、杂志架、饮水机、空调、电脑、打印机、传真机、电话、照相机等。

（2）办公资料：专业书籍、参考书、报纸、杂志、学生档案袋、各类表格等。

（3）办公文具：文件夹、资料箱、办公用品等。

（4）办公饰物：花瓶、鲜花、图片、雕像等。

（二）个体咨询室

1. 环境布置应把握的原则

个体咨询室环境布置要把握简单模糊与固定的原则：

（1）所谓简单模糊，是指应提供一个方便个案投射内心世界的空间。因此，咨询室不能放置太过于私人化的物品，如咨询师的全家福照片等。

（2）所谓固定原则，是指咨询室的布置和家具大致固定后不要再任意更动。经常更换位置或改变家具的安排，将会增加咨询过程中的变量或干扰。

2. 具体要求

（1）房间：10～15平方米/间，隔音良好。

（2）光线：咨询室应当保证光线充足，避免阴暗潮湿。

（3）通风：应保证咨询室的良好通风，避免憋闷、压迫之感。

（4）空调：装空调以保持使人体舒适的室温，一般21～26摄氏度左右。

（5）墙壁：宜以乳白或米黄之类柔和的颜色为基调。

（6）窗帘：浅色落地窗帘，质感好，避免厚重、压抑之感。

（7）沙发：一张单人沙发，一张三人长沙发，以简洁、舒适、色调柔和为原则，如可以采用米色或杏色的布艺沙发，呈丁字形摆放。

（8）躺椅：长2米、宽1.2米、高1米，柔软舒适，用于催眠、放松训练等。配一张坐椅以方便咨询师（员）使用。

（9）茶几：应比单人沙发窄、比三人沙发短、高度比沙发稍高。颜色质地与整个房间协调，用于摆放纸巾和水杯，也可放置花卉之类富有生机的装饰品。保持干净整齐，不要放置多余杂物。

（10）装饰品：如生长良好的植物，优美且富有意境的装饰画等。

（11）纸巾盒及纸篓：以与环境相协调、取用方便为宜。

（12）钟表：挂式或台式钟表，放在咨询室中醒目的位置，帮助咨询师和来访者合理掌控时间。

（13）心理信箱：可挂在室外门的旁边，方便学生投递咨询信件或预约表。

（14）心脑协调训练系统：个体通过心脑协调训练系统可以进行简单、趣味、积极、高效的科学心理训练，实现情绪的自我管理、放松减压、开发潜能，获得心灵的成长，提高学习、生活和工作效率，增加幸福感，促进心理和生理健康水平的提升。另外在门两旁张贴工作守则和心理咨询基本原则。

（三）团体咨询室

1. 硬件要求及环境布置

团体咨询室的环境布置应把握以下原则：

第一，避免团体成员分心，也就是要使团体成员能在没有干扰的条件下集中精神投入团体活动。

第二，有安全感，能够保护团体成员的隐私，不会有被别人偷窥、监视的感觉。

第三，有足够的活动空间，可以随意在其中走动、活动身体、围成圈坐。

第四，环境舒适、温馨、优雅，使人情绪稳定、放松。

2. 具体要求

（1）房间：活动室30平方米左右，隔音良好。

（2）光线：活动室应当保证光线充足，避免阴暗潮湿。

（3）通风：应保证活动室的良好通风，避免憋闷、压迫之感。

（4）墙壁：宜以乳白或米黄等柔和的颜色为基调，有一面装有"单向观察玻璃"大小约为1×1.5米。

（5）窗帘：浅色落地窗帘，质感好，避免厚重、压抑之感。

（6）地毯：活动室地面应当铺有地毯可以让成员舒适地坐着讨论问题等。地毯的色调、质感都应该以使人舒适为原则。

（7）空调：装空调以保持使人体舒适的室温，一般21~26摄氏度左右。

（8）桌椅：备有折叠式的桌椅20套左右。

（9）鞋柜：进门处应当设有鞋柜，可以供成员放鞋（或准备自动鞋套机，当成员进入活动室时套上鞋套），以保证活动室的清洁。

（10）录放像设备：电视、DVD、音响、投影仪、摄像机等，另可准备一些有心理学意义的音乐或影视作品光盘，供团体咨询或个体辅导用。另外在门旁边张贴《团体咨询领导者工作守则》。

（四）心理测验室

1. 硬件要求及环境布置

（1）房间：15平方米/间以上，隔音良好。

（2）光线：房间应当保证光线充足，避免阴暗潮湿。

（3）通风：应保证房间的良好通风，避免憋闷、压迫之感。
（4）空调：装空调以保持使人体舒适的室温，一般 21～26 摄氏度左右。
（5）墙壁：宜以乳白或米黄之类柔和的颜色为基调。
（6）窗帘：浅色落地窗帘，质感好，避免厚重、压抑之感。
（7）电脑：双核处理以上级别电脑 8～10 台，安装有心理测验软件。

2. 软件要求

软件主要用于中小学生心理健康的测评，常用心理测验软件见表 10.1。

表 10.1　小学生心理测验常用软件

	软件名称	适用范围
能力测评	韦氏儿童智力测验	应用于 6～16 岁儿童智力发育水平综合评估
	韦氏幼儿智力测验	应用于 4～6.5 岁儿童智力发育水平综合评估
	儿童智能 50 项测验	应用于 4～7 岁儿童智力发育水平的综合评估
	中国比内智力测验	应用于 3～18 岁儿童智力发育水平的综合评估
	瑞文标准、高级推理测验	应用于对 5.5～7 岁被试的推理能力进行评估
	威廉斯创造力倾向测验	用来测量人的创造潜能
	希内学习能力测验（正常儿童）	适用于测查 3～18 岁儿童及青少年的学习能力和动手能力
	希内学习能力测验（聋哑儿童）	适用于听力语言残疾这一特殊人群使用的智力和学习能力测验量表
个性测评	儿童 14 种人格测验（CPQ）	适用于 8～14 岁的中小学生的人格分析
	Piers-Harris 儿童自我意识测验	适用于 8～16 岁中小学生自我意识的测量
心理健康	心理健康临床症状自评量表（SCL-90）	适用于测查被试的心理健康状况
	小学生心理健康量表（MHT）	综合检测中小学生的心理健康状况
	小学生适应能力测验	学生的学习、生活环境的协调程度
	压力应对方式量表	适用于小学生
	青少年生活事件量表	适用于中小学心理健康的原因分析
	Achenbach 儿童行为量表	适用于测查 4～16 岁儿童的不同行为问题
	儿童多动症核查问卷	适合诊断年龄低于 17 岁的儿童是否具有多动行为倾向
	抑郁自评量表	适用于测查被试的抑郁程度
	考试焦虑测评	适用于测查被试在考试来临时的焦虑程度
	学习动机测试	关于学生学习动机强弱程度的测试
学习素质	学习方法与技能测验	适用于测查小学高年级及中学生的学习习惯和应试技能

续　表

家庭教育	家庭教育方式测评	适用于指导家长对孩子的教育方法
	管理系统	主要功能：实现网络化测评，自动生成测验报告，自动建立心理档案。这是必须购买的部分

（五）宣泄室

硬件要求及环境布置：

（1）房间：15平方米/间以上，隔音良好。

（2）光线：咨询室应当保证光线充足，避免阴暗潮湿。

（3）通风：应保证咨询室的良好通风，避免憋闷、压迫之感。

（4）空调：装空调以保持使人体舒适的室温，一般21~26度左右。

（5）墙壁：宜以乳白或米黄之类柔和的颜色为基调。

（6）窗帘：浅色落地窗帘，质感好，避免厚重、压抑之感。

（7）器械：电动跑步机一台、拳击沙袋1~2个，拳击手套1~2副、不倒翁等。

（六）图书室

硬件要求及环境布置：

（1）房间：30平方米/间以上，隔音良好。

（2）光线：房间应当保证光线充足，避免阴暗潮湿。

（3）通风：应保证房间的良好通风，避免憋闷、压迫之感。

（4）空调：装空调以保持使人体舒适的室温，一般21~26摄氏度左右。

（5）墙壁：宜以乳白或米黄之类柔和的颜色为基调。

（6）书柜：四至五个书柜。

（7）沙发、椅子：三人沙发一套，椅子20把。

（8）图书：①心理健康教育类图书。②心理咨询类图书。③学生心理特点类图书。④心理健康教育报纸杂志。

（七）沙盘游戏室

硬件要求及环境布置：

（1）房间：6平方米/间，隔音良好。

（2）光线：房间应当保证光线充足，避免阴暗潮湿。

（3）通风：应保证房间的良好通风，避免憋闷、压迫之感。

（4）空调：装空调以保持使人体舒适的室温，一般21~26摄氏度左右。

（5）墙壁：宜以乳白或米黄之类柔和的颜色为基调。

（6）窗帘：浅色落地窗帘，质感好，避免厚重、压抑之感。

（7）沙盘配置：包括桌箱、沙、沙具等。

第二节 中小学心理咨询室的运行

一、中小学心理咨询室运行的保障

通过现状分析，结合调研数据，我们发现维护学生心理健康、提高学生心理素质的要求，概括起来，有如下几个问题，需要给予保障：

1. 加强对心理健康教育工作的领导和管理

通过省级教育行政和专家委员会指导形式，督促市州、县区、乡镇各级教育行政部门和学校，成立切合实际的领导和管理机构，建立相应的规章制度，切实加强对心理健康教育工作的领导。

2. 优化心理健康教育工作的组织和运行机制

有些学校的工作仍然采用行政命令的方式，许多学校把心理健康教育当作门面工程，政治教育处、教务处、教育科学研究室、心理咨询辅导室各自为政，尚未形成有效的分工合作机制。班主任、任课教师认识欠到位，将心理健康教育要么理解为心理学知识传授，要么理解为变态心理治疗，要么理解为思想品德教育，未能很好地按照教育部纲要要求开展工作。有的学校随意使用心理测验，随意解释学生心理测量结果。

3. 建立中小学心理健康教育师资培训基地

目前，高等学校培养了基本可以满足中小学心理健康教育需要的合格师资，但因为编制问题和认识问题以及人力资源管理中的腐败现象，使得许多合格的师资难以上岗，而被委派兼职从事心理健康教育工作的教师又勉为其难。有个别学校其至将教学岗位淘汰的教师安排从事心理教育工作。因此，应加强对教师和咨询人员的管理，教育行政部门积极与人事部门协调增加规模较大学校的专职人员的编制；统筹安排中小学专职心理辅导教师专业技术职务评聘工作；督促教育行政部门和学校继续开展心理健康教育的教师培训，系统培训已经在岗的兼职教师和咨询员、辅导员。

4. 设立中小学示范性心理咨询室和心理辅导室

积极推进中小学心理咨询室、辅导室建设计划，通过评估验收考核，争取国家、省、市、县经费投入，实现每个学校有初步达到标准的心理咨询辅导机构的目标。同时，省级心理健康教育指导中心要积极组织编写符合各个区域、各级各类学校实际的心理保健读本，防止工作运行中的医学化、心理学化、课程化。

【他山之石】

甘肃省中小学心理健康教育运行保障机制

20 世纪八九十年代，甘肃省中小学心理健康教育的运行主要是以教学研究课题立项形式自发开展与实验研究。如今，在教育行政部门领导下逐步形成成熟稳定的运行机制。

1. 高中心理健康教育运行机制：甘肃省与全国其他省区一样，绝大多数高级中学设立在县城、市城、省城，而且独立设置，只有很少的学校是完全中学。学校规模保持在5 000～8 000名学生之间，绝大多数学生寄宿学校，由于学生规模太大，升学压力太大，学生之间竞争激烈，学习时间特别紧张，心理健康教育课时难以保证，主题班会形式很难开展，因此运行方式主要是主管领导负责，通过政治教育处领导的心理咨询中心开展个别心理咨询和团体专题心理辅导以及高考心理指导和调节。

2. 初中心理健康教育运行机制

甘肃省与全国其他省区一样，绝大多数初级中学设立在乡镇、县城，市城、省城也有一定数量，而且独立设置，一般规模为2 000～5 000名学生，初中是青少年心理发展的过渡时期、急风暴雨时期、青春骚动时期，这个时期面对的问题主要是恋爱和品德问题。心理健康教育运行机制是主管校长负责，政治教育处制订规划计划，多数学校设立教育科学研究室和心理辅导室或中心，具体指导班主任和任课教师开展活动。

3. 小学心理健康教育运行机制

随着计划生育成效的显现，甘肃省的小学生数量逐年递减，农村小学最大规模为200名的学生，城市小学最大规模为2 000名的学生。而且小学阶段的心理问题非心理咨询所能解决，学生不会主动寻求帮助。绝大多数学校规模限制，尚未设立心理辅导咨询机构。也没有专职的心理教育教师。运行机制通常是校长负责，教导处制订计划，教育科学研究室配合，班主任、任课教师具体实施，定期不定期针对学生中普遍存在的问题，开展主题班会、团体辅导活动，同时通过手抄报、墙报、黑板报等形式开展心理保健知识普及。

甘肃省中小学心理健康教育师资及保障机制

1. 中小学心理健康教育师资培养培训保障

20世纪八九十年代，甘肃省只有西北师范大学有心理学学历教育专业，但所培养的师资绝大多数到高校、中专工作，因此，中小学从事心理健康教育工作的教师都是因为自己的兴趣专长兼职做这个工作。直到2000年以后，河西学院、天水师范学院、陇东学院等几所新建本科院校才开始设立应用心理学专业或者思想政治教育专业心理咨询方向，培养心理健康教育人才，每年招生约300名，现在毕业专科、本科生约1 800名。但因为地方教育行政部门的认识问题和编制限制，毕业生普遍改教其他课程，兼做心理辅导工作，部分毕业生转行到其他职业。职后培训工作也是从2000年才开始加强。首先是各个地州市利用寒假暑假的教师培训增加了心理健康教育课程；其次是各个学校利用校本培训机会对教师开展心理健康教育培训；再者是甘肃省中小学心理健康教育指导中心从2007年以来开展的心理健康教育兼职教师培训工作和获得心理咨询师资格的教师培训工作。这些工作为中小学心理健康教育成效提供了有效保障。

2. 中小学心理咨询辅导室的建设与设备配置保障

20世纪八九十年代，甘肃省许多中小学校也极力争取建设心理咨询辅导室，但因为地方教育行政部门认识局限，学校财力有限，只有很少的实验学校设立了简陋的咨询辅导室。新世纪以来，全省绝大多数高中设立了心理咨询室，部分独立初中也设立了心理咨询或辅导室，而小学因为规模小，只有很少的省城、市城小学设立了心理辅导室。这些咨询辅导室的设备非常简陋，只有一张桌子两把椅子，再放一些与心理健康关系不大的图书。2008年以来，随着省教育厅专项建设经费的支持，部分学校的心理咨询室建设开始走向规范化。

3. 中小学心理健康教育专门经费保障

教育经费是保障心理健康教育有效活动的基础，但2007年以前，省、市、县各级教育行政部门和各级各类学校几乎从来没有设立过专项经费，仅有的经费来自于实验学校科研课题经费，或者学校其他经费的附带投入。直到2008年甘肃省教育厅实施基础教育六项工程，以品德教育工程名义设立100万专项经费开展心理健康教育师资培训、咨询辅导室建设和专题研究。所以经费问题是甘肃省中小学心理健康教育的最大障碍。

二、中小学心理咨询室具体运行

（一）中小学心理咨询室规范运行的界定

学校心理咨询的规范运行，可以有两种解释。一种解释是指活动过程，即指按着有关规定和基于实践的需要而形成的统一标准或准则，去组织引导学生心理矫治活动的方式和过程。另一种解释是，学生心理咨询活动过程中，表现的管理动态有序和技术应用符合标准的程度。根据心理咨询活动的客观需要，结合心理咨询的技术要求，学生心理咨询室运行要素的配置应达到相应程度。

1. 队伍专业化

教师整体队伍应具有专业资质，员级（三级）、师级（二级）各占不同比例。每个学区至少有1名具有督导资格与能力的咨询师。咨询人员队伍呈梯队结构，人员数量应视学校规模而定，以满足实际咨询任务量为宜。

2. 组织网络化

咨询机构与组织建设，既要体现咨询工作的专业性，又要适合学校管理的特殊性。每个学校设1名心理咨询员。咨询中心具体负责学校心理咨询的管理工作，负责接待全体师生的咨询，并对其他学校转介来访者进行咨询。各心理咨询室负责来访者的接待与咨询。同时要注意简化程序，缩短咨询人员与来访者的空间距离，为来访者提供便利条件，满足实际咨询需求。

3. 设施标准化

设施建设是开展心理咨询的必要条件。咨询室应配备接待室、办公区、个体咨询室、团体活动室、宣泄室、沙盘室、测量室、阅览室。

4. 设备现代化

咨询中心和咨询室，应配备专用计算机、打印机、咨询室管理软件、心理测量软件。配备必要的办公设备和用具，具备独立开展测量、档案管理、资料汇总分析工作的条件。咨询中心与咨询室计算机联网，便于及时处理各类测量结果，便于资料汇总与研究。

5. 管理科学化

具体工作制度健全，执行到位。分工明确，责任到人。记录详细，档案完整。年初有规划，年末有总结，日常有检查。诊断有依据，咨询有方案，治疗有措施，效果有反馈。心理咨询工作纳入学校常规管理范围，各要素实现有机结合，各种资源得到充分利用。

6. 咨询常规化

咨询室应保持经常开放，形成常态化工作。对咨询技术应用范围内的来访者及时接待，适时咨询。对咨询技术应用范围以外或因技术水平所限，无力咨询的来访者，及时转介。

7. 形式多样化

在以咨询室为主的前提下，利用电话、书信、广播、电视、网络、宣传栏等媒体，进行形式多样的咨询活动，使咨询活动贴近师生的生活，提高认同程度。

8. 方法技能化

能有效运用专业技术进行心理测量、心理诊断、心理咨询（会谈）、心理治疗、心理干预。适时进行专业性心理状况调查、研究，提出专业分析报告。

9. 教育系统化

有效开展心理健康教育。按对象分为，学生心理健康教育和教师心理健康教育；按内容分为，普及教育、深化教育、针对教育；按目的分为，释疑教育、指导教育、预防教育。

10. 工作协调化

咨询中心与咨询室工作相互协调，相互支持，相互配合。心理咨询工作与学校其他工作相协调，根据其他工作需要开展相应活动。根据咨询情况，必要时应与有关部门联系，沟通情况，提出建议。在遵循心理咨询原则的前提下，独立开展工作过程中，心理咨询成为学校管理工作的重要组成部分。

（二）中小学心理咨询室运行效能的界定

学校心理咨询室运行效能，是各要素相互作用，常规运行产生的功能与效果的综合体现。对于运行效能的界定，既是具体工作的预期，又是实践的追求，还是综合评价的标准。

实践中，可以建立相应的指标体系，作为工作要求和评价标准。具体可分为项目评价指标、综合评价指标和效果评价指标。

1. 项目评价指标

（1）心理测量数量：统计年度内心理测量人次之和，表示某年度完成心理测量工作总量。

（2）集体会诊数量：统计年度内集体诊断次数之和，表示某年度内疑难案例接诊量和咨询人力资源利用情况。

（3）个案咨询接待量：统计年度内接待咨询人次之和，表示某年度内完成个案心理咨询工作总量。

（4）团体咨询接待量：统计年度内进行团体咨询次数之和，表示某年度内完成团体咨询工作总量。

（5）咨询方案适用量：统计年度内制定的咨询方案数量之和，表示年度内严重心理问题接诊数量，以及咨询活动的科学系统程度。

（6）专（兼）职咨询工作人员平均数量：统计年度内从事咨询工作人员平均人数，反映咨询队伍建设及变动情况。

2. 综合评价指标

（1）咨询覆盖率的计算公式：

$$咨询覆盖率 = \frac{接受咨询人员总数（复诊者不计入）}{所属人员总数} \times 100\%$$

（2）复诊率的计算公式：

$$复诊率 = \frac{连续两次以上接受咨询人数}{接受咨询人员总数} \times 100\%$$

（3）咨询有效率的计算公式：

$$咨询有效率 = \frac{心理问题解决的人数}{接受咨询人员总数} \times 100\%$$

3. 效果评价指标

（1）同比违纪降低程度的计算公式：

$$同比违纪降低程度 = \frac{基期学生违纪总数 - 报告期学生违纪总数}{基期学生违纪总数} \times 100\%$$

（2）同比人为事故降低程度的计算公式：

$$同比人为事故降低程度 = \frac{基期人为事故总数 - 报告期人为事故总数}{基期人为事故总数} \times 100\%$$

（3）同比学习效率提高程度的计算公式：

$$同比学习效率提高程度 = \frac{报告期学习效率 - 基期学习效率}{基期学习效效率} \times 100\%$$

（三）中小学心理咨询室运行规范的制定

学校心理咨询室运行规范，应分为管理规范和技术规范两类。

所谓学校心理咨询室管理规范，是为心理咨询活动适应学校管理特性，实现有效组织、协调、控制所制定的管理标准。目的在于防止组织活动紊乱，干扰有序运行，影响效能发挥。

管理规范可采用工作标准的文本格式，内容具体，条目清楚，便于操作。基本内容分为总则、分则、附则三个部分。

（1）总则部分包括：工作的宗旨和指导思想，工作的原则，工作任务，工作目标等。

（2）分则部分包括：管理体制，组织机构，运行模式，咨询范围与对象，咨询工作内容，咨询人员标准与职责，设施、设备配备与使用，经费来源与支出，咨询工作程序，咨询工作计划与总结，从业人员培训与督导，工作情况检查与评估，奖励与处罚。

（3）附则部分包括：规范的解释权，规范适用起始时间。通过制定管理规范，完成整体工作运行状态设计，提出运行中的常见问题处理与容易冲突解决措施，使学校心理咨询室管理工作具有科学的标准。

所谓学校心理咨询技术规范，是为心理咨询技术科学应用制定的技术标准。目的在于指导和规范咨询活动，提高技术应用能力和水平。具体可以采用技术标准的文本格式。基本内容包括：设施、设备技术标准，心理健康教育技术标准，心理测量技术标准，心理诊断与评估技术标准，心理咨询方案技术标准，个案咨询（会谈）实施技术标准，团体咨询技术标准，心理治疗技术标准，心理干预技术标准，应急谈判技术标准。在标准制定过程中，应尽量参考国家有关心理咨询技术性规范，通过制定技术标准，确定学校心理咨询技术应用水平，指导咨询操作活动。

（四）中小学心理咨询室运行的拓展广度与深度

学校心理咨询的发展应把握广度和深度两个维度。

所谓拓展广度，是指学校心理咨询在服务对象方面的扩大，使学校场所内有更多的人有条件接受心理咨询。其一，开辟新领域。开展学校教职员工的心理咨询工作，填补空白，全力开发。其二，保证服务面。应积极创造条件，简便程序，扩大咨询面，使更多的人员能够接受咨询。

所谓拓展深度，是指学校心理咨询提高专业技术应用层次，对咨询人员运用相关技术进行规范，以更好协助来访者解决心理问题。在心理测量、心理诊断、心理咨询（会谈）、心理治疗等技术应用方面，咨询人员都不同程度存在着差距。所以提高咨询人员的技术能力是推动心理咨询发展的重要内容之一。

（五）中小学心理咨询室运行资源的开发与利用

学校心理咨询活动中最为宝贵的是人力资源。在咨询队伍急需壮大的情况下，按人力资源开发和利用的一般原理，学校应把握几个环节。

1. 资源发现

在专业人员遴选时，应考察本人意向，身体状况，心理基础，文化水平，智力水平，专业水平以及表达能力，自控能力，社交能力，发展能力。

2. 资源开发

对于在职转行的兼职人员，心理咨询技术培训非常重要。咨询人员上岗前，应完成知识积累、技术学习、专业转型、心理预示、角色定位、职业适应等一系列准备。

3. 资源利用

咨询人员队伍应保持相对稳定，给予相应的待遇，使其工作放心、称心、顺心、专心。在咨询人员工作过程中，给予积极的支持和帮助，解决实际困难，给予精神和物质激励，创造适宜的工作条件和氛围，使其能力和水平得到全面发挥。

4. 资源提升

根据各校的情况，应建立协作性组织，将分散的资源进行整合，开展专业性的研究和交流活动，提高队伍整体的实践能力。各学校的咨询人员，通过日常联系和交流，及时探讨疑难问题，形成资源共享、信息畅通、能力互补的工作局面。

5. 资源维护

由于学校心理咨询工作量大，注重咨询人员心理保健。在咨询工作前进行短时准备性调适，在咨询工作后进行放松性调适，定期接受督导，定期休假，使专业人员心理得到维护。

※ 本章概要

中小学心理咨询室面向全校学生、教师和家长开展心理健康教育工作，提供心理咨询、指导和服务，它的功能尤为重要。而中小学心理咨询室建设亦是一项系统工程，本章首先从咨询室的选址、人员配备、规划布局、详细配置阐述心理咨询室的建设要求；其次，重点阐述中小学心理咨询室运行，其前提是要做好中小学心理咨询室运行的保障，以及中小学心理咨询室具体运行过程要注意对相应内容的界定、制定、拓展和执行等环节密切配合。

※ 延伸阅读

书　名：中小学心理健康教育的理论与实践（高中分册）
编著者：山东省教学研究室
出版社：山东画报出版社
推荐语：《中小学心理健康教育的理论与实践》（高中分册）分为上、中、下三篇，其中上篇为"走进学校心理健康教育"，即为学校心理健康教育的概述。主要从学校心理健康教育的内涵和意义、学生心理发展的特点和影响因素、学校心理健康教育的目标和内容等方面进行具体阐述。中篇为"开展学校心理健康教育"，即为学校心理健康教育的实施途径和方法。主要从教师、同伴、家庭、学校等四个方面结合具体实例进行详细介绍。下篇为"实施班级心理辅导活动课程"，即班级心理辅导活

动课的具体实施。详细阐述了班级心理辅导活动的模式，高中不同年级的班级心理辅导活动课进行了案例解析，并提供了 30 个班级心理辅导活动课的设计方案。为增强内容的指导性、可读性、互动性和操作性，书中设计了"超级链接""生活点击""思维拓展""校园广角"和"温馨提示"等栏目，并在文中结合内容插入了大量中小学校心理健康教育教学实践的图片，使全书结构科学严谨、内容丰富实用、形式新颖独特、图文并茂。

书　　名：中小学心理健康教育活动设计与实施

编著者：田文

出版社：清华大学出版社

推荐语：《中小学心理健康教育活动设计与实施》是依据教育部 2012 年修订的《中小学心理健康教育指导纲要》，针对中小学生的心理健康现状研究编写的。《中小学心理健康教育活动设计与实施》以学生的心理年龄特征为出发点来组织内容，准确把握了小学、初中、高中各年龄段的心理发展趋向和特征，以心理学的理论研究为依据，选择学习心理、自我意识、生涯规划、人际交往、情绪管理和休闲活动六大与学生心理健康成长密切相关的专题，让心理健康教育课程走在学生心理发展的前面，体现活动内容的科学性。

※ 课后练习与思考

1. 学校心理咨询室的选址一般有什么要求？
2. 如何布置学校心理咨询室？
3. 中小学心理咨询室的运行应遵循什么原则？

※ 参考文献

[1] 张玉堂，郑雪燕，秦积翠. 七所重点中小学心理辅导室建设和使用情况分析[J]. 校园心理，2011，9（4）.

[2] 杨忠健. 北京市小学心理咨询室的建设情况调研[J]. 中小学心理健康教育，2007（21）.

[3] 张日昇，黄大庆. 在中学建立心理咨询室的几点思考[J]. 河北教育，2005（14）.

[4] 徐光兴. 学校心理学——心理辅导与咨询[M]. 上海：华东师范大学出版社，2000.

[5] 王家祥，冷泽兵. 论中小学心理咨询室的建设[J]. 现代教育科学，2008（4）.

[6] 张富洪. 学校心理咨询室环境氛围的人性化设计研究[J]. 教书育人，2005（10）.

第十一章 心理健康评估

 导入案例

2014年1月20日,是A省W县H镇中心小学发放寒假成绩单的日子。上午,大部分学生都由家长陪着到学校领成绩单,从小父母离异且都在外地打工,只能住在外祖父母与舅舅家中,现年9岁的小林却独自一个人到校。晚饭前,小林外婆接到了女儿打来的电话。吃饭时,外婆告诉小林:"你可怜哦,去年你妈妈没回来过年,今年又不回来过年哦!"晚饭过程中,小林的情绪很低落。晚饭后,外婆洗完碗发现小林不见了,赶紧喊小林舅舅去找。他们很快发现,小林悬挂在厕所的横梁上,已经没有了生命迹象,孩子脖子上套着一根用来编织网兜的塑料绳。经过民警现场勘测认为,孩子系窒息死亡,颈部伤处符合自缢特征。家人翻阅孩子生前的学习用品、书本,没能找到一句遗言。

其实,类似的悲剧频频在各地上演着,怎样才能及时地预防悲剧的发生呢?其实,从小林类似的案例中,从心理评估的角度看,有很多心理和行为表现都在不断地向我们暗示着即有可能要发生的悲剧。由此可见,掌握一些基本的心理评估方法,对于有效预防和控制中小学生心理问题的发生和恶化有着重要的现实意义。

第一节 心理评估概述

一、心理评估的基本概念

2013年9月27号至10月20号,"英国华人职业传承史"图片展在英国伦敦查宁阁图书馆举行。展览以5组图片展示了早期漂洋过海来英谋生的华人,在航海、洗衣、理发、餐饮、军队等行业的生存状态,再现了在1884年伦敦国际健康博览会盛况。

据历史记载,有一个叫"人体心理评估研究室"的展览项目在1884年伦敦国际健康博览会上出现。这个所谓的研究室其实是一个只有36×6英尺(1英尺=0.305米)的小小展台,展台里面也只有3位服务人员。在"研究室"里的长桌上摆着摆锤、反应键、手柄、转盘、光度计、长管子等一些简单的仪器。别小看这些器材,只要参观者支付3便士,就可以立即评估出自己的反应时间、视觉灵敏度、听觉灵敏度、色彩分辨能力、长度判断能力、拉力、拧力、吹气力量、身高、体重、臂长、呼吸力量和肺活量等13项特征。在这次展览期间,共有9 337位参观者真的付了钱。

也许，当时参观者仅仅是因为好奇才进行了这些个人特征评估，之外并没有什么具体的目的，但是其经营者倒是有的。因为这个经验者不是别人，他正是心理评估学上生理计量法的创始人弗朗西斯·高尔顿。作为一位"业余"心理学家，高尔顿认为人与人之间智力上的差别很大程度上是遗传所致。为了收集到更多的与智力相连的相关生理特征数据，他花钱租用展台展示"人体心理评估实验室"来进行测试。由此，高尔顿开启了一条心理学研究新形式的先河——心理评估学上生理计量法。

心理评估，也叫心理评量，是指采用科学的方法与工具将个体心理和行为数理化的过程。也即依据一定的心理学理论，采用某种方法将人的特定行为反应数理化，并据此推论与这些行为相应的心理水平的过程[1]。这里的行为反应主要是指那些完成特定工作或活动所需要或与之相关的感知、技能、能力、气质、性格、兴趣、动机等个人特征，它们是以一定的质量和速度完成工作或活动的必要基础。

广义的心理评估包括使用观察法、访谈法、问卷法、实验法、心理物理法等方法对心理活动进行的测量。狭义的心理评估指用心理测验作为工具的测量。本章所指的心理评估专指以心理测验作为工具的测量。人们在能力、学识、技能、兴趣、态度及人格等方面的心理特征各不相同，构成了人与人之间的个别差异。任何一种心理属性在数量变化上都可构成一组连续体，如记忆力的强弱、运算速度的快慢、性格从极端内向到极端外向的变化等都各自成为一组连续体，测量的结果就是确定一个人的某种心理特征在相应的连续体上的相对位置。

从心理评估的对象来看，评估的是人的行为，具体来说就是一个人对评估工具中的具体项目的行为反应。同时，一个再全面的评估量表也只能列举部分具有代表性的项目，不可能把所有评估的行为领域的所有可能的项目全部列举出来。因此，为了尽量提高心理评估的准确性，要求所列举的项目必须具有代表性。另外，心理评估所使用的工具在编制、施测、计分和结果解释等方面应该构成一套完整的程序，从而成为标准化心理评估工具。

二、心理评估的主要特性

1. 心理评估的间接性

心理与某些客观的物理现象不同，以今日的科学发展水平我们尚不能对心理进行直接的测量。根据心理学特质理论，某种内在的不可直接测量的特质，可表现为一系列具有内在联系的外显行为。这里的特质是指区分人与人之间个体差异的身心特征，主要包括两个方面：一是个人与生俱来的诸如肤色、发色、体型等遗传特征；二是人格特质，个体在行为上表现出来的稳定的、能反映其人格特点的行为倾向。因此，心理测量只是测量了一个人对测验项目所进行的行为反应，心理学家对测量结果进行推论，从而间接了解人的心理属性。

2. 心理评估的相对性

对人的行为进行比较，没有绝对的标准，也就是说没有绝对的零点，我们有的只是一个

---

[1] 林崇德，杨治良，黄希庭. 心理学大辞典[M]. 上海：上海教育出版社，2004：1388.

连续的行为序列。所有的心理测量都是看每个人处在这个序列的什么位置上，因此，位置具有相对性。由此所测得的一个人智力的高低等，都是与其所在总体的人的行为或某种人为确定的标准相比较而言的。同时，标准也不是一成不变的。

3. 心理评估的客观性

美国心理学家桑代克和教育测量学家麦柯尔先后提出，"凡客观存在的事物都有其数量"，"凡有数量的东西都可以测量"。随着心理科学的发展，已经可以对人的感知、记忆、思维、想象、注意、情绪以及能力、气质、性格等心理特性采用各种方法进行测量。

4. 心理评估的标准化

评估的标准化是对一切心理测量的共同要求：

一是测量用的项目或作业、施测说明、施测者的言语、态度及施测时的物理环境等，均经过标准化，测量的刺激是客观的。特别是对测量项目的选择不是随意的，而是在预测基础上，通过实证分析确定的。

二是评分计分的原则和手续经过了标准化，对反应的量化是客观的。

三是分数的转换和解释经过了标准化，对结果的推论是客观的。心理测量的客观性虽然尚需进一步提高，但它毕竟是测量人的心理特性的较为客观、较为科学的方法，目前，还没有更有效、更实用的方法能够取代它。

三、心理评估的常用方法

1. 自陈量表法

这是一种让被试自己描绘自己、刻画自己的方法。例如，给他一张形容词词表，要求他从中指出哪些是能够描绘自己性格的词，或者要求他在大量的陈述句中指出哪些是能够描绘自己性格的句子等。这种方法的一个重要前提是被试能够主动配合和合作，许多个性调查问卷或性格特征调查问卷都属于此类。目前，我们提供的测量都是采用这种方法。

2. 自然观察法

这是观察者通过感官或一定的仪器如望远镜、单向玻璃等，在一定的时间内有目的、有计划地考察被试在完全自然条件下发生的语言、动作行为、表情和基本外貌、形态等，并对考察结果进行分类描述和对照，以做出类别判断。这种方法在操作程序上往往比较简便易行，虽然其量化水平比较低，但适应性强，应用广。

3. 作业量表法

这是职业心理测评中较为严格的测量方法之一，它是按照标准的操作规程，以作业的形式来呈现刺激并引导受测者做出回答，从而测定个体智能发展状况的一种测量方法。这种方法对诊断一般认知能力有较高的应用价值。自比纳—西蒙量表问世以来，作业量表法的测量工具日趋完善，现已成为心理测量中较为成熟的一种。

4. 心理投射法

这是职业心理测评中较为严格的测量方法之一,其基本形式有两种,即墨渍测验和主题统觉测验。这类测量是通过呈现一定的刺激材料(一般是没有明确意义的刺激材料)让受测者加以解释或者要求把这些刺激材料组织起来。这种方法的基本假设是:当一个人处在意义不明确的刺激情境之中时,他往往会把那种反映自己特有的人格结构强加于刺激情境。而如果知道了一个人如何对那些意义不明确的刺激情境进行解释和组构,就有可能推论出有关个体人格结构的特征。心理投射法在职业人格缺陷的测评中应用较广泛。

四、心理评估工具的分类

(一)按测量功能分类

1. 能力测验

能力一词,其含义颇为笼统。从心理测验的观点看,可将其分为实际能力与潜在能力。实际能力是指个人当前"所能为者",即代表个人已有的知识、经验与技能,是正式与非正式学习或训练的结果。潜在能力是指个人将来"可能为者",是在给予一定的学习机会时,某种行为可能达到的水平。有人把测量潜在能力的测验称作能力倾向测验,亦称性向测验。实际上两者很难分清。能力测验又可进一步分为普通能力测验与特殊能力测验。前者即通常说的智力测验,后者多用于测量个人在音乐、美术、体育、机械、飞行等方面的特殊才能。

2. 成就测验

成就测验主要用于测量个人(或团体)经过某种正式教育或训练之后对知识和技能掌握的程度。因为所测得的主要是学习成就,所以称成就测验,最常见的是学校中的学科测验。

无论是成就测验还是能力测验(包括能力倾向测验),所测得的都是个人在其先天条件下经由后天学习的结果。不过,成就测验多是测量有计划的或比较确定的情境(如学校)中学习的结果;而能力测验,特别是能力倾向测验,则是测量较少控制的或不大确定的情境中学得的结果,也就是在个人生活中经验累积的结果。

3. 人格测验

人格测验主要用于测量性格、气质、兴趣、态度、品德、情绪、动机、信念、价值观等方面的个性心理特征,亦即个性中除能力以外的部分。

(二)按测量方式分类

1. 纸笔测验

测验所用的是文字或图形材料,实施方便,团体测验多采用此种方式编制。不过,文字材料易受被试文化程度的影响,因而对不同教育背景下的人使用时,其有效性将降低,甚至无法使用。

2. 操作测验

操作测验项目多属于对图片、实物、工具、模型的辨认和操作，无需使用文字作答，所以不受文化因素的限制。此种测验的缺点是大多不宜团体实施，要花费大量的时间。

3. 口头测验

测验项目为言语材料。主试口头提问，被试口头作答。

4. 电脑测验

测验项目可为文字或图形，在电脑上显示，被试按键作答。

（三）按测验目的分类

1. 描述性测验

测验的目的在于对个人或团体的能力、性格、兴趣、知识水平等进行描述。

2. 诊断性测验

目的在于对个人或团体的某种行为问题进行诊断。

3. 预示性测验

目的在于通过测验分数预示一个人将来的表现和所能达到的水平。

（四）按测验解释分类

1. 常模参照测验

此种测验是将一个人的分数与其他人比较，看其在某一团体中所处的位置。

2. 标准参照测验

此种测验是将被试的分数与某种标准进行比较来解释。

五、心理评估的基本原则

心理评估是中小学心理辅导和咨询中的一种辅助性手段，在使用时必须对量表有全面的了解，了解它的优势和不足，以及使用时需要注意的问题，以便更好地促进学校心理健康教育工作的开展。在使用心理量表过程中，需要注意以下问题：

1. 必须由专业人员进行操作

心理测量是一个对专业素质要求很高的工作，因此，有必要对测量人员进行培训，使其熟悉所使用的心理测量技术和量表内容。测试人员对有关测试题和使用手册要反复阅读和练习。

2. 评估过程要科学化、程序化

心理测量是非常严肃的事情，尤其是对中小学生心理健康的测量更要慎重。测量过程必须科学化，其中以下几个方面一定要注意：

（1）详细记录测量过程：如测量的时间、地点，被测学生的健康状况、情绪、态度等，都要详细记录，为日后全面、正确地分析、解释结果做好准备。

（2）控制好测量误差：每种测量方法都有其相应的规定程序，测量人员一定要严格按照测量的程序进行操作，对于会引起测量误差的因素要严格控制，如测量人员的言语、行为、情绪，不能根据自己的意愿而自行删减或更改测量程序等。

（3）评分过程科学化：评分对心理测量来说是非常重要的一个环节，所谓测量的科学性很大程度上也体现在评分的过程中，因此测量人员必须学会客观地进行评分，避免评分误差的产生。

3. 要全面了解评估对象

人的成长受多种因素的影响，而且人的心理也具有多侧面，只有对一个人进行了全面具体的考察，包括他的家庭环境、社会环境、现状、过去经历以及他在不同情景中的行为反应等，才能对他的心理做深入细致的分析、了解，也才能对他的心理健康状况以及影响因素进行较为客观的评价诊断。为此，我们要从多种角度全面了解、考察学生的心理发展状况和影响因素，而不能仅仅根据一两次谈话或是一次心理测验的结果就对被测量者的心理问题下断言。

4. 正确看待和使用评估结果

正确看待和应用心理测量结果，对于学校心理健康教育工作者来说，包括两方面的内容：一方面，要全面看待测量结果的可靠性，任何一种测量方法都有信度、效度问题，我们解释任何测量结果时都不能认为是绝对准确的；另一方面，心理测量的目的是了解学生的心理健康状况，以对学生的成长做出及时有效的辅导，而不是用来进行人员的筛选、给学生贴标签。因此，对于存在心理健康问题的学生，必须给予更多的关注和爱护，并采取适当的干预措施以改善学生的心理健康水平，不能只是了解情况而已，或是采取嫌弃的态度对待他们。而且心理测量人员对测量结果要保密，要尊重学生和家长的隐私。

5. 要慎重解释评估结果

向被测学生解释测量结果，是学校心理测量的重要环节。如何解释测量结果对学生心理健康来说是一个很重要的影响因素，它起到一种暗示的作用，会影响学生的自我评价，从而影响学生的心理健康状况。我们经常看到这样的现象，本来某个学生没有心理问题，由于进行了某种心理测验反而产生了严重的心理问题，这往往是由于测验解释人员不负责任的言语给学生的错误暗示造成的。

在解释测量结果时，要注意以下几点：①使用学生能理解的语言，尽量少用术语，如果非用不可，也要向学生做出进一步的解释，不要让学生产生误解；②要做详细的解释工作，对测量结果的各种可能性都要解释，不要用绝对的语言和轻易地下断言；③不能给学生任何负面的暗示，要以发展性的观点解释学生的问题，并向学生提供改进意见，必须把心理健康测量与心理辅导紧密结合起来。

第二节 中小学心理评估流程

一、选择心理评估工具

选择恰当的心理量表是开展好中小学心理评估的前提之一。选择心理量表必须注意两个方面：

1. 所选测验必须适合测量的目的

测验是进行科学研究和解决实际问题的一个工具，测验的选择首先必须符合我们进行测验的目的。由于每一个测验都有其特殊的用途和使用范围，所以测验者首先就应当对各种测验的功用及特长、优缺点有一个了解。例如，为了给入学新生分班，就可以给学生施测普通的智力测验；在每个学期结束的时候，应当对学生施测各学科的学绩测验，以了解学生对本学期学习内容的掌握；如果学生的学习有特殊的困难，这时就可以给学生施测专门的学习障碍诊断测验；在学生行将毕业，面临升学或就业选择时，为他们进行各种职业性向和兴趣测验，以此发现学生的才能和兴趣，选择适合他们的专业及职业；如果要了解学生的人格特征，可施测有关的人格测验，并据此对学生进行心理卫生辅导。不但不同的目的要选用不同的测验，而且不能只是根据测验名称盲目选择测验，必须了解该测验的真正适用范围和功效，否则就会造成测验使用不得当。

2. 所选测验必须符合心理测量学的要求

选测验不能仅根据测验目的，还应考虑该测验是否经过了标准化，它的信度、效度如何，常模样本是否符合你的测试对象，常模资料是否太久而失效等。在现实生活中，许多人将一些通俗读物或报刊杂志上的测验当作正式的心理测验来使用，实际上这些测验大多不符合心理测量学的要求，可信度不大，仅是供娱乐消遣之用，但许多人却十分信服。即使是真正的心理测验，倘由个人自行施测，不懂得分数如何解释，也会产生不良后果。例如，有人通过一些书籍上的测验自行对照，判断自己是神经征，因而终日惶恐不安。因此，不具备心理测验知识的个人最好不要自己盲目选择测验及自行施测、解释，而应由专门的心理测验机构中的专门人员来操作。

在选择测验这一环节上，出现的另一个问题是，许多人常使用没有重新标准化的经典测验。标准化测验必须经常修订，使测验内容、常模样本、分数解释适合当前的对象。目前，就连许多专业人员使用的测验也大多是许多年前的老版本。更有甚者，有人还将国外的测验直接译过来使用，而不考虑是否符合我国国情，这种做法是不值得提倡的。

二、做好心理评估准备

评估前的准备工作是保证评估顺利进行和评估实施标准化的必要环节。准备工作主要包括以下几个方面：

1. 预告评估

事先应当通知被试，保证被试确切知道测验评估的时间、地点、内容范围、试题的类型等，使被试对测验有所准备，及时调整自己的情绪和生理状态。心理评估一般不搞突然袭击。当然，根据需要有时可以不告知真实目的。

2. 主试自身的准备

主试首先要熟悉测验指导语并能流利地用口语说出来，这是对心理测验实施的最基本的要求。熟悉指导语会使测验进行得顺利，否则，测验的效果会受到一些影响。

其次，主试还必须熟悉测试的具体程序。测验的实施并不仅仅是分发、收集试卷，对于某些个别测验和团体测验来说，测验的实施必须由受过专门训练的人来完成。例如韦氏智力量表包括言语、操作两大部分，操作部分的测试涉及物体如何摆放、如何示范等具体程序，而针对聋哑儿童使用的希内学习能力测验更为复杂，甚至包括手势语的应用；某些团体施测还涉及幻灯显示等问题。主试的训练，通常包括讲解或阅读测验手册、观察演示和操作练习等。这种训练根据测验的种类及主试的条件，时间长短可以不同。

最后，主试必须做好应付突发事件及被试提问的心理准备。例如，智力测验过程中，学生由于过分紧张而晕倒或夏季中暑；测查病态人格时病人突然发作；有人作弊或突然停电，等等。这些都需要主试有良好的心理准备，并有一些应急措施。

3. 评估材料的准备

测验材料包括测验题目、答卷纸、记分键、指导书、纸、笔及计时表等必需材料、工具。同时，主试还应当详细地模拟一遍测验，以观察材料是否准备齐全。

4. 评估环境的准备

心理测验对环境的要求很高，许多研究表明，测验环境会对测验的结果造成影响，例如，一个人在酷暑和正常天气下所做的智力测验的结果会有差别。因此，主试必须对测验时的光线、通风、温度及噪音水平等物理条件做好安排，统一布置。测验房门上最好有牌子，示意测验正在进行，不许随便进入。

三、心理评估的实施

选择好测验并做好充分准备后，就可以进行心理评估工作了。实施标准化测验的基本原则是努力减少无关因素对测验结果的影响。对于标准化测验，主试必须按照规定的程序施测，才能得到可靠的结果。有些人在使用测验时，由于不了解测验标准化的意义及方法，因此往往任意变更施测的程序,忽视测验实施的各种要求,例如指导语、记分方法等,而导致结果的误差。

1. 指导语和时限

所谓指导语一般是指对测验的说明和解释,有时包括对特殊情况发生时应如何处理的指示,在实施测验时,必须使用统一的指导语。

指导语通常应包括两部分,一部分是对被试的指导语,另一部分是对主试的指导语。

在纸笔测验中,对被试的指导语一般印在测验的开头部分,由被试自己阅读或主试统一宣读。指导语应力求清晰、简明扼要且有礼貌,一般由以下内容组成:

(1) 如何选择反应形式(画"√"、口答、书写等);
(2) 如何记录这些反应(答卷纸、录音、录像等);
(3) 时间限制;
(4) 如果不能确定反应,应如何去做(是否允许猜测等);
(5) 例题(当测验采用生疏形式时,例题十分必要);
(6) 有时告知测验目的。

主试念完指导语后,应再次询问被试有无疑问。回答时应当严格遵守指导语,不应对测验做出额外的解释,因为主试的暗示会对被试产生影响。对被试的指导语应简短,不能占用太长的时间,以免引起被试的焦急及反感情绪。

对主试的指导语主要是对测试细节的进一步说明,以及在测验中途发生意外情况(如停电、迟到、生病、作弊等)如何处理等。这部分指导语往往印在测验指导书中,对主试的一言一行都做了严格要求。

总之,指导语对被试的反应态度、反应方式及主试的行为方式、说话方式做了严格的规定。

时限也是测验标准化的一项内容。主试应事先告诉被试该测验具体的时间限制。对于有分测验的测验,主试应根据有关时限的操作语执行。例如在速度测验中,尤其要注意时间限制,不得随意延长或缩短。

2. 记分及解释

记分和解释的过程是将被试的反应数量化并赋予意义的过程,它们也必须遵循标准化的原则。

记分的标准化关键是使评分的方法尽量客观化,使得不同评分者对同一测验反应(答案)赋予相近的分数。大多数心理测验采用选择题等客观题型,无疑使记分更简便、客观。一些标准化测验配有记分键,即标有标准答案及正确反应的说明,对于论文式作答的测验则给予记分要点。标准化的记分方法应力求客观、正确、经济、实用。

主试在实施过程中,记分应当做到下面几点:

(1) 对被试的反应给予及时而清楚、详细的记录,特别是对口试和操作测验,此点尤其重要,必要时可录音和录像。对于测验的环境及测验时的一些突发事件,主试也应给予详细记录,以供解释时参考。

(2) 主试应当熟练掌握记分键,特别是非客观题目的记分要求,不得随意记分。标准化测验在手册中都有关于记分原则和方法的说明。例如,在韦氏智力测验中,对于什么样的反应得1分、2分、3分都有详细解释,并举了一些例子。作为主试,应当以客观、公正的态度严格依据记分键或评分标准记分。

(3)在施测的过程中,对于被试的反应,主试不应做出点头、皱眉、摇头等暗示性的反应,这会影响对被试以后的施测,主试应时刻保持和蔼、微笑的态度。另外,在个别施测时,主试不应让被试看见记分,可用纸板等物品挡着。这样做一是避免影响被试的测验情绪,二是避免分散被试的注意力。

主试对测验结果可依据常模或其他参照标准做出解释,一般在测验手册中对各种分数的意义都做了详细的说明。

心理测验是一种辅助工具,被试的表现还受到许多其他因素的影响,因此不能过于夸大心理测验的作用。

3. 主试与被试的关系

在施测过程中,主试和被试之间应当建立良好的协调关系,即一种友好合作的并能促使被试最大限度地做好测验的一种关系。例如,在能力测验中,这种关系会促使被试尽最大努力发挥自己的能力;在人格测验中,它会促使被试真实坦白地回答问题。建立协调关系要求主试尽可能地激发被试兴趣,使其积极地应试。

由于测验的性质和被试的年龄及其他情况不同,建立协调关系的方法也不同。在测试学前儿童时,应考虑到儿童对生人的羞涩、分心等特点,主试应以友好、愉快、轻松的自然态度与儿童交流。对于胆小的儿童,由于他们需要更多的时间去熟悉环境,因此主试应有耐心,等到儿童熟悉环境并愿意合作时才进行测试。测试时也应当更灵活,努力使测验生动、有趣,像做游戏一样引起孩子们的兴趣。对于年龄大一些(三年级以上)的学生则应当通过竞争来激发其测验动机。成人测验则与前述对待儿童的方法有所不同,由于成人具有不认真做测验的倾向,因此主试应强调测验的目的,强调测验对他们有利的方面,这样才能使他们在能力测验中认真尽力作答,在人格测验中尽量减少伪装。

主试和被试建立良好的协调关系,并不意味主试对被试做出暗示或提供帮助,而是要求主试促进被试更好地完成测验。

第三节 中小学常用心理评估工具

随着心理测量与评估工作者的不断努力,越来越多的针对中小学生使用的心理评估工具被开发出来,而且国内进行修订和原创的量表的类别和版本也十分多,下面就介绍几种最常见的较为普及的心理评估工具供学习参考。必须说明的是,以下量表仅用于参考,量表的版权归原创者所有,在使用这些量表时,应进一步学习相应量表的具体操作方法和常模,从而避免滥用。

中小学常用心理评估工具可以分为:心理健康评估类,主要有《中学生心理健康量表》(MSSMHS)、《心理健康诊断测验》(MHT)、《症状自评量表》(SCL-90);自我认识评估类,主要有《陈会昌气质量表》《罗森伯格自信心量表》《画人智力测验》;学业考试评估类,主要有《青少年学习倦怠量表》《Sarason考试焦虑量表》(TSA)、《中学生考试焦虑影响因素问卷》;

情绪状态评估类，主要有《焦虑自评量表》（SAS）、《抑郁自评量表》（SDS）、《儿童社交焦虑量表》（SASC）等（具体量表内容参见后面附录部分）。

一、心理健康评估类工具

（一）《中学生心理健康量表》（MSSMHS）[①]

【评估对象】

中学生。

【指导语】

下面是有关你近来心理状态的一些问题，请你仔细阅读每一个题目，根据自己的实际情况认真填写。每一个题目没有对错之分，请你尽快回答，不要在每道题上过多思索。你做完问卷之后，由你自己交给我们，我们为你绝对保密，不要有任何顾虑。

【注意事项】

（1）每个题目都有"无""轻度""中度""偏重""严重"五个等级供你选择，分别按照程度的高低用1、2、3、4、5来表示。

（2）每个题目只能选一个等级，请你将所选的等级数字填入题后的括号内。

（3）每个题目都要回答，不要遗漏。

【测试题目】

1. 我不喜欢参加学校的课外活动。（   ）
2. 我心情时好时坏。（   ）
3. 做作业必须反复检查。（   ）
4. 感到人们对我不友好，不喜欢我。（   ）
5. 我感到苦闷。（   ）
6. 我感到紧张或容易紧张。（   ）
7. 我学习劲头时高时低。（   ）
8. 我对现在的学校生活感到不适应。（   ）
9. 我看不惯现在的社会风气。（   ）
10. 为保证正确，做事必须做得很慢。（   ）
11. 我的想法总与别人不一样。（   ）
12. 总担心自己的衣服是否整齐。（   ）
13. 容易哭泣。（   ）
14. 我感到前途没有希望。（   ）

[①] 王极盛. 王老师高考心理热线[M]. 北京：中国社会科学出版社，2004：235-333.

15. 我感到坐立不安，心神不定。（　　）
16. 经常责怪自己。（　　）
17. 当别人看着我或谈论我时，感到不自在。（　　）
18. 感到别人不理解我，不同情我。（　　）
19. 我常发脾气，想控制但控制不住。（　　）
20. 觉得别人想占我的便宜。（　　）
21. 大叫或摔东西。（　　）
22. 总在想一些不必要的事情。（　　）
23. 必须反复洗手或反复数数。（　　）
24. 总感到有人在背后谈论我。（　　）
25. 时常与人争论、抬杠。（　　）
26. 我觉得对大多数人都不可信任。（　　）
27. 我对做作业的热情忽高忽低。（　　）
28. 同学考试成绩比我高，我感到难过。（　　）
29. 我不适应老师的教学方法。（　　）
30. 老师对我不公平。（　　）
31. 我感到学习负担很重。（　　）
32. 我对同学忽冷忽热。（　　）
33. 上课时，总担心老师会提问自己。（　　）
34. 我无缘无故地突然感到害怕。（　　）
35. 我对老师时而亲近，时而疏远。（　　）
36. 一听说要考试，心里就感到紧张。（　　）
37. 别的同学穿戴比我好，有钱，我感到不舒服。（　　）
38. 我讨厌做作业。（　　）
39. 家里环境干扰我的学习。（　　）
40. 我讨厌上学。（　　）
41. 我不喜欢班里的风气。（　　）
42. 父母对我不公平。（　　）
43. 感到心里烦躁。（　　）
44. 我常常无精打采，提不起劲来。（　　）
45. 我感情容易受到别人的伤害。（　　）
46. 觉得心里不踏实。（　　）
47. 别人对我的表现评价不恰当。（　　）
48. 明知担心没有用，但总害怕考不好。（　　）
49. 总觉得别人在跟我作对。（　　）
50. 我容易激动和烦恼。（　　）
51. 同异性在一起时，感到害羞不自在。（　　）
52. 有想伤害他人或打人的冲动。（　　）

53. 我对父母时而亲热，时而冷淡。（　　）
54. 我对比我强的同学并不服气。（　　）
55. 我讨厌考试。（　　）
56. 心里总觉得有事。（　　）
57. 经常有自杀的念头。（　　）
58. 有想摔东西的冲动。（　　）
59. 要求别人十全十美。（　　）
60. 同学考试成绩比我高，但能力并不比我强。（　　）

【量表结构】

本量表分为 10 个分量表，每个分量表都是由 6 个项目组成的，包括《强迫症状分量表》《执分量表》《敌对分量表》《人际关系紧张与敏感分量表》《抑郁分量表》《焦虑分量表》《学习压力分量表》《适应不良分量表》《情绪不平衡分量表》《心理不平衡分量表》。

（二）心理健康诊断测验（MHT）[①]

【评估对象】

中学生。

【指导语】

这个测验是调查你的心情和感受的，不是测验智力和学习能力，与学习成绩无关，答案也没有好坏之分，请按照你平常所想的如实回答。本测验每一问题都只有"是"和"不是"两种可供选择的答案，如果选"是"则打"√"，如果选"不是"则打"×"，请将你所选答案填写在题目后面的括号内即可。

【注意事项】

（1）按你平时所想的如实回答。
（2）每一问题都要回答，但只能选择一个答案。难以决定时，请选与你接近的答案。
（3）有不明白的地方可以举手问老师。
（4）修改答案时，要用橡皮擦干净。
（5）回答时间没有限制，但不要过分考虑，请写出你最初想到的答案。

【测试题目】

1. 你夜里睡觉时，是否总是想着明天的功课。（　　）
2. 老师向全班提问时，你是否会觉得是在提问自己而感到不安。（　　）
3. 你是否一听说"要考试"心里就紧张。（　　）
4. 你考试成绩不好时，心里是否总是感到不安。（　　）

[①] 周步成，方真. 心理健康诊断测验（MHT）手册[M]. 上海：华东师范大学出版社, 1991.

5. 你学习成绩不好时，是否总是提心吊胆。（　　）
6. 当你考试，想不起来原先掌握的知识时，是否会感到焦急。（　　）
7. 你考试后，在没有知道成绩之前，是否总是放心不下。（　　）
8. 你是否一遇到考试，就担心会考坏。（　　）
9. 你是否希望考试能顺利通过。（　　）
10. 你在没有完成任务之前，是否总担心完不成任务。（　　）
11. 你当着大家朗读课文时，是否感到怕读错。（　　）
12. 你是否认为学校里得到的学习成绩总是不大可靠。（　　）
13. 你是否认为你比别人更担心学习。（　　）
14. 你是否做过考试考坏了的梦。（　　）
15. 你是否做过学习成绩不好时，受到爸爸妈妈或老师训斥的梦。（　　）
16. 你是否经常觉得有同学在背后说你坏话。（　　）
17. 你受到父母批评后，是否总是想不开，放在心上。（　　）
18. 你在游戏或别的竞赛中输给了对方，是否就不想再干了。（　　）
19. 人家在背后议论你，你是否感到讨厌。（　　）
20. 你在大家面前或被老师提问时，是否会脸红。（　　）
21. 你是否很担心叫你担任班级工作。（　　）
22. 你是否总觉得好像有人注意你。（　　）
23. 你在工作或学习时，如果有人在注意你，你心里是否紧张。（　　）
24. 你受到批评时，心情是否不愉快。（　　）
25. 你受到老师批评时，心里是否总是不安。（　　）
26. 同学们在笑时，你是否也不大会笑。（　　）
27. 你是否觉得到同学家里去玩不如在自己家里玩。（　　）
28. 你和大家在一起时，是否也觉得自己是孤单的一个。（　　）
29. 你是否觉得和同学一起玩，不如自己一个人玩。（　　）
30. 同学们在交谈时，你是否不想加入。（　　）
31. 你和大家在一起时，是否觉得自己是多余的人。（　　）
32. 你是否讨厌参加运动会和文艺演出会。（　　）
33. 你的朋友是否很少。（　　）
34. 你是否不喜欢同别人谈话。（　　）
35. 在人多的地方，你是否觉得很怕。（　　）
36. 你在踢足球、拔河、广播操等体育比赛输了时，心里是否一直认为自己不好。（　　）
37. 你受到批评后，是否总认为是自己不好。（　　）
38. 别人笑你的时候，你是否会认为是自己做错了什么事。（　　）
39. 你学习成绩不好时，是否总是认为是自己不用功的缘故。（　　）
40. 你失败的时候，是否总是认为是自己的责任。（　　）
41. 大家受到责备时，你是否认为主要是自己的过错。（　　）
42. 你在打篮球、踢足球、拔河、广播操等体育比赛时，是否一出错就特别留神。（　　）

43. 碰到为难的事时，你是否认为自己难以应付。（   ）

44. 你是否有时会后悔，那件事不做就好了。（   ）

45. 你和同学吵架以后，是否总是认为是自己的错。（   ）

46. 你心里是否总想为班级做点好事。（   ）

47. 你学习的时候，是否经常思想开小差。（   ）

48. 你把东西借给别人时，是否担心别人会把东西弄坏。（   ）

49. 碰到不顺利的事情时，你心里是否很烦躁。（   ）

50. 你是否非常担心家里有人生病或死去。（   ）

51. 你是否在梦里见到过死去的人。（   ）

52. 你对收音机和汽车的声音是否特别敏感。（   ）

53. 你心里是否总觉得好像有什么事没有做好。（   ）

54. 你是否担心会发生什么意外的事。（   ）

55. 你在决定要做什么事的，是否总是犹豫不决。（   ）

56. 你手上是否经常出汗。（   ）

57. 你害羞时是否脸红。（   ）

58. 你是否经常头痛。（   ）

59. 你被老师提问时，心里是否总是很紧张。（   ）

60. 你没有参加运动，心脏是否经常扑通地跳。（   ）

61. 你是否很容易疲劳。（   ）

62. 你是否很不愿意吃药。（   ）

63. 夜里你是否很难入睡。（   ）

64. 你是否总觉得身体好像没什么毛病。（   ）

65. 你是否经常认为自己的体型和面孔比别人难看。（   ）

66. 你是否经常觉得肠胃不好。（   ）

67. 你是否经常咬指甲。（   ）

68. 你是否喜欢舔手指头。（   ）

69. 你是否经常感到呼吸困难。（   ）

70. 你去厕所的次数是否比别人多。（   ）

71. 你是否很怕到高的地方去。（   ）

72. 你是否害怕很多东西。（   ）

73. 你是否常做噩梦。（   ）

74. 你胆子是否很小。（   ）

75. 夜里你是否很怕一个人在房间里睡觉。（   ）

76. 你乘车穿过隧道或路过高桥时，是否害怕。（   ）

77. 你是否喜欢整夜开着灯睡觉。（   ）

78. 你听到打雷声是否非常害怕。（   ）

79. 你是否非常害怕黑暗。（   ）

80. 你是否经常感到有人在后面跟着你。（   ）

81. 你是否经常生气。（　　）
82. 你是否不想得到好的成绩。（　　）
83. 你是否经常会突然想哭。（　　）
84. 你以前是否说过谎话。（　　）
85. 你有时是否会觉得，还是死了好。（　　）
86. 你是否一次也没有失约过。（　　）
87. 你是否经常想大声喊叫。（　　）
88. 你是否不愿说出别人不让说的事。（　　）
89. 你有时是否想过自己一个人到远地方去。（　　）
90. 你是否总是很有礼貌。（　　）
91. 你被人说了坏话，是否想立即采取报复行动。（　　）
92. 老师或父母说的话，你是否都照办。（　　）
93. 你心里不开心，是否会乱丢、乱砸东西。（　　）
94. 你是否发过怒。（　　）
95. 你想要的东西，是否就一定要拿到手。（　　）
96. 你不喜欢的功课老师提前下课，是否会感到特别高兴。（　　）
97. 你是否经常想从高的地方跳下来。（　　）
98. 你是否无论对谁都很亲热。（　　）
99. 你是否会经常急躁得坐立不安。（　　）
100. 对不认识的人，你是否会都喜欢。（　　）

【量表结构】

本量表由八个分量表及效度量表构成，包括：《效度量表》《学习焦虑分量表》《对人焦虑分量表》《孤独倾向分量表》《自责倾向分量表》《过敏倾向分量表》《身体症状分量表》《恐怖倾向分量表》《冲动倾向分量表》。

【记分方法】

凡是选"是"得1分；选"否"得0分。除去效度量表项目，将余下的全部问卷项目得分累加起来，即可得到全量表分。

【结果解释】

如果效度量表合计得分在7分以上者，则可以认为该受测者是为了获得好成绩而作假的，所以测验结果不可信，可考虑将该份答卷作废，并在适当时候重新进行测验。量表对心理健康水平的评分分为3个等级：分数在1~55分之间者为正常，在56~64分之间者为心理状态欠佳或有问题倾向，65分以上者为心理问题倾向较严重，需要进一步分析，并进行辅导。分量表对相应心理健康维度的评分也分为3个等级：3分以下说明被测试者心理状态正常，4~7分之间为心理状态欠佳或有问题倾向，8分以上者为心理问题倾向较严重，需要进一步分析，并进行辅导。

（三）《症状自评量表》（SCL-90）[①]

【评估对象】

中学生及成人。

【指导语】

以下列举了有些人可能会有的问题的陈述，每条陈述有："（1）没有""（2）轻度""（3）中度""（4）偏重""（5）严重"五个选项供你选择。请你仔细地阅读每个条目，然后根据最近一星期之内这些情况对你影响的实际感觉，将最符合的一项的数字填入括号内。答案没有对、错之分。不要对每个陈述花太多的时间去考虑，但所给的回答应该最恰当地体现你现在的感觉。

【注意事项】

本问卷共90题，作答时间约15分钟。

【测试题目】

1. 头痛。（　　）
2. 神经过敏，心中不踏实。（　　）
3. 头脑中有不必要的想法或字句盘旋。（　　）
4. 头昏或昏倒。（　　）
5. 对异性的兴趣减退。（　　）
6. 对旁人责备求全。（　　）
7. 感到别人能控制您的思想。（　　）
8. 责怪别人制造麻烦。（　　）
9. 忘记性大。（　　）
10. 担心自己的衣饰整齐及仪态的端正。（　　）
11. 容易烦恼和激动。（　　）
12. 胸痛。（　　）
13. 害怕空旷的场所或街道。（　　）
14. 感到自己的精力下降，活动减慢。（　　）
15. 想结束自己的生命。（　　）
16. 听到旁人听不到的声音。（　　）
17. 发抖。（　　）
18. 感到大多数人都不可信任。（　　）
19. 胃口不好。（　　）
20. 容易哭泣。（　　）

[①] 戴晓阳. 常用心理评估量表手册[M]. 北京：人民军医出版社，2011：13-18.

21. 同异性相处时感到害羞不自在。（   ）
22. 感到受骗，中了圈套或有人想抓住您。（   ）
23. 无缘无故地忽然感到害怕。（   ）
24. 自己不能控制地大发脾气。（   ）
25. 怕单独出门。（   ）
26. 经常责怪自己。（   ）
27. 腰痛。（   ）
28. 感到难以完成任务。（   ）
29. 感到孤独。（   ）
30. 感到苦闷。（   ）
31. 过分担忧。（   ）
32. 对事物不感兴趣。（   ）
33. 感到害怕。（   ）
34. 您的感情容易受到伤害。（   ）
35. 旁人能知道您的私下想法。（   ）
36. 感到别人不理解您，不同情您。（   ）
37. 感到人们对您不友好，不喜欢人。（   ）
38. 做事必须做得很慢以保证做的正确。（   ）
39. 心跳得很厉害。（   ）
40. 恶心或胃部不舒服。（   ）
41. 感到比不上他人。（   ）
42. 肌肉酸痛。（   ）
43. 感到有人在监视您、谈论您。（   ）
44. 难以入睡。（   ）
45. 做事必须反复检查。（   ）
46. 难以做出决定。（   ）
47. 怕乘电车、公共汽车、地铁或火车。（   ）
48. 呼吸有困难。（   ）
49. 一阵阵发冷或发热。（   ）
50. 因为感到害怕而避开某些东西、场合或活动。（   ）
51. 脑子变空了。（   ）
52. 身体发麻或刺痛。（   ）
53. 喉咙有梗塞感。（   ）
54. 感到前途没有希望。（   ）
55. 不能集中注意力。（   ）
56. 感到身体的某一部分软弱无力。（   ）
57. 感到紧张或容易紧张。（   ）
58. 感到手或脚发重。（   ）
59. 想到死亡的事。（   ）

60. 吃得太多。（　　）
61. 当别人看着您或谈论您时感到不自在。（　　）
62. 有一些不属于您自己的想法。（　　）
63. 有想打人或伤害他人的冲动。（　　）
64. 醒得太早。（　　）
65. 必须反复洗手、点数目或触摸某些东西。（　　）
66. 睡得不稳不深。（　　）
67. 有想摔坏或破坏东西的冲动。（　　）
68. 有一些别人没有的想法或念头。（　　）
69. 感到对别人神经过敏。（　　）
70. 在商店或电影院等人多的地方感到不自在。（　　）
71. 感到任何事情都很困难。（　　）
72. 一阵阵恐惧或惊恐。（　　）
73. 感到公共场合吃东西很不舒服。（　　）
74. 经常与人争论。（　　）
75. 单独一人时神经很紧张。（　　）
76. 感到别人对您的成绩没有做出恰当的评价。（　　）
77. 即使和别人在一起也感到孤单。（　　）
78. 感到坐立不安、心神不定。（　　）
79. 感到自己没有什么价值。（　　）
80. 感到熟悉的东西变成陌生或不像是真的。（　　）
81. 大叫或摔东西。（　　）
82. 害怕会在公共场合昏倒。（　　）
83. 感到别人想占您的便宜。（　　）
84. 为一些有关性的想法而很苦恼。（　　）
85. 您认为应该因为自己的过错而受到惩罚。（　　）
86. 感到要很快把事情做完。（　　）
87. 感到自己的身体有严重问题。（　　）
88. 从未感到和其他人很亲近。（　　）
89. 感到自己有罪。（　　）
90. 感到自己的脑子有毛病。（　　）

【量表结构】

本量表共包括10个因子，即所有90项目分为10大类。各因子名称、所包含项目如下：
（1）躯体化因子：包括1、4、12、27、40、42、48、49、52、53、56、58共12项。
（2）强迫症状因子：包括3、9、10、28、38、45、46、51、55、65共10项。
（3）人际关系敏感因子：包括6、21、34、36、37、41、61、69、73共9项。
（4）抑郁因子：包括5、14、15、20、22、26、29、30、31、32、54、71、79共13项。
（5）焦虑因子：包括2、17、23、33、39、57、72、78、80、86共10个项目。

（6）敌对因子：包括 11、24、63、67、74、81 共 6 项。

（7）恐怖因子：包括 13、25、47、50、70、75、82 共 7 项。

（8）偏执因子：包括 8、18、43、68、76、83 共 6 项。

（6）精神病性因子：包括 7、16、35、62、77、84、85、87、88、90 共 10 项。

（10）其他（睡眠及饮食）因子：包括 19、44、59、60、64、66、89 共 7 项。

【计分方法】

选择的数字既为该条目得分。总症状指数=总分/90，表示从总体情况看，该受检者的自我感觉位于 1~5 级间的哪一个分值程度上。因子分等于组成某一因子的各项总分与组成某一因子的项目数。

【结果解释】

总症状指数的分数在 1~1.5 之间，表明被试自我感觉没有量表中所列的症状；在 1.5~2.5 之间，表明被试感觉有点症状，但发生得并不频繁；在 2.5~3.5 之间，表明被试感觉有症状，其严重程度为轻到中度；在 3.5~4.5 之间，表明被试感觉有症状，其程度为中到严重；在 4.5~5 之间表明被试感觉有，且症状的频度和强度都十分严重。当个体在某一因子的得分大于 2 时，即超出正常均分，则个体在该方面就很有可能有心理健康方面的问题。按全国常模结果，总分超过 160 分，或阳性项目数超过 43 项，或任一因子分超过 2 分，需考虑筛选阳性，需进一步检查。

二、自我认识评估工具

（一）《陈会昌气质量表》[①]

【评估对象】

中学生及成人。

【指导语】

请认真阅读下列各题，对于每一题，你认为非常符合自己情况的，在题后的括号里写上"+2"，比较符合的在题后的括号里写上"+1"，拿不准的在题后的括号里写上"0"，比较不符合的在题后的括号里写上"-1"，完全不符合的在题后的括号里写上"-2"。

【测试题目】

1. 做事力求稳妥，不做无把握的事。（   ）
2. 遇到可气的事就怒不可遏，想把心里话全说出来才痛快。（   ）
3. 宁肯一个人干事，不愿很多人在一起。（   ）

---

① 雨帆. 心理测试[M]. 上海：文汇出版社，2008：63-69.

4. 到一个新环境很快就能适应。（   ）
5. 厌恶那些强烈的刺激，如尖叫、噪声、危险的镜头等。（   ）
6. 和人争吵时，总是先发制人，喜欢挑衅。（   ）
7. 喜欢安静的环境。（   ）
8. 喜欢和人交往。（   ）
9. 羡慕那种能克制自己感情的人。（   ）
10. 生活有规律，很少违反作息制度。（   ）
11. 在多数情况下情绪是乐观的。（   ）
12. 碰到陌生人觉得很拘束。（   ）
13. 遇到令人气愤的事，能很好地自我克制。（   ）
14. 做事总是有旺盛的精力。（   ）
15. 遇到问题常常举棋不定，优柔寡断。（   ）
16. 在人群中从不觉得过分拘束。（   ）
17. 情绪高昂时，觉得干什么都有趣。（   ）
18. 当注意力集中于一件事时，别的事很难使我分心。（   ）
19. 理解问题总比别人快。（   ）
20. 碰到危险情境，常有一种极度恐怖感。（   ）
21. 对学习、工作、事业怀有很高的热情。（   ）
22. 能够长时间做枯燥、单调的工作。（   ）
23. 符合兴趣的事情，干起来劲头十足，否则就不想干。（   ）
24. 一点小事就能引起情绪波动。（   ）
25. 讨厌做那种需要耐心、细致的工作。（   ）
26. 与人交往不卑不亢。（   ）
27. 喜欢参加热烈的活动。（   ）
28. 爱看感情细腻、描写人物内心活动的文学作品。（   ）
29. 工作、学习时间长了，常感到厌倦。（   ）
30. 不喜欢长时间谈论一个问题，愿意实际动手干。（   ）
31. 宁愿侃侃而谈，不愿窃窃私语。（   ）
32. 别人说我总是闷闷不乐。（   ）
33. 疲倦时只要短暂的休息就能精神抖擞，重新投入工作。（   ）
34. 理解问题常比别人慢些。（   ）
35. 心里有话宁愿自己想，不愿说出来。（   ）
36. 认准一个目标就希望尽快实现，不达目的，誓不罢休。（   ）
37. 学习、工作同样一段时间后，常比别人更疲倦。（   ）
38. 做事有些莽撞，常常不考虑后果。（   ）
39. 老师或师傅讲授新知识、技术时，总希望他讲慢些，多重复几遍。（   ）
40. 能够很快地忘记那些不愉快的事情。（   ）
41. 做作业或完成一件工作总比别人花的时间多。（   ）
42. 喜欢运动量大的剧烈体育活动，或参加各种文娱活动。（   ）

43. 不能很快地把注意力从一件事转移到另一件事上去。（   ）
44. 接受一个任务后，希望把它迅速完成。（   ）
45. 认为墨守成规比冒风险强些。（   ）
46. 能够同时注意几件事物。（   ）
47. 当我烦闷的时候，别人很难使我高兴起来。（   ）
48. 爱看情节起伏跌宕、激动人心的小说。（   ）
49. 对工作抱认真严谨、始终一贯的态度。（   ）
50. 和周围人们的关系总是相处不好。（   ）
51. 喜欢复习学过的知识，重复做已经掌握的工作。（   ）
52. 喜欢做变化大、花样多的工作。（   ）
53. 小时候会背的诗歌，我似乎比别人记得清楚。（   ）
54. 别人说我"出语伤人"，可我并不觉得这样。（   ）
55. 在体育活动中，常因反应慢而落后。（   ）
56. 反应敏捷，头脑机智。（   ）
57. 喜欢有条理而不甚麻烦的工作。（   ）
58. 兴奋的事常使我失眠。（   ）
59. 老师讲新概念，常常听不懂，但是弄懂以后就很难忘记。（   ）
60. 假如工作枯燥无味，马上就会情绪低落。（   ）

【量表结构】

本量表包括四个分量表，分别是：《胆汁质分量表》《多血质分量表》《黏液质分量表》《抑郁质分量表》。

【计分方法】

量表计分采取数字等级制，分别把属于每一种类型的题的分数相加，得出的和即为该类型的得分。

【结果解释】

如果某种气质得分明显高出其他三种（均高出 4 分以上），则可认定为该种气质；如两种气质得分接近（差异低于 3 分）而又明显高于其他两种（高出 4 分以上），则可认定为两种气质的混合型；如果三种气质均高于第四种的得分且相接近，则为三种气质的混合型。由此可能具有十三种类型：胆汁、多血、黏液、抑郁、胆汁—多血、多血—黏液、黏液—抑郁、胆汁—抑郁、胆汁—多血—黏液、多血—黏液—抑郁、胆汁—多血—抑郁、胆汁—黏液—抑郁、胆汁—多血—黏液—抑郁。各种典型气质特征如下：

（1）胆汁质：兴奋性很好，脾气暴躁，性情直率，精力旺盛，能以很高的热情埋头事业，兴奋时，决心克服一切困难，精力耗尽时，情绪一落千丈。

（2）多血质：热情，有能力，适应性强，喜欢交际，精神愉快，机智灵活，注意力易转移，情绪易改变。但办事重兴趣，富于幻想，不愿做耐心细致的工作。

（3）黏液质：平静，善于克制忍让，生活有规律，不为无关事情分心，埋头苦干，有耐久力，态度持重，不卑不亢，不爱空谈，严肃认真。但不够灵活，注意力不易转移，易墨守成规。

（4）抑郁质：沉静、深刻、易相处，人缘好，办事稳妥可靠、坚定，能克服困难。但比较敏感，易受挫折，孤僻、寡欲，反应缓慢。

（二）《罗森伯格自信心量表》[①]

【测试对象】

中学生及成人。

【指导语】

以下是一组有关自我感觉的句子，请按你的情况作答，并将相应选项的数字填入题后的括号内。如果你"很不同意"就计 1 分，"不同意"就计 2 分，"同意"就计 3 分，"很同意"就计 4 分。

【测试题目】

1. 我认为自己是个有价值的人，至少基本上是与别人相等的。（　　）
2. 我觉得我有很多优点。（　　）
3. 总括来说，我觉得我是一个失败者。（　　）
4. 我做事的能力和大部分人一样好。（　　）
5. 我觉得自己没有什么值得骄傲。（　　）
6. 我对于自己是抱着肯定的态度。（　　）
7. 总括而言，我对自己感到满意。（　　）
8. 我希望我能够更多地尊重自己。（　　）
9. 有时候我确实觉得自己很无用。（　　）
10. 有时候我认为自己是一无是处。（　　）

【量表结构】

《罗森伯格自信心量表》是世界上最常用的测量个人自信心的量表，共有 10 道测题，用以测量个人对自我感觉的好坏程度。该量表具有简单易懂、操作方便、可信度高等特点。

（三）画人智力测验

【评估对象】

4 到 12 岁个体。

【指导语】

我最喜欢看你画人了，请你画一个全身的人，男人或女人都行，随便画。要记住，画一

[①] 罗森伯格. 罗森伯格自信心量表[J]. 解放军生活，2012（2）：91.

张全身的人像，可不是画机器人，也不要画跳舞的、演戏的人，要画个平常的人。

（说完之后，给孩子纸和笔让孩子开始画。）

【注意事项】

本测验由孩子的父母或老师施测，测验不限时间，但一般在 10~20 分钟内完成。

【计分方法】

对测试对象画出来的"全身人"的计分标准共有 50 项，每项 1 分。凡与计分标准相符合的，即给 1 分。这 50 项计分标准如下：

1. 画头部，任何形状都可以。
2. 画眼睛，眼睛为点，卵形，方形，水平线。
3. 有躯干部分，任何形状都可以。
4. 有两个下肢。
5. 画嘴，任何形状都可以。
6. 有上肢，上肢数正确。
7. 画毛发，任何形状都可以。
8. 躯干比例大致正确，长大于宽。
9. 有鼻子，鼻子为一条垂直线或点，三角，圆，方形。
10. 上肢与下肢比例大致正确。
11. 画眉毛或睫毛，位置正确。
12. 最低限度地表达衣服（西裤，裙，口袋等）。
13. 有头发，画得较好。
14. 一次元的头颈。
15. 上肢在肩旁出来，下肢在躯体旁出来。
16. 有手指，任何形状都可以。
17. 有二次元的头颈。
18. 下肢比例长度正确，比躯干略长。
19. 表达衣服有两个以上的描绘（西裤，裙，帽，皮带等）。
20. 有瞳孔，两只眼睛都有。
21. 眼的比例正确，如纵向小于横向。
22. 画耳朵。
23. 脚后跟明显，脚趾数正确。
24. 有脚腕部分，脚腕的比例正确。
25. 头的轮廓正确，不能是三角形，方形等。
26. 表达衣服齐备，衣服、裤、裙整齐。
27. 上肢与躯干比例大致相当或上肢略长，但不超过膝盖。
28. 手描绘正确，手指数正确。
29. 头和躯干为 1∶1.5 到 1∶2 的比例。
30. 俩眼睛瞳孔的方向要一致。

31. 躯干的描绘正确，不是单纯的圆，方形。

32. 手指数正确为五个。

33. 耳朵的位置正确，比例准确，长大于宽。

34. 上肢和下肢的轮廓正确，在躯干的正确位置。

35. 明显的描绘肩部，位置正确。

36. 表现出明确的肩和肘关节。

37. 有上额和下鄂。

38. 描绘明显的手掌。

39. 衣服描绘有四个以上的标记。

40. 描绘的线条流利。

41. 有明显的膝和胯关节。

42. 鼻和嘴的轮廓细，有上下唇。

43. 侧面像，头，躯干，下肢都侧向。

44. 描绘具体的鼻孔。

45. 眼，耳朵，面貌左右对称。

46. 下鄂明显突出。

47. 衣服描绘完整无缺。

48. 拇指明显地区别于其他手指。

49. 整个人物表现为侧面像。

50. 人物具有素描的风格。

【结果解释】

计算出总分后，按照下面的"智龄换算表"换算出智力年龄（月龄）。最后用比率智商公式即可计算出受试儿童的智商：

$$智商（IQ）=\frac{智力年龄}{实际年龄}\times 100$$

智力发展正常的儿童的智商一般在 90 至 110 之间。

一般认为，智商数低于 80 者为低智力即弱智力，数值越低其智力层次就越低，直至痴呆。智商数 90~110 者为正常智力，即中等智力或普通智力。智商数 110~120 者为中上智力，具有较强的智力才能。智商数 120~140 者为高智力。智商 140 以上者为天才。

三、学业考试评估工具

（一）《青少年学习倦怠量表》[①]

【评估对象】

中学生。

---

① 戴晓阳. 常用心理评估量表手册[M]. 北京：人民军医出版社，2011：96-99.

【指导语】

下面总共有 16 项描述，请您根据自己的感受和体会及进行回答。每个题项有五个选项，"非常符合"填 5，"有点不符合"填 4，"不太确定"填 3，"不太符合"填 2，"很不符合"填 1。

【注意事项】

1. 请根据你的实际情况进行选择，并将相应选项的数字填入题后的括号内。
2. 对每个问题都请作答，不要有遗漏，也不必费时间去想。如果不太清楚，请合理推测后作答，每题只选一项。

【测试题目】

1. 我能精力充沛地投入学习。（　　）
2. 最近感到心里很空，不知道该干什么。（　　）
3. 我学习太差了，真想放弃。（　　）
4. 我能够经常达到自己的目标。（　　）
5. 一天的学习结束，我感觉到疲劳之极。（　　）
6. 我觉得自己反正不懂，学不学都无所谓。（　　）
7. 当学习时，我忘掉了周围的一切。（　　）
8. 最近一段时间，我常常感到筋疲力尽。（　　）
9. 学习方面，我体会不到成就感。（　　）
10. 我觉得学习对我没有意义。（　　）
11. 我能够很好地应付考试。（　　）
12. 在学校，我经常感到筋疲力尽。（　　）
13. 我抱着玩世不恭的态度学习。（　　）
14. 我能有效地解决自己学习中出现的问题。（　　）
15. 我总是能够轻松应付学习方面的问题。（　　）
16. 我很容易掌握所学知识。（　　）

【量表结构】

《身心耗竭分量表》：反映的是个体在学习后的感受，以及由于学习而导致的耗竭、疲劳状况。

《学业疏离分量表》：反映了个体对学习的一种负面态度。

《低成就感分量表》：反映了个体在学习方面比较低的个人成就感。

【结果解释】

学生对学习没有兴趣或缺乏动力却又不得已而为之时，就会感到厌烦，从而产生一种身心俱疲的心理状态，并消极对待学习活动，这种状态称为学习倦怠。总分在 16～80 分之间，分数越高说明学习效率越高，分数越低说明学习倦怠感越高。

（二）《Sarason 考试焦虑量表》（TSA）[①]

【评估对象】

中学生。

【指导语】

下列 37 个句子描述人们对参加考试的感受，请你阅读每一个句子，然后根据你的实际情况（感受）回答"是"或"否"，"是"填 1，"否"填 0。答案没有对错、好坏之分，只求按实际情况填写相应的数字在题后的括号内。可尽量快些作答，但切勿遗漏。

【测试题目】

1. 当一次重大考试就要来临时，我总是在想别人比我聪明得多。（   ）
2. 如果我将要做一次智能测试，在做之前我会非常焦虑。（   ）
3. 如果我知道将会有一次智能测试，在此之前我感到很自信、很轻松。（   ）
4. 参加重大考试时，我会出很多汗。（   ）
5. 考试期间，我发现自己总是在想一些和考试内容无关的事。（   ）
6. 当一次突然袭击式的考试来到时，我感到很怕。（   ）
7. 考试期间我通常会想到失败。（   ）
8. 重大考试后，我经常感到紧张，以致胃不舒服。（   ）
9. 我对智能考试和期末考试之类的事总感到发怵。（   ）
10. 在 1 次考试中取得好成绩似乎并不能增加我在第 2 次考试中的信心。（   ）
11. 在重大考试期间，我有时感到心跳很快。（   ）
12. 考试完毕后我总是觉得可以比实际上做得更好。（   ）
13. 考试完毕后我总是感到很抑郁。（   ）
14. 每次期末考试之前，我总有一种紧张不安的感觉。（   ）
15. 考试时，我的情绪反应不会干扰我考试。（   ）
16. 考试期间，我经常很紧张，以致本来知道的东西也忘了。（   ）
17. 复习重要的考试对我来说似乎是一个很大的挑战。（   ）
18. 对某一门考试，我越努力复习越感到困惑。（   ）
19. 某门考试一结束，我试图停止有关担忧，但做不到。（   ）
20. 考试期间，我有时会想我是否能完成大学学业 。（   ）
21. 我宁愿写一篇论文，而不是参加一次考试，作为某门课程的成绩。（   ）
22. 我真希望考试不要那么烦人。（   ）
23. 我相信，如果我单独参加考试而且没有时间限制的话，我会考得更好。（   ）
24. 想着我在考试中能得多少分影响了我的复习和考试 。（   ）
25. 如果考试能废除的话，我想我能学得更多。（   ）

[①] 张作记. 行为医学量表手册[CD]. 北京：中华医学电子音像出版社，2001：217-218.

26. 我对考试抱这样的态度:"虽然我现在不懂,但我并不担心。"(　　)
27. 我真不明白为什么有些人对考试那么紧张。(　　)
28. 我很差劲的想法会干扰我在考试中的表现。(　　)
29. 我复习期末考试并不比复习平时考试更卖力。(　　)
30. 尽管我对某门考试复习很好,但我仍然感到焦虑。(　　)
31. 在重大考试之前,我吃不香。(　　)
32. 在重大考试前,我发现我的手臂会颤抖。(　　)
33. 在考试前,我很少有"临时抱佛脚"的需要。(　　)
34. 校方应该认识到有些学生对考试较为焦虑,而这会影响他们的考试成绩。(　　)
35. 我认为,考试期间似乎不应该搞得那么紧张。(　　)
36. 一接触到发下的试卷,我就觉得很不自在。(　　)
37. 我讨厌老师喜欢搞"突然袭击"式考试的课程。(　　)

(三)《中学生考试焦虑影响因素问卷》[①]

【评估对象】

中学生。

【指导语】

每当重大考试之前,有很多同学对考试担心紧张因而表现出焦虑烦恼的情绪。下面请同学们回忆一下,考试前,你对下述问题的烦恼程度如何?请根据你的实际情况,判断每个问题对您的影响程度。每个问题有"无"(记1分)、"轻度"(记2分)、"中度"(记3分)、"偏重"(记4分)、"严重"(记5分)共五个等级。请根据你的实际情况选出符合的程度,并将相应的数字填入题后的括号内。

【测试题目】

1. 考试时教室外面不安静。(　　)
2. 自己对考试心里没底。(　　)
3. 过多考虑考试的结果。(　　)
4. 担心自己有不会的题。(　　)
5. 复习时间很紧。(　　)
6. 考不好老师会责备。(　　)
7. 怕考试成绩太低于自己的希望。(　　)
8. 担心考完年级或全班的成绩排队。(　　)
9. 老觉得自己不行。(　　)

[①] 张作记. 行为医学量表手册[CD]. 北京:中华医学电子音像出版社,2001:407-408.

10. 考不好受父母责备。（　　）
11. 怕考得不如别的同学好。（　　）
12. 怀疑自己的能力。（　　）
13. 担心题太难。（　　）
14. 考试时老师在身边走来走去。（　　）
15. 担心发挥失常。（　　）
16. 考不好同学会瞧不起。（　　）
17. 拿到卷子的那一刻十分紧张和担心。（　　）
18. 越是重要的考试越紧张。（　　）
19. 考试科目是自己的弱项时尤其紧张。（　　）
20. 担心自己身体不好或考试时临时有病。（　　）
21. 考试前心情不好。（　　）
22. 平时知识掌握得不好。（　　）
23. 担心题目太多做不完。（　　）
24. 重大考试担心考不好影响以后的前途。（　　）
25. 害怕在考场上出现特殊情况。（　　）
26. 担心这次考试不如上一次好。（　　）
27. 担心复习不全面、知识有漏洞。（　　）
28. 考不好丢面子。（　　）
29. 考试时监考老师谈话、聊天。（　　）
30. 自己为一道题绞尽脑汁还做不出时却听到周围同学沙沙的答卷声。（　　）

【量表结构】

《对学业不良的担忧分量表》：主要表达的是过度地忧虑与紧张，如担心自己有不会的题，担心题太难，担心题出偏等。

《考场环境的不利因素分量表》：主要表达的是考试时考场的客观不利的情况，如教室外面不安静，监考老师谈话和活动，周围同学的声音等。

《突发事件的干扰分量表》：表达的是考试前或考试时可能出现的突发事件。

《自卑分量表》：表达的是被试对自己不自信自卑的心理倾向。

《对后果的担忧分量表》：表达的都是对考试后果的担忧，如担心考不好受老师家长责备，被同学瞧不起。

【计分方法】

"无"记1分、"轻度"记2分、"中度"记3分、"偏重"记4分、"严重"记5分。

【结果解释】

分数越高，表明考试焦虑越强。

四、情绪状态评估工具

(一)《焦虑自评量表》(SAS) [①]

【评估对象】

中学生。

【指导语】

下面有20条文字,请仔细阅读每一条,把意思弄明白,然后根据您近一星期的实际情况,从"没有或很少时间"(记1分)、"小部分时间"(记2分)、"相当多时间"(记3分)、"绝大部分或全部时间"(记4分)选出一项填入括号内。

【测试题目】

1. (　) 我觉得比平常容易紧张和着急(焦虑)。
2. (　) 无缘无故地感到害怕(害怕)。
3. (　) 容易心里烦乱或觉得惊恐(惊恐)。
4. (　) 我觉得我可能将要发疯(发疯感)。
5. (　) 我觉得一切都好,也不会发生什么不幸(不幸预感)。
6. (　) 我手脚发抖打战(手足颤抖)。
7. (　) 我因为头痛、颈痛和背痛而苦恼(躯体疼痛)。
8. (　) 我感觉容易衰弱和疲乏(乏力)。
9. (　) 我觉得心平气和,并且容易安静坐着(静坐不能)。
10. (　) 我觉得心跳很快(心悸)。
11. (　) 我因为一阵阵头晕而苦恼(头昏)。
12. (　) 我有晕倒发作或觉得要晕倒似的(晕厥感)。
13. (　) 我呼气吸气都感到不容易(呼吸困难)。
14. (　) 我手脚麻木和刺痛(手足刺痛)。
15. (　) 我因为胃痛和消化不良而苦恼(胃痛或消化不良)。
16. (　) 我常常要小便(尿意频繁)。
17. (　) 我的手常常是干燥温暖的(多汗)。
18. (　) 我脸红发热(面部潮红)。
19. (　) 我容易入睡并且一夜睡得很好(睡眠障碍)。
20. (　) 我做噩梦(噩梦)。

[①] 戴晓阳. 常用心理评估量表手册[M]. 北京:人民军医出版社,2011:153-155.

（二）《抑郁自评量表》（SDS）[①]

【评估对象】

中学生。

【指导语】

下面是对您可能存在的一些感受的描述，请仔细阅读每一条，然后根据最近一个星期以内您的实际感觉，选择最符合您的一项描述。如果你发现题目中所描述的情形很少出现，请在题后的括号里填1；如果题目中描述的情形仅在有些时候出现，则在题后的括号里填2；如果题目中描述的情形在大部分时间里出现，请在题后的括号里填3；如果题目中的描述在绝大部分时间里都会出现，则在题后的括号里填4。

【注意事项】

（1）所有题目都没有正确答案，请根据读完每一句子后的第一印象填答。
（2）虽然没有时间限制，但应尽可能地争取以较快的速度完成。
（3）请不要遗漏，务必回答每一个问题。

【测试题目】

1. 我感到情绪沮丧、郁闷。（   ）
2. 我感到早晨心情最好。（   ）
3. 我要哭或想哭。（   ）
4. 我夜间睡眠不好。（   ）
5. 我吃饭像平时一样多。（   ）
6. 我的性功能正常。（   ）
7. 我感到体重减轻。（   ）
8. 我为便秘烦恼。（   ）
9. 我的心跳比平时快。（   ）
10. 我无故感到疲劳。（   ）
11. 我的头脑像往常一样清楚。（   ）
12. 我做事像平时一样不感到困难。（   ）
13. 我坐卧不安，难以保持平静。（   ）
14. 我对未来感到有希望。（   ）
15. 我比平时更容易激怒。（   ）
16. 我觉得决定什么事很容易。（   ）
17. 我感到自己是有用的和不可缺少的人。（   ）
18. 我的生活很意义。（   ）

[①] 雨帆. 心理测试[M]. 上海：文汇出版社，2008：143-145.

19. 我感到假若我死了别人会过得更好。(　　)
20. 我仍旧喜爱自己平时喜爱的东西。(　　)

(三)《儿童社交焦虑量表》(SASC)[①]

【评估对象】

小学生。

【指导语】

请指出每句话对你的适用程度，并将相应的数字填入题后括号内。

0 分—— 从不；

1 分—— 有时；

2 分—— 总是。

【测试题目】

1. 我害怕在别的孩子面前做没做过的事情。(　　)
2. 我担心被人取笑。(　　)
3. 我周围都是我不认识的小朋友时，我觉得害羞。(　　)
4. 我和小伙伴一起时很少说话。(　　)
5. 我担心其他孩子会怎样看待我。(　　)
6. 我觉得小朋友们取笑我。(　　)
7. 我和陌生的小朋友说话时感到紧张。(　　)
8. 我担心其他孩子会怎样说我。(　　)
9. 我只同我很熟悉的小朋友说话。(　　)
10. 我担心别的小朋友会不喜欢我。(　　)

【量表结构】

本量表包含两个分量表，害怕否定评价分量表包括第 1、2、5、6、8 及 10 条，社交回避及苦恼分量表包括第 3、4、7 及 9 条。分数越高，则表示相应的社交焦虑程度越重。

※ 本章概要

本章主要从三个方面进行阐述，首先，对中小学的心理评估进行概述，主要包括心理评估的特点，即心理评估的间接性、心理评估的相对性、心理评估的客观性、心理评估的标准化；心理评估的常用方法，即自陈量表法、自然观察法、作业量表法、心理投射法等；心理

[①] 汪向东，王希林，马弘. 心理卫生评定量表手册[M]. 增订版. 中国心理卫生杂志出版社，1999：248-249.

评估的工具类别，即按测量功能分类，可分为能力测验、成就测验、人格测验；按测量方式分类，可分为纸笔测验、操作测验、口头测验、电脑测验；按测验目的分类，可分为描述性测验、诊断性测验、预示性测验；按测验解释分类，可分为常模参照测验、标准参照测验；以及心理评估主要有以下几个基本原则，即须由专业人员进行操作，评估过程要科学化、程序化，要全面了解评估对象，正确看待和使用评估结果，要慎重解释评估结果。其次对心理评估的流程进行阐述，包括选择心理评估工具、做好心理评估准备、评估环境的准备、心理评估的实施。最后列出了一些中小学常用的心理评估工具。

※ 延伸阅读

书　　名：艾肯心理测量与评估（原书第12版）

编著者：刘易斯·艾肯、加里·格罗思-马纳特著，张厚粲，赵守盈译

出版社：中国人民大学出版社

推荐语：本书是一本关于心理测量与评估的心理学教材，指导学生们了解有关方面的专业知识。本书的英文原版已出版了12版，与前面的版次相比，第12版在内容上更加全面，也加入了很多最新的科研理论和心理测试。本书作者是美国著名的心理学家，他的书是心理测量与评估方面的经典之作，是美国大部分高等院校的专业教材。

书　　名：常用心理评估量表手册

编著者：戴晓阳

出版社：人民军医出版社

推荐语：此书收集了国内70多个常用的心理评估量表，所评估的心理特征涉及心理卫生、家庭与人际关系、人生价值，学习动机、职业态度等方面，量表经研究证实均具有较好的信度和效度。该书详细介绍了每个量表的功能和结构、实施、计分、结果分析和解释方法，并附有完整的条目，可以作为心理评估的工具书。

书　　名：心理评定量表手册（1999—2010）

编著者：王宇中

出版社：郑州大学出版社

推荐语：本书是编辑收录了1999年至2010年中国心理评定量表发展成果的一本量表手册。由郑州大学王宇中教授与赵江涛博士、耿耀国博士、刘慧瀛博士、贾黎斋与王中杰等心理学专业教师组织研究生对10年来的700多篇有关量表进行了系统的整理，最后筛选出7大类共97个评定量表。

相比其他心理测试和趣味心理测试，本书的量表有着科学取样得出的信效度，具有很高的可信度和实用价值。

※ 课后练习与思考

1. 在学校心理咨询中如何选用合适的心理评估量表？
2. 如何对心理评估的结果进行解释和应用？
3. 当心理评估结果与咨询师经验有差距时，如何权衡？

※ 参考文献

[1] 戴晓阳. 常用心理评估量表手册[M]. 北京：人民军医出版社，2010.

[2] 奥斯特，科农. 绘画心理评估与治疗[M]. 2版. 南京：东南大学出版社，2013.

[3] 童辉杰. 常见心理障碍评估与治疗手册[M]. 上海：上海教育出版社，2007.

[4] 刘易思·艾肯，黎坚. 心理测量与评估[M]. 北京：北京师范大学出版社，2006.

[5] 爱德华·诺库格，查尔斯·福西特. 实用心理测验与评估[M]. 李原，孙健敏，何华敏，等，译. 2版. 北京：机械工业出版社，2013.

[6] 董奇，林崇德. 中国6~15岁儿童青少年心理发育关键指标与测评[M]. 北京：科学出版社，2011.

[7] 张力为，毛志雄. 体育科学常用心理量表评定手册[M]. 2版. 北京：北京体育大学出版社，2010.

[8] 张厚粲，龚耀先. 心理测量学[M]. 杭州：浙江教育出版社，2001.

[9] 陈强，徐云. 智力测评技术[M]. 北京：科学出版社，2011.

[10] 高宇翔. 绘画测验在特殊儿童心理评估中应用的研究进展[J]. 绥化学院学报，2012（6）：19-21.

[11] 戴晓阳，蔡太生. 临床心理评估的过去、现在与未来[J]. 中国临床心理学杂志，2001（3）：237-240.

[12] 许明智，龚耀先. 心理健康量表的初步编制[J]. 中国临床心理学杂志，2004（2）：111-115.

[13] 郑建民，张璐菲，车洪生. 心理测验学技术发展史（述评）[J]. 中国健康心理学杂志，2005（1）：66-68.

[14] 赵必华，顾海根. 心理量表编制中的若干问题及题解[J]. 心理科学，2010（6）：1467-1469.

第十二章 心理档案建设

中小学生的心理是在不断发展变化的,学校的老师应该时刻了解学生的心理发展变化,因此对中小学生的心理发展变化的追踪就需要建立心理档案。本章主要介绍心理档案如何建立和使用。

第一节 中小学生心理档案的建立

一、心理档案的概念及内容

(一)心理档案的概念

《中华人民共和国档案法》规定,档案是指过去和现在的国家机关、社会组织以及个人从事政治、军事、经济、科学、技术、文化、宗教等活动直接形成的对国家和社会有保存价值的各种文字、图表、声像等不同形式的历史纪录。

心理健康教育档案,简称心理档案,有广义和狭义之分。狭义的心理健康教育档案是指对个体心理发展变化特点、心理测验结果、学校心理咨询与辅导记录等材料的集中保存。这些资料按照一定的程序排列,组成一个有内在联系的体系,从而能够如实反映学生的心理面貌,是学校为了更好地开展心理健康教育工作,为每个学生在心理健康方面建立起来的档案材料。而广义的心理健康教育档案还包括心理健康教育活动的有关资料,如心理健康教育的计划、课程开设、活动安排、教研活动、研究课题及成果、效果评估及管理工作等的记录。但应该注意的是,心理档案并非是一成不变的,而是一个动态的档案,会随着时间及个体的发展而不断变化。

具体来说,理解心理档案的概念要把握以下几点内容[①]:

第一,学校心理健康教育档案是在学校心理健康教育室的专门负责下建立起来的,而心理健康教育室应有专业教师和健全的管理制度。缺乏专业教师的参与,学校心理健康教育档案的建立可能会失去科学性、客观性、全面性和实用性。

第二,学校心理健康教育档案是有关学生心理特点变化历程及有关咨询、辅导的记录,而不是指学籍档案。学生的学业成绩、体能测试、教师对学生的操行评语、奖惩记录等都是学籍档案,它可公开让教师、家长及学生了解。而心理健康教育档案更具隐私性,主要是为心理健康教育工作服务,除经本人同意和特殊情况外,教师、家长甚至法律部门也不能随意

---

① 李子华. 学校心理健康教育档案:概念与意义[J]. 辽宁教育研究,2002(3).

查阅学生的心理健康教育档案。因此，对它的管理应更加严格和规范。

第三，学校心理健康教育档案是学生心理特点变化历程的真实记录，从幼儿期、儿童期到青少年时期，每个时期都有不同的心理特点及心理冲突，任何人不能依自己的观点去增加或删改档案的内容，应保持心理健康教育档案的原始性、真实性。

第四，学校心理健康教育档案建立的根本就是为了更好地教育和培养学生，促进学生心理健康的全面发展；同时，也为学校心理健康教育工作更有效地开展服务。

（二）心理档案的内容

心理档案的内容，又称心理档案的项目，是指能从中揭示或了解到的有关中学生心理状况、心理特点等的材料。它应尽可能全面反映学生的心理特点，从而为学校教育提供可靠准确的信息。关于心理档案的内容，不同的学者有着不同的分类，在此列举三种较为常见的方式：

1. 分类方式

（1）团体资料与个人资料。团体资料反映的是学生心理、行为和社会背景等方面的群体特征的资料，一般以学校、年级或班级为单位，其价值在于对学生总体状况的把握和加深对学生个体状况的认识。而个人资料则是指反映学生个体各方面特征的资料，它一般包括两大方面：①影响学生心理发展的基本资料，即学生基本情况，主要包括个人基本情况、家庭生活情况、身体健康状况、学校学习情况、个人行为表现及对个人生活有影响的重大社会生活事件等；②反映学生心理状况和心理特点的资料，主要包括各种心理测验结果、个别咨询记录等。

（2）专项资料与综合资料。专项资料指反映学生或心理辅导工作的某一个或某一类属性的资料，如学生身体健康的资料、自然情况的资料、某方面心理特征的资料、某项专题心理辅导活动的资料、某种心理辅导方法的资料等；综合资料指反映学生或心理辅导工作的较全面的属性或特征的资料。学生资料可包括他们的身心发展、社会家庭、行为表现等方面的综合分析资料，心理辅导工作资料可包括工作方案、计划及实施、总结等多方面的资料。

（3）数量化资料与非数量化资料。数量化资料主要包括学生身体素质的资料、学业成绩、标准化心理测验记录以及较为规范的问卷调查和量化结果等；非数量化资料主要包括学生行为观察记录、学生轶事、学生自述或心理作业、日记等。其中，数量化资料有其局限性，主要表现在，将学生各方面特质加以量化时，可能损失许多有价值的信息，还可能带来错误的信息。定性研究和定量研究相结合是当前教育科学研究发展的一个重要特点。非数量化资料在定性研究中有极重要的价值，为更全面、正确地了解学生提供有价值的信息，因而必须重视这类资料的搜集。也就是说，在学生心理档案中应并重客观的量化资料和主观的非量化资料。

2. 具体内容

有学者认为心理档案的内容一般包括三大方面：一是影响学生心理发展的基本资料，主要包括个人简介、身体状况、家庭环境、在校状况及对学生个人生活影响的重大事件等。二是反映学生心理状况和心理特点的资料，主要包括智力水平、个性特征、心理健康状况、学习心理特征、职业能力倾向类型等。三是是学生的心理咨询与辅导记录。主要包括心理辅导老师与学生个性化的交流记录信息，如访谈记录、咨询记录等资料。有时候，还会补充辅导老师通过班主任、家长、同学等其他渠道获得的有关资料。

在学校心理健康教育实务操作中，一般而言，第一部分资料，通过学生自填式的问卷获得；第二部分资料则往往来源于专业心理测验测试的结果；第三部分资料则来自学生在咨询室的咨询记录。

因此，具体来看，心理档案的内容主要包括以下项目：

（1）个人简介：主要包括姓名、性别、出生年月、籍贯、就读学校、家庭住址、爱好特长、参加团队等。

（2）身体状况：主要包括血型、一般健康状况、身体发育状况、生理缺陷、个人病史等。

（3）中学生早期抚养与教育记录：家庭早期教育的实施者、早期家庭教育的方式、早期抚养方式等。

（4）家庭生活环境：主要包括中学生出生地域（农村或城市）、家庭成员的工作性质及职务、文化程度、家庭的组织结构、家庭的居住环境、家庭的经济状况、亲子关系、家中排行等。

（5）社区生活环境：包括家庭与近邻的关系、社区政治和经济构成、社区治安情况以及中学生在社区中的行为表现等。

（6）学校学习生活情况：主要包括中学生的学习成绩、学习态度、学习习惯、思想品德、行为习惯、担任班干部情况、获奖情况等。

（7）对中学生个人生活有影响的重大社会生活事件：如家庭成员的死亡、父母离异、影响生活的重大挫折等。

（8）能力状况：主要包括中学生的智力水平如何、如何进行有针对性的智力训练；中学生的言语智能和数学智能水平如何，言语概括、数学推理、能力倾向鉴定及创造力测量等。

（9）人格特征分析：主要是指中学生的性格类型及特征、气质类型及特征、个性心理特征、中学生的兴趣、态度、人际关系及品德的特点等。

（10）心理健康状况：主要是指中学生的心理健康水平鉴定，有无心理问题或心理障碍，程度如何等。

（11）学习心理分析：主要是指中学生的学习态度、学习方法、学习动机、学习意志力、考试心理、学习困难的诊断、学习动力状况分析、学习社会因素分析等。

（12）职业能力倾向类型分析及指导：主要是指中学生的职业兴趣、职业能力的诊断，分析其适合从事哪一类工作，从而为中学生作升学就业指导等。

（13）统计信息：上述信息的分析报告、心理状态发展报告等。

（14）动态反馈信息：心理咨询及心理训练记录，心理问题，教育建议，培养建议及辅导策略等。

（15）心理危机预警信息：心理偏常态的个体预警，如自杀倾向、重度抑郁或焦虑等。

二、建立心理档案的价值和意义

（一）现状分析

联合国教科文组织（UNSCO）在一份报告中曾这样预言："从现在到21世纪中叶，没有任何一种灾难能像心理危机那样带给人们持续而深刻的痛苦。"据有关心理咨询机构统计，青少年学生随着年龄的增长，心理不健康或出现心理障碍的比例呈上升趋势[①]。

我国中学生普遍存在心理承受能力差、自私狭隘、虚荣心强、自控能力差等问题。在一个人的成长过程中，挫折与磨难是不可避免的事情，在面对挑战与挫折的过程中，获得心理的成长与人生的进步，是每一个人都必须面对的过程。但由于青少年学生处于人生的心理与生理的变化期，好奇但却天真，他们在面对实际生活的困难与挫折时，往往容易出现情绪低落，逐渐表现出对生活失去信心；思想上还处于一个较为封闭的境地，遇事斤斤计较，对同学与朋友过于挑剔，宁可我负天下人，不许天下人负我。许多中学生虽然智商高，但生活自理差，一遇到事情便表现出冲动、急躁、缺乏克制力与控制力，与自己的生活和学习环境难以和谐相处，最终使得人际关系异常的紧张，面对打击便不能承受，造成精神失常或失去生活信心。

儿童青少年时期是人格塑造的重要时期，这个时期的正确引导是培养他们健全心理素质的保证。因此，关注学生的心理健康发展，掌握其心理特点和规律，一直都是学校开展日常管理工作的重点。学生心理档案是运用心理学的方法对学生的认识过程、智力水平、个性特征和心理健康状况做出鉴定和评价的记录。实践表明，建立一整套系统完整的学生心理档案，有助于更好地了解学生的心理状况，及时预防和干预学生可能发生的心理问题，使教育管理更具预见性和针对性。

中小学生心理健康教育是根据中小学生生理、心理发展特点，运用有关心理教育方法和手段，培养学生良好的心理素质，促进学生身心全面和谐发展和素质全面提高的教育活动。在中小学开展心理健康教育，是学生健康成长的需要，也是推进素质教育的必然要求。1999年，中共中央国务院颁布了《关于深化教育改革，全面推进素质教育的决定》，其中明确指出："加强学生的心理健康教育，培养学生坚韧不拔的意志、艰苦奋斗的精神；增强青少年适应社会生活的能力"，学校心理健康教育成为学校教育的一个重要组成部分。

在广泛地开展心理健康教育的研究与实践中，建立中小学生心理档案是一项重要的内容。国内一些学校的实践表明，建立中小学生心理档案是中小学开展学校心理健康教育的一项实质性的工作。2001年，辽宁省教育厅出台《加强中小学生心理健康教育的实施意见》，该文件明确规定，"十五"期间全省所有初、高中都要建立学生心理档案。南京市教科所在2000年，提出了学生心理信息卡的编制要求，全市众多中小学参与学生心理信息卡建设的研究与实践中，并取得了大量成果。此外，众多的学者、专家研发出一系列功能强大的学生心理档案建立与管理系统，有条件的学校也对此进行大量的尝试[②]。毋庸置疑，建立学生心理档案是开展中小学心理健康教育的一项重要工作，也是必要的工作。中小学生心理档案的建立，对学校心理健康教育中的开展起着重要的作用。

（二）价值与意义

国内许多学者已对学生心理档案的价值进行了较多的探讨。我国台湾学者郑熙彦认为，学生心理档案的主要价值在于了解学生的个别差异与需要情形，进而在辅导、教学、行政和

[①] 王筱璐. 将阳光洒进学生的心田——从中学生心理障碍看当前学校心理健康教育[J]. 陕西教育，2008（8）：67.
[②] 刘华山. 学校心理辅导[M]. 合肥：安徽人民出版社，2001.

学生自我了解四个方面发挥其作用。我国学校心理辅导专家刘华山教授认为，建立学生心理档案的意义在于：①了解学生群体心理与行为的发展状况与趋势；②认识学生个体心理与行为状况，为辅导提供依据；③评价心理辅导效果，调整辅导策略；④帮助学生正确认识自己，监控自我完善过程；⑤为学校心理辅导研究和教育科学研究搜集信息；⑥促进学生管理科学化。湛业锋则认为，建立学生心理档案的目的是促进学生心理发展和人格健全，维护学生心理健康，提高学生心理素质，提高学校教育教学效果。具体来讲，学生心理档案有利于学校的科学管理，有利于提高教师教育教学质量和科研水平，有利于加强学校德育工作和心理健康教育的开展，有利于动态监控学生心理的健康发展。

因此，建立学生心理档案是加强学生心理教育工作，推进素质教育向纵深发展，实现教育现代化的重要条件和必要保障。它可以为学校的宏观管理提供决策依据，可以提高教师教育决策和科学研究的水平，可以为学校心理辅导、咨询和治疗工作提供操作指南，可以为学生的身心健康发展提供动态的监测手段，为全面提高教育教学质量提供切实有效的帮助。具体来说，建立心理档案有以下几点重要意义：

1. 可以为学校的科学管理提供宏观决策依据

通过为学生建立心理档案，能及时准确地掌握和了解全校学生的心理发展规律、特点及现状，从而为学校的科学管理提供心理学依据。如可以从中寻找导致某一部分学生发生心理障碍的原因，并从宏观上寻找教育、预防和干预的方法；可以为学校的分班教学、个别化教学提供前提条件；可以为智力障碍儿童、残疾儿童和超常儿童等特殊儿童提供鉴别、筛选和培养的措施；心理档案所反映出来的学生兴趣爱好的信息，可以为丰富课外活动、满足学生的正当心理需求提供决策依据；同时还为从整体上评价一所学校的教育水平，提供了一套科学的评估系统，等等。

2. 可以提高教师的教育教学质量及科学研究的水平

学生心理档案的建立有助于教师更好地贯彻因材施教的原则。教师要提高教育教学质量，必须了解学生个体间的心理差异，以贯彻落实因材施教的原则。建立学生心理档案，能直接为教师提供学生目前的心理状况，可以使教师了解每个学生的能力差异、个性特点、心理欲求、学习心理等，为教师科学地管理和教育学生提供直接的方法，从而使教师在教育工作中能有的放矢，减少盲目性，提高针对性，进而提高教育教学质量。

学生心理档案的建立还有助于教师加强青少年心理的研究，提高科学研究的水平。通过建立学生心理档案，可以了解到在一定社会和教育条件下，不同年龄阶段的青少年的心理发展特点和青少年所共有的心理特征，归纳出青少年存在的心理问题和产生原因，从而提出适合青少年心理特点的教育方法。另外，青少年心理是随着社会的发展而不断地发展的，建立学生心理档案，可以为青少年心理研究提供第一手资料。教师可以通过对其中一系列数据的分析和概括，撰写论文，从而提高教育科学研究的学术水平，也有助于加强对青少年心理的研究。

3. 有利于加强学校的德育工作

面对新的形势和当代学生思想、个性特征的新变化，迫切需要建构一套新的、科学的、行之有效的德育工作内容和方法体系。近年来的教育实践证明，心理学方法是一种行之有效的德育方法，心理健康教育已成为德育中十分重要的内容之一。学生心理档案的建立有利于加强学校的德育工作，主要表现在：它有助于教师了解学生的心理特点和个别差异；有助于教师发现和诊断学生个人或班集体存在的心理障碍与行为困扰；有助于教师客观地了解学生在道德认识和道德情感及行为上的发展水平，以便采取恰当的方法进行教育与管理工作；可以帮助教师有效地了解学生在特定社会环境下的政治态度、思想问题和意见要求。

4. 为学生心理的健康发展提供了动态的监测手段

建立学生心理档案，从纵向看，为学生个人心理健康发展提供了十分重要的条件。它是每一个学生心理成长的轨迹，学生可以通过心理档案了解自己的心理状况。在发现自己有心理问题时，就可以积极寻求心理辅导和心理咨询，通过一段时间的调整或矫治，仍可以通过心理档案考察效果，因此它能对每位学生个人的心理成长、心理潜能开发提供帮助，为通过心理辅导和心理咨询解决学生心理问题和心理障碍提供了重要保证。从横向看，学生心理档案可以揭示教师教育教学工作中的问题，揭示学生共性心理品质的问题，能促进学校和教师更新教育观念、转变教育思想、改革教育方法、创设良好的学校心理环境，设法通过各种手段去进行教育和训练，从而提高学生的心理品质，促进学生心理的健康发展。

简而言之，建立完善的学生心理档案十分必要。

三、心理档案的建立

（一）资料收集方法

确定了学生心理档案的内容后，就要搜集反映这些内容的资料和信息，这是建立心理档案的关键。对学生资料进行搜集时应遵循客观性、系统性、及时性、多样化和经济性的原则。客观性是指搜集的资料应是真实有效的；系统性是指搜集资料时应注意资料的全面及有层次；及时性是指应根据学校心理辅导工作的需要及时搜集资料；多样化是指资料的内容应包括学生心理与行为的各个方面，而不是单一的某个方面；经济性是指在资料搜集之前制订合理的计划，以最少的时间、空间及消耗尽量搜集最多的资料。

在采用各种搜集方法对学生的资料进行搜集时，应注意结构式搜集和非结构式搜集相结合。其中，结构式搜集是指搜集资料前对资料涉及的问题、内容的项目及搜集步骤等有明确的界定，资料搜集者根据预先规定的项目和程序搜集资料；非结构式搜集是指在搜集资料前，对资料涉及的问题、内容和项目及搜集步骤等没有明确的限定[①]。目前，对学生资料进行搜集的主要方法有观察法、谈话法、问卷法和心理测验法等，具体介绍如下：

1. 观察法

观察法是指研究者根据一定的研究目的、研究提纲或观察表，去直接观察被研究对象，从而获得资料的一种方法。科学的观察具有目的性和计划性、系统性和可重复性。常见的观

[①] 刘华山. 学校心理辅导[M]. 合肥：安徽人民出版社，2001.

察方法有：核对清单法、级别量表法和记叙性描述。观察一般利用眼睛、耳朵等感觉器官去感知观察对象。由于人的感觉器官具有一定的局限性，观察者往往要借助各种现代化的仪器和手段，如照相机、录音机、显微录像机等来辅助观察。

常用的观察法主要包括以下三种：① 自然观察法。自然观察法是指调查员在一个自然环境中观察被调查对象的行为和举止。② 设计观察法。设计观察法是指调查机构事先设计模拟一种场景，调查员在一个已经设计好的并接近自然的环境中观察被调查对象的行为和举止。所设置的场景越接近自然，被观察者的行为就越接近真实。③ 掩饰观察法。掩饰观察法就是在不为被观察对象所知的情况下监视他们的行为过程。因为如果被观察人知道自己被观察，其行为可能会有所不同，观察的结果也就不同，调查所获得的数据也会出现偏差。

观察法的主要优点有：① 它能通过观察直接获得资料，不需其他中间环节。因此，观察的资料比较真实。② 在自然状态下的观察，能获得生动的资料。③ 观察具有及时性的优点，它能捕捉到正在发生的现象。④ 观察能搜集到一些无法言表的材料。

同时，观察法的使用也存在一定的局限：① 受时间的限制，某些事件的发生是有一定时间限制的，过了这段时间就不会再发生。② 受观察对象限制。如研究青少年犯罪问题，有些秘密团伙一般不会让别人观察的。③ 受观察者本身限制。一方面人的感官都有生理限制，超出这个限度就很难直接观察。另一方面，观察结果也会受到主观意识的影响。④ 观察者只能观察外表现象和某些物质结构，不能直接观察到事物的本质和人们的思想意识。⑤ 观察法不适应于大面积调查。

2. 谈话法

谈话法是研究者通过与对象面对面的谈话，口头信息的沟通过程中了解对象心理状态的方法。根据谈话过程中结构模式的差异，可以把谈话法分为有组织的谈话和无组织的谈话。有组织的谈话结构严密、层次分明，具有固定的谈话模式。主试根据预先拟定的提纲提出问题，被试针对所提问题的内容进行回答。整个谈话过程，被试犹如作了一个口头式问卷。无组织谈话结构松散、层次交错、气氛活跃，没有一个固定的模式。主试提出的问题往往涉及很大的范围，被试可以根据自己的想法，主动地、创造性地进行回答。

运用谈话法时，既要根据谈话的目的，保持谈话问题的基本内容和方向，也要根据被试的回答，对问题内容进行适当的调整，更要善于发现被试的顾虑或思想动向，进行有效的引导。另外，还要注意在整个谈话过程中保持无拘无束和轻松愉快的和谐气氛。

谈话法也同样具有其优点与局限。首先，谈话法是了解情况、收集正反两方面心理与行为资料的一种最亲切、最直接、最深入的方法；其次，谈话法除了直接聆听被访对象的言语外，还可察言观色，随机应变，获得或者发现一些重要的信息；再者，谈话法可以使交谈按照要了解的问题进行随时发问，并可根据与所提问题有关的大量线索刨根究底。但谈话法的最大局限性在于，被访者可能存有的"警戒心理"或不苟言语的个性特点，使得谈话法未必能收到应有的效果。另外，谈话法所费的时间与精力也较多，对谈话人的素质与技巧也有较高的要求。

3. 问卷法

问卷法是指调查者根据研究目的和研究内容，就调查项目编制相应的问题序列，按一定的原则排列，编制种种不同形式的书面试卷，分发给调查对象，请求书面回答，然后对问卷回收整理，并进行统计分析，从而得出研究结果的研究方法。

问卷法的类型很多，根据要求被调查者回答问题形式的不同，主要有6种类型，如下所示：

（1）自由叙述式：不给被调查者提供任何答案让其按自己的思想用文字自由地回答。

（2）多重选择式：让被调查者从提供的互不矛盾的答案中选择出一个或几个答案来。

（3）是否式：让被调查者以"是"或"否"二择一的方法回答提供的答案。

（4）评定量表法：让被调查者按规定的一个标准尺度对提供的答案进行评价。

（5）确定顺序式：让被调查者对提供的几种答案按一定的标准（好恶或赞同与否等）做出顺序排列。

（6）对偶比较式：把调查项目组成两个一组让被调查者按一定的标准进行比较。

这6种问卷类型各有其优点和缺点，要根据研究的目的、任务和被调查者的特点选择使用。

问卷法的是研究者用来收集资料的一种技术，它的性质重在对个人意见、态度和兴趣的调查。使用问卷法可以更深入地了解受教育者在受教育后的心理特质的变化。与访谈法和观察法相比，问卷法目的性更明确，内容更加详细完整，设计更为精确科学，标准化程度更高。使用问卷法收集资料，不受人数限制，抽样范围较广，也比观察法和访谈法更加经济，且易行，可以在较短时间内以较低的成本收集大量的数量化资料。问卷的结果可以用计算机进行统计处理，省时省力。问卷法可令被调查者有充分考虑的时间，不受别人干扰，并自由地表示意见，其结果将更为可靠。并且，一些敏感性的问题，也可以通过问卷法以匿名的形式获得结果。

问卷法的主要缺点是，被调查者由于各种原因（如自我防卫、理解和记忆错误等）可能对问题做出虚假或错误的回答，且在许多场合对于这种回答要想加以确证又几乎是不可能的。因此，要做好问卷设计并对取得的结果做出合理的解释，必须具备丰富的心理学知识和敏锐的洞察力，这对调查者本身有着较高的要求。

4. 心理测验法

心理测验法是研究者通过专门的测量工具，按规定的程序对个体或团体的某种心理品质、行为特征进行测量，从而做出个体或团体某方面心理发展水平或特点的评定与诊断的一种方法。它既可用于测查心理发展的个体差异，也可用于了解不同年龄个体心理发展水平的一般特征。

（1）心理测验的种类很多，我们主要从以下标准加以区分：

从测验的功能分类：常见的心理测验包括能力测验、学绩测验和个性测验。其中，能力测验包括测查个体实际能力的测验和测查个体潜在能力的测验；学绩测验主要用于测量个体经过某种正式教育或训练之后对知识和技能的掌握程度；个性测验主要用于测量个体的性格、气质、兴趣、态度等特征。

按测验的目的分类：常见的心理测验包括描述性测验、诊断性测验和预测性测验。其中，描述性测验主要描述个人或团体的能力、性格、兴趣、知识水平等；诊断性测验主要对个人或团体的某种行为问题进行诊断；预测性测验则主要从测验分数预示个体将来的表现和所能达到的水平。

（2）在使用心理测验的过程中，我们应注意以下问题：

①测验前的准备，包括熟悉指导语、准备好测验所需材料、熟练掌握测验的具体实施程序等；②选择适宜的测验环境，包括安静而宽敞的地点、适宜的采光和通风条件、避免他人

干扰等；③标准化的指导语与标准时限；④与被试建立良好的协调关系，设法引起被试对测验的兴趣并取得其合作，使整个测验过程能严格按程序进行。

心理测验法收集数据的优点是明显的，如制表科学、结果准确、可以大范围使用等。但是，它也存在一些缺陷，主要表现在难以揭示变量间的因果关系、对使用者的要求很高等。目前，测验应用过程中存在一些明显的问题，如测验的编制与修订不科学、不严谨，测验使用者缺乏专业训练，测验结果被误用等。这些都是在使用心理测验法时需要注意的问题。

（二）结果解释及心理档案的建立

在搜集了学生资料后，就要对每一种资料，尤其是心理测验的结果进行解释，并结合学生基本情况提出教育培养上的建议，然后再建立心理档案。

心理辅导教师要按照每一测验所提供的计分标准进行统计，并要将原始分转换成标准分。在计分统计过程中一定要实事求是、客观公正。其次是将统计出来的分数赋予一定意义并将有意义的信息传递给当事人或其他教师及家长。在进行分数解释时，要参考常模资料、效度资料，还要考虑测验情境等其他因素。在向当事人或其他人报告时，一般只需告诉测验结果的解释，并应注意以下几个问题：使用当事人所能理解的语言；保证当事人知道这个测验测量或预测什么；使当事人知道他是和什么团体进行比较；提出科学的有针对性的建议。

根据结果进行解释后，应围绕如何发展能力、培养创造力、优化人格、促进心理健康、提高学习成绩以及指导升学或就业等方面来提出教育培养建议，这是建立学生心理档案的目的所在。因此，我们要根据结果解释，并结合学生各方面的情况，首先分析其形成原因，然后科学地、有针对性地提出教育培养建议或辅导策略。

最后，将这些资料及数据按照一定的方式进行归档，形成学生的心理档案。

以往传统中，主要通过纸笔问卷（包括单机版软件）施测、学生手动填写、老师纸笔录入来建立心理档案，这样的方式存在以下三大问题：

第一，建立心理档案的时间成本过高。在传统方式下，心理老师难以胜任整个学校的心理数据从施测到最后形成报告的过程。打印问卷、发放问卷、回收问卷、统计数据、撰写报告、将最终资料装订成册，所有这些事情，将会占用大量的时间。当其他突发性的事情与心理档案建设等发生冲突时，迫于时间压力，心理老师不得不放弃本学期的心理档案建设工作，最终导致心理档案系统中累积的数据并不完整、连贯。

第二，建立心理档案的手段单一。正如教育部在《关于加强中小学心理健康教育的若干意见》中所特别强调的一样，"所用量表和测试手段一定要科学，不能简单靠量表测试结果下结论"。严格意义上的心理档案并不仅是心理测试结果，同时还要包括学生的咨询记录、学生的个人信息等信息。即使是心理测量本身，在手段上也不能一味依赖社会"赞许性"较高的自评式测验。可以说，使用传统方法，手动计算数据，对于绝大多数心理老师来说，是一项不可能完成的任务。

第三，心理档案的使用主体有所偏差。理论上，学校的心理档案的内容应该能够随着学生的身心发展而实时更新，学生本人能够查询、更新自己的信息。但是，使用传统方法，学校给学生建立心理档案，普遍存在费时过久、成本过高的特点，不可能给学生提供类似服务。不仅是学生，对于校长等学校领导层来说，如果能够获得学生心理档案的集体分析报表，在制定教学策略时，考虑到学校不同学生的不同心理特点，将让教育政策更加个性化与人性化。但是实际上，传统方式的心理档案不可能提供类似功能。这样导致本应为"活"的心理档案成了一潭死水。

随着科学技术的发展，计算机在不断地普及，目前大部分学校拥有了计算机网络条件。在当前时代背景之下，心理档案建设正在全面走向网络化。与传统方式相比，计算机网络软件建立心理档案具有及时反馈、安全稳定、自动统计、检索和管理方便等优势。采用计算机来建立心理档案是顺应时代发展趋势的必然选择。

因此，在建立学生心理档案时，应注意将传统方式和计算机系统结合起来，不断地完善、更新心理档案，使其重要作用得到充分的发挥。

（三）建立学生心理档案的措施

在心理档案的建立及管理中，需要指定一定的措施来保证心理档案的建立与使用的完善性和规范性，具体如以下三点所示[①]：

1. 制定切实可行的工作制度

近些年来，许多学校在国家政策的号召下纷纷建立了心理咨询中心，但是多数形同虚设，并未真正发挥心理咨询室的作用，没能及时发现学生存在的心理问题，有效开展心理健康教育工作。因此，学校领导和心理专家必须制定学校心理档案工作的相关规章制度，明确责任，统一规定，真正做到有法可依，有章可循。心理档案管理规章制度一般包括档案工作的责任人、具体工作流程、心理档案保密制度、心理档案借阅和使用制度等。

2. 建立现代化的计算机管理系统

现代技术的迅猛发展给学校管理工作提供了方便，有条件的学校在开展心理测试时，除了运用测试量表，还可选择科学的心理测试软件进行测试。与传统测试量表相比，心理测试软件有其优越性。它可根据具体工作要求合理设置心理测试项目和辅导内容，可将记录存入系统内，工作人员如需添加记录或查阅信息，只需打开计算机，找到相应的学生档案即可，其功能齐全，使用方便。

3. 强化心理档案管理人员的责任意识

心理档案是一种特殊的档案，对学生个体的发展及学校教育工作的开展至关重要。心理档案的整理是一个动态化的过程，它需要不定期地对学生进行咨询或干预，并将形成的材料分类存放至相应的档案袋中，无一遗漏，因此档案管理人员必须具备较强的责任心。学生心理档案内容应由专职人员进行归纳、整理分别装进档案袋，专职人员按照心理档案材料反映心理问题的普遍性和个别性进行分类，分为团体心理档案和个体心理档案，再将这两类分别集中存放至档案柜中进行统一管理。同时要求管理者除具备整理一般档案的能力外，还须懂得心理学和教育学的相关专业知识，以便在整理档案材料时能对具体内容进行严密的分析研究，提出相关教育建议，将建立学生档案的作用真正落到实处。

---

① 吕方丽. 浅谈学生心理档案的建立[J]. 黑龙江档案，2013（5）.

第二节 中小学生心理档案的使用

一、心理档案使用的原则及规范

（一）原则

学生心理档案对学生的个体发展有着重要的作用，因此在使用时应注意以下几点原则性事项：

第一，保密性原则。学生心理档案涉及学生的隐私，具有保密性，使用者在使用时必须严格保密，不能对学生产生任何负面影响。保密必须贯穿建档、存档、调档全过程。除专职心理教师和学生本人外，任何人无权翻阅或评价心理档案。心理教师可以根据学生心理档案中所提出的建议，积极地、有针对性地做好个别辅导工作。心理研究人员可根据心理档案所提供的信息，进行科学研究工作。如需对学生心理档案做个案分析，应隐去学生姓名。另外，心理档案不能作为评定学生操行的依据，也不能存入学生的档案中，仅有参考作用。

第二，客观性原则。心理档案必须遵循实事求是、尊重客观事实的科学态度。资料不真实不仅不能反映学生的心理健康状态，还可能给学生正常的身心发展带来严重的负面影响。因此在查阅学生心理档案时，不应掺杂个人的主观因素。

第三，系统性原则。系统性原则指在收集心理档案时应坚持资料齐全、前后一致的原则。这样才能保证科学的对比。此外，在心理档案建立后仍应不断地及时地更新，补充最新的资料，保证整个档案的完整性。

第四，发展性原则。学生的心理健康状况是一个动态的过程，需要以发展的眼光去看待和解释学生心理档案记录的结果。因此，心理档案需要及时更新补充和记录，尽量做到能正确反映学生的心理状态。

（二）使用规范

学生心理档案资料的使用规范如下所示：

1. 使用对象

学生心理档案资料的使用对象包括专业人员及组织、学校领导、相关教师、学生本人及家长，具体的方式应视资料的性质和使用目的而定。一般人在使用时，要有专业人员的协助，避免由于使用不当而对学生产生不良影响。特殊的资料，如标准化测验，需遵循专业的使用规则与方法，否则可能会造成极严重的后果。学生心理档案资料可供专业人员及组织使用，团体资料可向学校领导、班主任及其他相关人员提供，服务于学校管理、教育教学和教育科研等，个人资料可提供给学生本人，以增进其自我认识。

2. 资料的保密与公开

学生档案资料中，不涉及学生个人身份的资料可以公开，如年龄、性别和年级等；而其他涉及学生个人身份及心理特征的资料应严格保密,如姓名、家庭住址、心理测验结果、心理咨询记录等。除非是有关人员为提供某些协助而需要了解该资料,方可允许其查阅之外,应一律不予公开。对于可以公开的资料则应尽量给查阅者方便,以利于资料的流通与使用。

3. 遵循的原则

任何个人或组织在使用学生心理档案资料时,应严格遵循保密原则,不得擅自带走、抄录、复印及向他人泄露等,学生的个人身份决不允许泄露;若要出版、发表研究论文、著作,或在大众传媒上使用某些数据、案例等,须征得学生本人或心理档案保管室的书面同意,还应保证学生个人身份不被泄露。

4. 保密的例外

在危机状况下,即当学生的现状危及个人身心健康、生命安全、他人人身、财产安全,以及可能造成严重的社会危害时,其个人心理档案资料允许向有关个人(如法定监护人、临床医生等)或组织(如学校、医院、公安机关等)提供。

5. 使用的流程

要求提供或查阅学生心理档案资料时,除专业人员及组织外,任何个人及组织均须按以下程序操作:提出书面申请(阐明缘由及用途)——征得学生本人书面同意(个人资料)或征得心理档案保管室的书面同意(团体资料)——签订有关责任书(保密原则的遵守及相关法律责任的承担)——使用(查阅与运用学生个人或团体资料)。

二、心理档案的应用

建立学生心理档案的目的是促进学生心理发展和人格健全,维护学生心理健康,提高学生心理素质,提高学校教育教学效果,为此必须正确使用学生心理档案。在使用学生心理档案时要结合学校、年级、班级和学生本人的特点来进行,要有整体观念,把学生心理档案看作是一个相互联系的系统,因为心理档案的各方面内容是相互联系、相互影响、相互促进的。具体说来,在使用心理档案过程中有以下要点:

(1)根据学生心理档案反映出来的能力、人格、心理健康等方面的特点来进行分班、分组,选拔学生干部,制订教学计划,开展心理教育活动,从而提高教育教学效果。根据学生心理档案,可以研究每个年级的学生在能力、人格、心理健康方面的总体状况和特点,在进行年级分班或班级分组时,可按照能力水平、人格特点等因素来进行分班编组。在选拔学生干部时,也可根据其个性特点进行有针对性的培养锻炼。在制订年级教学计划或班级教学进度时,也要结合各年级或各班的实际情况和智力特点来进行,这样才能有的放矢。如通过分析某班学生心理档案,发现该班学生的智力水平普遍较低,因此,在制订教学计划时,应适当减少教学内容,降低难度,放慢教学进度,并在教学过程中将发展学生的智力放在首位,开展多种形式的思维训练等。对于各个年级或班级中存在的一些共性或倾向性的心理问题,则要开展全校性或班级的心理教育活动来进行团体辅导。

(2)根据学生心理档案中所提出的教育培养建议,积极地、有针对性地做好个别及团体辅导工作。每份学生心理档案，都提供了学生的能力、人格、心理健康、学习心理及职业能力特点等方面的较为具体的教育建议或培养策略，我们可以根据这些建议进行个别辅导。由于个别辅导工作量大，所费时间长，因此在进行个别辅导时，主要是针对那些问题较多或较严重的学生进行。如果条件允许的话，也可以对每个学生进行个别辅导。在个别辅导时，可以是针对学生的某一方面问题，也可以是多方面或全方位地进行辅导，这要视学生的实际情况而定。

（3）根据学生心理档案所提供的信息，进行教育科学研究工作。学生心理档案是一个动态发展的档案，它反映了学生心理的成长轨迹。从学生心理档案中不仅可以了解学生心理发展的轨迹，而且可以考察我们教育措施的效应，因此可以借助学生心理档案来加强对青少年心理及教育科学的研究工作。此外，从横向来看，可以通过学生心理档案提供的资料来研究某种心理品质的发展水平、影响因素及各种心理品质之间相互作用的机制等。

※ 本章概要

本章主要介绍了五个部分：心理档案的概念及内容；建立心理档案的价值与意义；心理档案的建立（包括资料收集方法；结果解释及心理档案的建立；建立学生心理档案的措施）；心理档案使用的原则与规范；心理档案的应用。

※ 延伸阅读

书　　名：中小学生心理测量与心理档案
编著者：白丽英
出版社：福建教育出版社
推荐语：《中小学生心理测量与心理档案》全书共七章，分别是：认识中小学心理测量；测量的信度；测量的效度；如何建立中小学生心理档案；中小学生智力测量及建档；中小学生人格测量及建档；中小学生心理健康测量及建档；中小学生学习适应性测量及建档；中小学生职业心理测量及建档。该书按原理—操作—案例相结合的思路编写，深入浅出地向中小学一线教师介绍相关的基本原理、主要方法与技术，力图做到实用并易于操作。

※ 课后练习与思考

1. 心理档案的存放应该有哪些要求和标准，或者你还有什么更好的想法或者建议？
2. 学生心理档案的建立可以通过哪些形式？
3. 学生心理档案与其学生其他档案的建立有什么区别？
4. 学生心理档案的建立有什么意义？

5. 学生心理档案建立的方法有哪些？
6. 学生心理档案的使用以及应用有哪些？

※ 参考文献

[1] 李子华. 学校心理健康教育档案：概念与意义[J]. 辽宁教育研究，2002（3）.
[2] 王筱璐. 将阳光洒进学生的心田——从中学生心理障碍看当前学校心理健康教育[J]. 陕西教育，2008（8）.
[3] 刘华山. 学校心理辅导[M]. 合肥：安徽人民出版社，2001.
[4] 吕方丽. 浅谈学生心理档案的建立[J]. 黑龙江档案，2013（5）.